CAOS PLANEJADO

INTERVENCIONISMO, SOCIALISMO, FASCISMO E NAZISMO

Coleção von Mises

- A mentalidade anticapitalista
- Liberdade e propriedade
- O contexto histórico da escola austríaca de economia
- Lucros e perdas
- Sobre moeda e inflação
- O conflito de interesses e outros ensaios
- Intervencionismo
- O cálculo econômico em uma comunidade socialista
- Caos planejado
- As seis lições.

Ludwig von Mises

CAOS PLANEJADO

INTERVENCIONISMO, SOCIALISMO, FASCISMO E NAZISMO

Tradução de Beatriz Caldas
Apresentação à Edição Brasileira por Richard M. Ebeling
Prefácio à Edição Brasileira por Bruno Garschagen
Prefácios à Edição Norte-Americana por Leonard E. Read e por Christopher Westley
Posfácios à Edição Brasileira por Ralph Raico

LVM
EDITORA

Impresso no Brasil, 2017

Título original: *Planned Chaos*
Copyright © 1947 by Foundation for Economic Education © 1981 by Liberty Fund
© 2014 by Ludwig von Mises Institute
Copyright do texto de Richard M. Ebeling © 2005 by Foundation for Economic Education
Copyright do texto de Leonard E. Read © 2006 by Foundation for Economic Education
Copyright do texto de Christopher Westley © 2014 by Ludwig von Mises Institute
Copyright do texto de Ralph Raico © 1996 by Ludwig von Mises Institute

Os direitos desta edição pertencem ao
Instituto Ludwig von Mises Brasil
Rua Leopoldo Couto de Magalhães Júnior, 1098, Cj. 46
04.542-001. São Paulo, SP, Brasil
Telefax: 55 (11) 3704-3782
contato@mises.org.br · www.mises.org.br

Editor Responsável | Alex Catharino
Curador da Coleção | Helio Beltrão
Tradução | Beatriz Caldas
Tradução da apresentação, dos prefácios e do posfácio | Claudio A. Téllez-Zepeda
Revisão da tradução | Márcia Xavier de Brito
Revisão ortográfica e gramatical | Gustavo Nogy
Revisão técnica | Alex Catharino
Revisão técnica e Preparação de texto | Alex Catharino & Claudio A. Téllez-Zepeda
Elaboração do índice remissivo | Alex Catharino & Márcio Scansani
Revisão final | Alex Catharino, Márcia Xavier de Brito & Márcio Scansani
Produção editorial | Alex Catharino & Márcia Xavier de Brito
Capa e projeto gráfico | Rogério Salgado / Spress
Diagramação e editoração | Spress Diagramação
Pré-impressão e impressão | Plena Print

M678c
Mises, Ludwig von
　　Caos planejado: intervencionismo, socialismo, fascismo e nazismo/ Ludwig von Mises; tradução de Beatriz Caldas - 1ª edição. - São Paulo: LVM, 2017; Coleção von Mises.
　　304 p.

　　Tradução de: Planned Chaos

　　ISBN 978-85-93751-21-9

　　1. Ciências Sociais. 2. Economia. 3. História. 4. Política. 5. Socialismo. 6. Intervencionismo. 7. Nazismo. 8. Fascismo I.Título. II.Caldas, Beatriz

CDD 300

Reservados todos os direitos desta obra.
Proibida toda e qualquer reprodução integral desta edição por qualquer meio ou forma, seja eletrônica ou mecânica, fotocópia, gravação ou qualquer outro meio de reprodução sem permissão expressa do editor.
A reprodução parcial é permitida, desde que citada a fonte.

Esta editora empenhou-se em contatar os responsáveis pelos direitos autorais de todas as imagens e de outros materiais utilizados neste livro.
Se porventura for constatada a omissão involuntária na identificação de algum deles, dispomo-nos a efetuar, futuramente, os possíveis acertos.

008 **Nota à Edição Brasileira**
Alex Catharino

012 **Apresentação à Edição Brasileira**
Ludwig von Mises e a Viena de Seu Tempo
Richard M. Ebeling

056 **Prefácio à Edição Brasileira**
Intervencionismo: Caminho para Servidão e Barbár[ie]
Bruno Garschagen

080 **Prefácio à Norte-americana de 1961**
Leonard E. Read

086 **Prefácio à Norte-americana de 2014**
A Década de 1940 Parecia a Pior de
Todas as Épocas
Christopher Westley

Caos Planejado
Intervencionismo, Socialismo, Fascismo e Nazismo

094 Observações Introdutórias

099 Capítulo 1
O Fracasso do Intervencionismo

111 Capítulo 2
O Caráter Ditatorial, Antidemocrático e
Socialista do Intervencionismo

Sumário

131   Capítulo 3
Socialismo e Comunismo

151   Capítulo 4
A Violência da Rússia

165   Capítulo 5
A Heresia de Trotsky

175   Capítulo 6
A Liberação dos Demônios

191   Capítulo 7
Fascismo

201   Capítulo 8
Nazismo

209   Capítulo 9
Os Ensinamentos da Experiência Soviética

223   Capítulo 10
A Suposta Fatalidade do Socialismo

229   Posfácio à Edição Brasileira
Mises Sobre o Fascismo, a Democracia e Outras Questões
Ralph Raico

291   Índice Remissivo e Onomástico

Essa é a primeira edição em português de *Caos Planejado: Intervencionismo, Socialismo, Fascismo e Nazismo*, de Ludwig von Mises (1881-1973). A tradução foi feita por Beatriz Caldas a partir da primeira edição, lançada em 1947 com o título *Planed Chaos* pela Foundation for Economic Education (FEE). O presente ensaio foi escrito originalmente em inglês para ser utilizado como um epílogo para a edição em espanhol do tratado *Die Gemeinwirtschaft: Untersuchungen über den Sozialismus* [*A Economia Coletiva: Estudos sobre o Socialismo*], traduzida por Luis Montes de Oca (1894-1958) e lançada, apenas em 1961, com o título *El Socialismo: Análisis Económico y Sociológico* [*Socialismo: Uma Análise Econômica e Sociológica*], pela Editorial Hermes, do México. O texto foi incluído como epílogo da segunda edição de *Socialism: An Economic and Sociological Analysis*

Nota à Edição Brasileira

[*Socialismo: Uma Análise Econômica e Sociológica*] publicada em 1951 pela Yale University Press, bem como na terceira edição, lançada em 1981 pelo Liberty Fund, sendo reimpressa até o presente momento.

Acrescido de um prefácio escrito por Leonard E. Read (1898-1983), a monografia foi publicada no formato de livro em uma segunda, edição lançada pela FEE em 1961 e consecutivamente reimpressa em 1965, 1970 e 1972. Uma terceira edição do livreto, com um prefácio de Christopher Westley, foi publicada no ano de 2014 pelo Ludwig von Mises Institute. Foram incluídos na presente obra os dois prefácios lançados originalmente na segunda e na terceira edições norte-americanas. Estes textos de Leonard E. Read e de Christopher Westley, assim como a apresentação de Richard M. Ebeling e o posfácio de Ralph Raico (1936-2016), foram traduzidos por Claudio A. Téllez-Zepeda. O ensaio aqui utilizado como apresentação foi pela primeira vez publicado em inglês, dividido em duas partes, nas edições de março e de abril de

2005 da revista *Freeman: Ideas on Liberty*. O texto do posfácio apareceu originalmente em 1996 como um artigo no número 1 do volume 12 do periódico *Journal of Libertarian Studies*.

Nesta edição brasileira, seguindo o padrão dos demais volumes da Coleção von Mises, foram acrescidos outros aparatos críticos. Um novo prefácio foi elaborado por Bruno Garschagen. Com os objetivos de definir termos e conceitos, referendar determinadas citações ou afirmações, esclarecer o contexto histórico-cultural de algum fato ou personagem mencionado pelo autor e indicar a bibliografia de obras citadas ou oferecer estudos complementares, foram incluídas algumas notas de rodapé, elaboradas por nós e devidamente sinalizadas como Notas do Editor (N. E.). Por fim, um detalhado índice remissivo e onomástico foi preparado, no qual, além de conceitos, são abarcados nomes próprios de pessoas, locais e instituições.

Novamente, em nome de toda a equipe do IMB e da LVM, expressamos nossa gratidão pelo apoio inestimável que obtivemos ao longo da elaboração da presente edição de inúmeras pessoas, em especial de Lawrence W. Reed, Carl Oberg e Jeffrey Tucker, da Foundation for Economic Education (FEE), de Llewellyn H. Rockwell Jr., Joseph T. Salerno e Judy Thommesen, do Ludwig von Mises Institute, e de Emilio J. Pacheco, Patricia A. Gallagher e Leonidas Zelmanovitz, do Liberty Fund.

Alex Catharino
Editor Responsável da LVM

A marca característica desta era de ditadores, guerras e revoluções é seu viés anticapitalista. A maioria dos governos e partidos políticos está ansiosa para restringir a esfera da iniciativa privada e da livre iniciativa.

Dr. Ludwig Edler von Mises

Ludwig von Mises (1881-1973) foi um defensor fervoroso da razão e acreditava profundamente no valor da liberdade humana. Também era um cosmopolita patriótico; isto é, nos anos anteriores à sua saída da Europa, em 1940, era totalmente leal à Áustria onde nasceu, embora professasse uma filosofia e uma perspectiva de vida universalista em seus princípios. Em outras palavras, Mises foi um judeu austríaco[1].

---

[1] A respeito do significado geral do liberalismo entre muitos dos judeus austríacos no final do século XIX e início do século XX como representando uma crença na importância e papel da razão nos assuntos humanos, uma filosofia universal ou cosmopolita dos direitos individuais e da igualdade perante a lei, uma defesa da associação voluntária fora da regulação e controle do Estado e uma lealdade a uma autoridade política multinacional (o imperador Habsburgo) como defensor e protetor dessas ideias, ver: JUDSON, Pieter M. "Rethinking the Liberal Legacy".

Apresentação à Edição Brasileira

Ludwig von Mises e a Viena de Seu Tempo

Richard M. Ebeling

Uma tal afirmação pode parecer estranha para qualquer um que esteja familiarizado com os escritos de Ludwig von Mises. Em suas memórias, *Notes and Recollections* [*Notas e Lembranças*], não menciona sequer uma vez a fé de seus ancestrais[2]. Tampouco se posiciona a favor do Judaísmo – na verdade, em seu tratado *Die Gemeinwirtschaft: Untersuchungen über den Sozialismus* [*A Economia Coletiva: Estudos sobre o Socialismo*], de 1922 e traduzido para o inglês em 1936 com o título *Socialism: An Economic and Sociological Analysis* [*Socialismo: Uma Análise*

In: BELLER, Steven Beller (Ed.). *Rethinking Vienna, 1900*. New York: Berghahn Books, 2001. p. 57-79; HACOHEN, Malachi Haim. "Popper's Cosmopolitanism". *In*: BELLER. *Rethinking Vienna, 1900*. *Op. cit.*, p. 171-94. Ver, também: ROZENBLIT, Marsha L. *Reconstructing a National Identity: The Jews of Habsburg Austria During World War I*. Oxford University Press, 2001. p. 14-38.

[2] MISES, Ludwig von. *Notes and Recollections*. South Holland: Libertarian Press, 1978. Essas memórias foram escritas no outono de 1940 logo após Mises e sua esposa Margit terem chegado aos Estados Unidos da América, fugindo da Europa assolada pela Segunda Guerra Mundial.

Econômica e Sociológica], refere-se ao judaísmo como uma das religiões mais estagnadas e atrasadas[3]. É somente no livro *Omnipotent Government* [*Governo Onipotente*], escrito durante a Segunda Guerra Mundial, durante seu exílio nos Estados Unidos da América, que discute e critica o antissemitismo, na Alemanha em particular e na Europa em geral[4]. Apesar disso, Friedrich August von Hayek (1899-1992) comentou, certa vez, que Mises se considerava uma vítima do antissemitismo por nunca ter conseguido um cargo acadêmico na Universidade de Viena, emprego para o qual se considerava plenamente qualificado[5].

---

[3] Escreveu o seguinte nesta obra: *"Atualmente, as religiões islâmica e judaica estão mortas. Proporcionam a seus adeptos nada além de ritual. Sabem como prescrever orações e jejuns, certas comidas, circuncisões e todo o resto; mas isso é tudo. Não oferecem nada para a mente. Completamente desespiritualizadas, tudo o que ensinam e pregam são formas legais e regras externas. Trancam seu seguidor em uma gaiola de costumes tradicionais, na qual frequentemente mal conseguem respirar; mas para sua alma interior, não apresentam mensagem alguma. Suprimem a alma, ao invés de elevá-la e salvá-la.* [...] *Atualmente, a religião dos judeus é tal como era quando o Talmud foi composto. A religião do islã não se modificou desde a época das conquistas árabes.* [...] *Mas ocorre de maneira distinta na viva Igreja [Cristã] do Ocidente. Aqui, onde a fé ainda não está extinta, onde não é uma forma meramente externa que não esconde nada além do ritual sem sentido do padre, onde, em uma palavra, agarra o homem por inteiro, há um esforço contínuo por uma ética social. Uma e outra vez seus membros voltam ao Evangelho para renovar suas vidas no Senhor e em Sua mensagem"* (MISES, Ludwig von. *Socialism: An Economic and Sociological Analysis*. Pref. F. A. Hayek; trad. J. Kahane. Indianapolis: Liberty Classics, 1981. p. 370).

[4] MISES, Ludwig von. *Omnipotent Government: The Rise of the Total State and Total War*. New Haven: Yale University Press, 1944. p. 169-92.

[5] HAYEK, Friedrich A. "Ludwig von Mises (1881-1973)". *In*: KLEIN, Peter G. (Ed.). *The Collected Works of F. A. Hayek: Volume 4 – The Fortunes of Liberalism: Essays on Austrian Economics and the Ideal of Freedom*. Chicago: University of Chicago Press, 1992. p. 128.

Ainda assim, de muitas maneiras, a vida de Mises, desde seu nascimento em Lemberg, no antigo Império Áustro-Húngaro, até sua saída da Áustria, no período entre-guerras, reflete e acompanha as vitórias e as tragédias dos judeus da Áustria. Mises nasceu em 29 de setembro de 1881, na Polônia Austríaca, ou Galicia, tal como era chamada. Nas últimas décadas do século XIX, cinquenta por cento da população de algumas partes da Galicia era composta por judeus, sendo que o centro da vida e da cultura judaicas se localizava na capital da província, o lugar de nascimento de Mises[6].

Os documentos que o bisavô de Ludwig von Mises, Mayer Rachmiel Mises (1800-1891) preparou como antecedentes para receber seu título de nobreza do imperador Francisco José (1830-1916) em junho de 1881 (poucos meses antes do nascimento de Ludwig) registram que a história da família Mises em Lemberg remontam aos anos 1700. O pai de Mayer, Efraim Fischel Mises (†1842), foi um atacadista e proprietário de imóves que recebeu permissão para viver e realizar negócios no assim chamado "distrito restrito", reservado para não-judeus. Aos 18 anos, Mayer desposou uma filha de Hirsch Halberstamm, o principal negociante russo-germânico de exportações na cidade de Brody, na Galicia.

Após a morte do pai, Mayer assumiu os negócios da família e também serviu por 25 anos como comissário no tribunal comercial de Lemberg. Durante um tempo, também participou do conselho municipal e serviu como membro pleno da

---

[6] Ver: McCAGG Jr., William O. *A History of the Habsburg Jews, 1670-1918*. Bloomington: Indiana University Press, 1989. p. 105-22, 181-200.

Câmara de Comércio de Lemberg. Também foi cofundador do Banco de Poupança de Lemberg e posteriormente foi membro do conselho de diretores do ramo de Lemberg do Banco Nacional da Áustria. Além disso, foi fundador de um orfanato judaico, de um reformatório, de uma escola secundária, de uma instituição de caridade para crianças órfãs e de uma biblioteca na comunidade judaica. Algumas dessas obras de caridade foram iniciadas com fundos proporcionados por Mayer. Na verdade, foi devido a seus serviços para o imperador como líder da comunidade judaica em Lemberg que Mayer Mises, bisavô de Ludwig von Mises, recebeu o título de nobreza.

O filho mais velho de Mayer, Abraham Oscar Mises (1800-1891), comandou o escritório de Viena do negócio da família até 1860, quando foi indicado para ser diretor do ramo de Lemberg do banco *Creditanstalt*. Abraham também foi diretor da Ferrovia Carl-Ludwig na Galicia. Talvez seja devido à ligação de Abraham com esta ferrovia que seu próprio filho, Arthur Edler von Mises (1854-1903), cursou engenharia civil obtendo sua graduação no Zurich Polytechnic [Instituto Federal de Tecnologia de Zurique], na Suíça, e então trabalhou para a empresa ferroviária Lemberg-Czernowitz. Arthur se casou com Adele Landau (1858-1937), neta de Moses Kallir (1806-1889) e sobrinha-neta de Mayer Kallir (1789-1875), de uma importante família de mercadores judeus de Brody. Arthur e Adele tiveram três filhos, dos quais Ludwig foi o mais velho. Seu irmão, Richard von Mises (1883-1953), tornou-se um matemático de renome internacional que posteriormente lecionou na Harvard University. O terceiro filho, Karl von Mises (1887-1899), morreu cedo.

Membros da família Mises também foram praticantes devotos da fé judaica. A grande maioria dos judeus da Galicia eram chassídicos, com todos os costumes religiosos e rituais que isso envolvia[7]. Quando pequeno, Ludwig teria ouvido e falado iídiche, polonês e alemão, e estudou hebraico durante a preparação para seu *bar mitzvah*.

O pai de Ludwig, Arthur, assim como muitos de sua geração, optou por deixar a Galicia e construiu sua vida e carreira no mundo cultural alemão e secular de Viena. Entretanto, a partir dos documentos encontrados entre os "papéis perdidos" de Ludwig von Mises nos arquivos de Moscou[8], fica claro que sua mãe manteve laços com seu lugar de nascimento, contribuindo com dinheiro para várias instituições de caridade de Brody, inclusive um orfanato judaico[9]. Na Viena

---

[7] Entretanto, é claro que a família de Mayer Mises era ativa no movimento de reforma judaica na Galicia, incluindo a assimilação à cultura alemã por intermédio do aprendizado e da utilização da língua alemã, bem como o desejo de cooperar política e socialmente com os poloneses étnicos na comunidade galiciana vizinha. Ver: McCAGG. *A History of the Habsburg Jews. Op. cit.*, p. 114-17.

[8] Ver: EBELING, Richard M. "Mission to Moscow: The Mystery of the 'Lost Papers' of Ludwig von Mises". *Notes from FEE* (July 2004).

[9] No final dos anos 1920, Adele Mises ditou suas memórias a respeito de sua vida na Galicia e em Viena. Referiu-se à ênfase nas obras de caridade de sua família em Brody, dizendo que *"todas as memórias de minha juventude se relacionam a atividades de caridade. Ocupavam as vidas de nossos pais tão completamente que nós, as crianças, naturalmente também nos envolvemos com isso desde cedo"*. Recordou que *"minha tia Halberstamm observou irritada à sua irmã (minha querida sogra): 'Seus sem coração de Lemberg' (havia sempre uma rivalidade entre Brody e Lemberg), 'vocês se sentam atrás de portas fechadas e não se importam com nada!' Na verdade, minha sogra também veio de Brody e era compassiva e caridosa. A acusação era totalmente injusta. Obviamente, em Lemberg as pessoas tinham campainhas e trancavam suas portas da frente, porém a porta dos fundos,*

dos anos 1890, Arthur foi um membro ativo do Conselho da Comunidade Israelita, um ponto focal para a vida cultural e política judaica na capital austríaca[10].

I - LIBERDADES CIVIS NEGADAS

Até o início e as décadas intermediárias do século XIX, as liberdades civis eram negadas para os judeus de muitas partes da Europa. Com frequência, enfrentavam severas restrições à sua liberdade econômica e, especialmente na Europa Oriental, costumavam ser confinados a certas áreas geográficas. Nos anos 1820, ainda não se permitia que judeus vivessem e trabalhassem livremente em Viena; era necessário obter permissão especial do imperador[11]. A liberação comercial e civil dos judeus austríacos ocorreu somente após a Revolução de 1848, mais especificamente com a nova constituição de 1867, que criou a Monarquia Dual Áustro-Húngara, após a derrota da Áustria em sua guerra de 1866 contra a Prússia[12]. O

---

para a cozinha, permanecia aberta assim como em Brody" para os pobres e órfãos que precisavam de assistência caritativa.

[10] WISTRICH, Robert S. *The Jews of Vienna in the Age of Franz Joseph*. New York: Oxford University Press, 1990. p. 165.

[11] Sobre a história dos judeus no Império Austro-Húngaro, ver: WISTRICH. *The Jews of Vienna in the Age of Franz Joseph*. Op. cit.; McCAGG. *A History of Habsburg Jews, 1670-1918*. Op. cit.; BELLER, Steven. *Vienna and the Jews, 1867-1938: A Cultural History*. Cambridge: Cambridge University Press, 1989; BERKLEY, George E. *Vienna and Its Jews: The Tragedy of Success, 1880-1980s*. Lanham: Madison Books, 1988; GRUNWALD, Max. *History of the Jews in Vienna*. Philadelphia: Jewish Publication Society of America, 1936.

[12] Direitos legais e econômicos totais foram concedidos aos judeus na Alemanha

espírito e conteúdo da constituição de 1867, que permaneceu como lei fundamental do Império até o colapso da Áustria--Hungria em 1818, refletia as ideias liberais clássicas da época[13]. Cada súdito do imperador tinha asseguradas sua vida e propriedade privada; a liberdade de expressão e de imprensa eram garantidas; a liberdade de ocupação e para empreender era permitida; todos os credos religiosos eram respeitados e era permitido praticá-los; a liberdade de movimento e de residência no interior do Império eram direitos garantidos; e todos os grupos nacionais foram declarados como tendo *status* igual perante a lei[14].

Nenhum grupo dentro do Império Áustro-Húngaro foi tão favorecido pelo novo ambiente liberal quanto os judeus. Nas primeiras décadas do século XIX, teve início uma transformação entre a comunidade judaica da Galicia. Surgiram reformadores que demandavam uma revisão das práticas e costumes do judaísmo ortodoxo. Os judeus precisavam se atualizar para o mundo moderno e se secularizar em termos de vestimentas, maneiras, atitudes e cultura. A fé precisava

---

somente em 1871, após a Guerra Franco-Prussiana e a unificação do Império Alemão sob liderança prussiana.

[13] Em 1867, a Câmara de Comércio da Baixa Áustria (onde Ludwig von Mises veio a trabalhar como analista econômico de 1909 até que deixou a Áustria em 1934) declarou que *"o Estado terá cumprido sua tarefa se remover todos os obstáculos para as atividades livres e ordenadas de seus cidadãos. Todo o resto será alcançado pela consideração e benevolência dos proprietários das fábricas e acima de tudo pelos esforços pessoais e pela frugalidade dos trabalhadores"*. Ver: OKEY, Robin. *The Habsburg Monarchy: From Enlightenment to Eclipse*. New York: St. Martin's Press, 2001. p. 206.

[14] A Lei Fundamental a Respeito dos Direitos Gerais dos Cidadãos da Constituição Austríaca de 1867 pode ser encontrada em: <www.h-net.org/~habsweb/sourcetexts.auscon.htm>.

ser desprovida de seu ritualismo e de suas características medievais. Os judeus precisavam mergulhar na língua e cultura alemãs. Todas as coisas "alemãs" eram considerada como representativas da liberdade e do progresso[15].

Com as liberdades da constituição de 1867, os judeus austríacos, especialmente os da Galicia, iniciaram uma migração tanto cultural quanto geográfica. Em 1869, os judeus constituíam aproximadamente 6% da população de Viena. Por volta dos anos 1890, quando o jovem Ludwig von Mises se mudou para Viena com sua família, os judeus compunham 12% da população da cidade. No Distrito I, o centro da cidade onde a família Mises vivia, os judeus eram mais de 20% da população. No vizinho Distrito II, a porção ultrapassava os 30%[16].

Entretanto, no final do século XIX e início do século XX, havia um nítido contraste entre esses dois distritos da cidade. No Distrito I, a vasta maioria da população judaica tentou assimilar as vestimentas, os modos e a perspectiva cultural de seus vizinhos não-judeus. Por outro lado, no Distrito

---

[15] Esta transformação das comunidades judaicas na Europa Central e Oriental, especialmente nas terras germanófonas, é geralmente associada à influência de Moses Mendelssohn (1729-1786), começando na metade do século XVIII. Ver: LOWENTHAL, Marvin. *The Jews of Germany: A Story of 16 Centuries*. Philadelphia: The Jewish Publication Society of America, 1938. p. 197-216; GAY, Ruth. *The Jews of Germany: A Historical Portrait*. New Haven, Conn.: Yale University Press, 1992. p. 98-117; GIDAL, Nachum T. *Jews in Germany: From Roman Times to the Weimar Republic*. Köln: Konemann Verlagsgesellschaft mbH, 1998. p. 118-23; ELON, Amos. *The Pity of It All: A History of the Jews in Germany, 1743-1933*. New York: Metropolitan Books, 2002. p. 1-64.

[16] Sobre a demografia da comunidade judaica em Viena, ver: ROZENBLIT, Marsha L. *The Jews of Vienna, 1867-1914: Assimilation and Identity*. Albany: State University of New York Press, 1983.

II, às margens do Danúbio, os judeus residentes eram mais propensos a manter suas práticas chassídicas e maneiras ortodoxas, inclusive suas vestimentas tradicionais. Foi a diferença visível entre esses judeus, que com frequência haviam chegado recentemente da Galicia, o que incomodou tanto o jovem Adolf Hitler (1889-1945) – que ficou chocado e se perguntou como pessoas agindo e se parecendo com eles poderiam vir a ser considerados "alemães de verdade". Aos olhos de Hitler, pareciam ser um elemento obviamente estranho[17].

A marca característica da maior parte dos judeus que migraram para Viena (e para outras cidades grandes do Império, tais como Budapeste e Praga) era seu desejo e orientação para a assimilação; de muitas maneiras, tentavam ser mais alemães do que os alemães-austríacos. Os tchecos, húngaros e eslavos, por outro lado, frequentemente se concentravam em manter seus modos de vida tradicionais; os húngaros, em particular, tinham reservas quanto ao Iluminismo, as liberdades civis e a igualdade – que ameaçavam seu domínio sobre os povos súditos que habitavam suas porções do Império. Para impor limitações aos húngaros, o imperador pôs cada vez mais os tchecos, os poloneses e os eslavos sob administração imperial direta, em pé de igualdade legal com os alemães-austríacos[18].

---

[17] *"Certa vez, quando estava caminhando pela cidade [de Viena antes da Primeira Guerra Mundial], subitamente me deparei com uma aparição em caftã preto e mechas de cabelo preto. Isto é um judeu? foi meu primeiro pensamento. Pois, na verdade, não tinham essa aparência em Linz. Observei o homem furtivamente e com cautela, mas quanto mais fitava sua face estranha, examinando todas as suas características, mais a primeira questão assumiu uma forma nova: isto é um alemão?"* (HITLER, Adolf. *Mein Kampf.* Boston: Houghton Mifflin, 1943 [1925]. p. 56).

[18] Sobre o "problema das nacionalidades" e seus respectivos objetivos e perspectivas, ver: KANN, Robert A. *The Multinational Empire: Nationalism and*

Para os judeus, a política imperial austríaca significava o fim dos preconceitos oficiais e das restrições legais, bem como o advento dos direitos civis e das oportunidades educacionais[19]. Sua lealdade constante e inabalável para com os Habsburgo, entretanto, levou muitas das demais nacionalidades a se tornarem cautelosas e antissemitas com o passar dos anos. Os judeus eram vistos como defensores e apoiadores cegos do imperador Habsburgo, sem cuja indulgência e proteção teriam sido mantidos no interior dos muros dos guetos[20].

National Reform in the Habsburg Monarchy, 1848-1918. New York: Columbia University Press, 1964. 2v.; JASZI, Oscar. *The Dissolution of the Habsburg Monarchy*. Chicago: University of Chicago Press, 1928.

[19] O esclarecimento dos Habsburgo foi mais avançado, em diversos aspectos, que o do governo alemão. Por exemplo, antes da Primeira Guerra Mundial, era praticamente impossível que um judeu fosse comissionado como oficial no Exército Alemão, independente de suas qualificações e mérito. Por outro lado, judeus eram aceitos como oficiais na Áustria sem preconceito semelhante, o que permitiu a Ludwig von Mises ser comissionado como oficial da reserva do Exército Austríaco quando jovem, e servir com distinção na Primeira Guerra Mundial, no fronte russo. Ver: WISTRICH. *The Jews of Vienna in the Age of Franz Joseph*. Op. cit., p. 174-75: *"Em nítido contraste com os regimentos prussianos, não havia exclusão deliberada dos oficiais judeus e o antissemitismo não era tolerado oficialmente. De fato, o antissemitismo parece ter sido notavelmente mais fraco no exército do que em muitos outros setores da sociedade austríaca, a despeito da agitação nacionalista persistente e do fato de que a maior parte dos oficiais eram católicos romanos alemães. [...] Nesta instituição supranacional por excelência, que era leal somente ao imperador e à dinastia, os judeus eram, em grande medida, tratados em igualdade de condições com os outros grupos religiosos e étnicos. O exército simplesmente não podia tolerar discriminação racial ou religiosa aberta, que não faria mais do que minar a moral e a motivação patriótica"*.

[20] A respeito da percepção dos judeus antes da Primeira Guerra Mundial pelas diversas nacionalidades do Império Austro-Húngaro, inclusive os austro-alemães, ver: STEED, Henry W. *The Hapsburg Monarchy*. New York: Howard Fertig, 1969 [1913]. p. 145-94.

As liberdades civis e oportunidades comerciais e profissionais praticamente irrestritas testemunharam rapidamente a ascensão dos judeus a uma posição preponderante em uma ampla gama de áreas da vida vienense[21]. No começo do século XX, mais de 50% dos advogados e médicos de Viena eram judeus. Os principais jornais liberais e socialistas da capital pertenciam ou eram editados por pessoas de ascendência judaica, inclusive o *New Free Press*, o jornal vienense no qual Mises escreveu com assiduidade nos anos de 1920 e de 1930. Na Associação dos Jornalistas de Viena, mais de 50% eram judeus. Na Universidade de Viena, em 1910, professores de ascendência judaica constituíam 37% da faculdade de Direito, 51% da faculdade de Medicina e 21% da faculdade de Filosofia. Na época em que Mises frequentou a universidade, na primeira década do século XX, quase 21% do corpo discente era judaico. A proporção de judeus na literatura, no teatro, na música e nas artes plásticas, também, era acentuada[22].

II - Sistema Alemão de Educação Secundária

A via principal para o progresso social e profissional era a educação no sistema do *gymnasium* – o sistema de educação secundária do mundo germanófono. A educação do *gymnasium* não somente proporcionou o caminho para a educação

---

[21] Ver: MULLER, Jerry Z. *The Mind and the Market: Capitalism in Modern European Thought*. New York: Alfred A. Knopf, 2002. p. 350-52.
[22] Sobre a demografia ocupacional, ver ROZENBLIT. *The Jews of Vienna, 1867-1914*. *Op. cit.*, p. 47-70; BELLER. *Vienna and the Jews, 1867-1938. Op. cit.*, p. 165-87.

superior e para o diploma universitário para muitos judeus; também era um caminho para a aculturação e assimilação à cultura europeia e, especialmente, alemã. Por exemplo, Ludwig von Mises e seu colega estudante Hans Kelsen (1881-1973) – que posteriormente se tornou um filósofo do direito reconhecido internacionalmente e o autor da Constituição de 1920 da República da Áustria – frequentaram o *Akademisches Gymnasium* no centro de Viena. Tratava-se de uma instituição que preparava os estudantes para a universidade e para carreiras profissionais. Adquiriam uma ampla educação nas artes liberais, com cursos obrigatórios de latim, grego, língua e literatura alemã, história, geografia, matemática, física e religião, com eletivas em francês ou inglês. Mises optou pelo francês. No centro do currículo, também figurava o estudo dos clássicos greco-romanos. Mises e outros estudantes judeus do *Akademisches Gymnasium*, como parte de seu treinamento religioso, também cursavam matérias de hebraico[23].

De acordo com as memórias escritas por pessoas que frequentaram o *Akademisches Gymnasium* nos anos 1880 e 1890, a maior parte dos estudantes ridicularizavam as aulas de religião como "superstição". Os clássicos gregos e romanos eram considerados caminhos literários para o cerne da cultura europeia e ocidental moderna. Ademais, embora escritos contemporâneos sobre história, crítica social, literatura e

---

[23] Sobre os *gymnasiums* de Viena, a assimilação dos judeus e os avanços sociais e econômicos, ver: ROZENBLIT. *The Jews of Vienna, 1867-1914*, p. 99-126; BELLER. *Vienna and the Jews, 1867-1938*, p. 49-70.

ciências não fossem contemplados, os estudantes absorviam essas obras por si mesmos, para se integrarem à sociedade moderna e "progressiva"[24].

Nos anos de 1890, quando Ludwig von Mises foi estudante, 44% do corpo discente era de judeus. Existiam, contudo, alguns *gymnasiums* para os quais a admissão de judeus era informalmente restrita. Por exemplo, a *Maria Theresa Academy of Knights*, em Viena, era reservada para os filhos da nobreza e dos oficiais de alta patente. Joseph Schumpeter (1883-1950) frequentou essa instituição nos anos de 1890, porém isso ocorreu somente porque seu padrasto era tenente marechal de campo. Independente de quais fossem suas qualificações acadêmicas, Mises praticamente não tinha chances de ser aceito. Havia grupos desses *gymnasiums* que eram claramente fechados para os judeus, mesmo para os convertidos ao cristianismo, enquanto outros grupos representavam as instituições de educação secundária, onde os homens de negócios judeus de classe média, os profissionais e os funcionários públicos matriculavam seus filhos[25].

---

[24] Para uma memória rica sobre os *Akademisches Gymnasium* em Viena poucos antes de que Mises fosse estudante, ver SCHNITZLER, Arthur. *My Youth in Vienna*. New York: Holt, Rinehart and Winston, 1970. Ver, também, o fascinante relato da vida nos *gymnasium* vienenses durante essa época em: ZWEIG, Stefan. *The World of Yesterday*. New York: Viking Press, 1943. p. 28-66.

[25] Sobre a *Maria Theresa Academy of Knights* em Viena durante a época em que Schumpeter frequentou essa instituição, ver: ALLEN, Robert Loring. *Opening Doors: The Life and Work of Joseph Schumpeter*. New Brunswick: Transaction Books, 1991. Vol. 1, p. 18-22; SWEDBERG, Richard. *Schumpeter: A Biography*. Princeton: Princeton University Press, 1991. p. 10-12.

Entretanto, a despeito de todos os seus esforços pela assimilação – suas tentativas conscientes de serem alemães-austríacos no pensamento, filosofia, perspectivas e hábitos –, permaneceram distintos e separados. Isto ocorria não somente porque pertenciam a escolas, profissões e ocupações nas quais, enquanto judeus, concentravam-se, mas porque os alemães-austríacos não-judeus os viam como separados e distintos. Por mais que fossem eloquentes e fluentes no alemão literário e na língua falada, independente do quão valiosas fossem suas contribuições à sociedade e cultura vienense, a maior parte dos vienenses não-judeus consideravam que se tratava de contribuições judaicas e influências sobre a vida cultural alemã-austríaca.

O nome, a história familiar, os rumores e os maneirismos identificavam claramente, para a maior parte das pessoas, quem era judeu e quem não era. O sucesso amplo e acentuado de tantos judeus vienenses tornou os não-judeus conscientes de sua preponderância e presença em vários estratos da vida social. Isso serviu como caldo de cultivo para o antissemitismo[26].

Nos domínios dos Habsburgo, parte deste antissemitismo era alimentado pelas forças conservadoras e reacionárias da sociedade, que se ressentiam com frequência da diminuição ou abolição, por parte do imperador, dos privilégios, favores e *status* da Igreja Católica e da aristocracia agrária tradicional.

---

[26] Sobre a natureza e evolução do antissemitismo na Alemanha e na Áustria, ver: PULZER, Peter G. J. *The Rise of Political Anti-Semitism in Germany and Austria*. New York: John Wiley, 1964; e PAULEY, Bruce F. *From Prejudice to Persecution: A History of Austrian Anti-Semitism*. Chapel Hill: University of North Carolina Press, 1992.

A alta proporção de judeus austríacos envolvidos com políticas liberais ou socialistas os tornava alvos dos conservadores, que diziam que eram os portadores da modernidade, com suas presunções de igualdade civil e competição irrestrita no mercado, além de uma secularização considerada anticristã e, portanto, imoral e decadente. A preservação e restauração da sociedade cristã tradicional, afirmavam, exigia a oposição e eliminação da influência judaica na sociedade. Os judeus eram os "mascates" desprovidos de raízes que minavam as ocupações tradicionais e as formas de ganhar a vida, bem como a ordem social estabelecida. Buscavam o lucro. Era dito que estavam dispostos a trocar a honra, os costumes e a fé por umas poucas moedas de ouro. Associações de artesãos se tornaram as principais vozes do antissemitismo, especialmente quando as épocas de dificuldades econômicas demandavam que pequenos artesãos e homens de negócios recorressem aos banqueiros judeus para conseguir os empréstimos necessários para sobreviver nesses períodos de turbulências econômicas[27].

---

[27] Que o verdadeiro alvo por trás de grande parte do antissemitismo na Alemanha e na Áustria tenha sido o liberalismo econômico foi sugerido na seguinte obra: HERTZ, Frederick. *Nationality in History and Politics*. New York: Oxford University Press, 1944. p. 403: *"Foi percebido corretamente por muitos que o verdadeiro objeto dos [ataques antissemitas tais como aqueles do historiador alemão Heinrich von Treitschke (1834-1896), que cunhou a frase 'Os judeus são nossa desgraça'] não eram os judeus, mas sim o liberalismo, e que os judeus foram apenas utilizados como meio para atiçar a opinião pública contra seus princípios fundamentais"*. Ver, também, HAYEK, F. A. *The Road to Serfdom*. London: George Routledge and Sons, 1944. p. 104: *"Na Alemanha e na Áustria, o judeu passou a ser visto como representante do capitalismo porque uma antipatia tradicional de grandes classes da população para com as atividades comerciais as deixou mais prontamente acessíveis a um grupo que*

III - Sentimento Antijudaico

O nacionalismo alemão também era um veículo para o aumento do sentimento antijudaico. Aqui, o paradoxo é que, nos anos 1860 e 1870, um número considerável de intelectuais judeus foram fundadores e líderes dos movimentos nacionalistas austríaco e alemão. A cultura e a sociedade alemãs eram consideradas como representantes dos valores universais da razão, da ciência, da justiça e da abertura, tanto em pensamentos quanto em atos. A predominância cultural e política alemã no interior do Império Austro-Húngaro continha as forças retrógradas da escuridão, isto é, as ameaças húngaras, tchecas e eslavas. Ao mesmo tempo, a influência alemã na Europa Central proporcionou lampejos de ilustração na Europa Oriental.

Ludwig von Mises estimou que, antes da Segunda Guerra Mundial, os judeus constituíam mais de 50% da comunidade de negócios na Europa Central e 90% da comunidade de negócios na Europa Oriental[28]. De fato, em *Omnipotent Government* [*Governo Onipotente*], afirmou que, na Europa Oriental, "*a civilização moderna foi principalmente uma conquista dos*

---

era praticamente excluído das ocupações mais apreciadas. É a velha história da raça estrangeira que é admitida somente para os negócios menos respeitáveis, e que então passa a ser odiada ainda mais por praticá-los. O fato de que o antissemitismo alemão e o anticapitalismo se originaram da mesma raiz é de grande importância para entender o que ocorreu, porém isto raramente é compreendido por observadores estrangeiros".

[28] MISES, Ludwig von. "Postwar Economic Reconstruction of Europe" [1940]. *In*: EBELING, Richard M. (Ed.). *Selected Writings of Ludwig von Mises – Volume 3: The Political Economy of International Reform and Reconstruction.* Indianapolis: Liberty Fund, 2000. p. 27.

judeus"[29]. O que os judeus introduziam e representavam nessas partes da Europa, ao menos desde seu próprio ponto de vista, era a mentalidade alemã iluminada, com sua cultura e instituições. Entetanto, para as nacionalidades que recebiam e que eram "ameaçadas" por esta influência cultural alemã, era percebida tanto judaica quanto alemã – uma cultura "estrangeira" dominante e imperial.

Ao mesmo tempo, tanto na Alemanha quanto na Áustria germânica, muitos dos nacionalistas alemães cristãos consideravam os judeus que estavam na vanguarda dos movimentos nacionalistas pan-germânicos como intrusos. Consequentemente, na segunda metade do século XIX, surgiram racionalizações para justificar a rejeição da participação judaica na causa do nacionalismo e da cultura alemã. Dizia-se que somente os cristãos e a fé cristã eram consistentes com a verdadeira vida e cultura alemãs. Entretanto, quanto um número significativo de judeus alemães e austríacos se converteram ao cristianismo, ainda assim isso não foi considerado suficiente. Agora, afirmava-se que, para ser verdadeiramente alemão, não bastava ter se convertido ao cristianismo. A "germanidade" era uma cultura, uma atitude para com a vida e um certo sentido de pertencimento à comunidade do *Volk* [povo].

Quando um número crescente de judeus mergulhou em tudo o que era alemão – língua, filosofia, literatura, vestimentas, maneiras –, isso novamente não foi considerado suficiente. Para ser verdadeiramente alemão, era necessário compartilhar de uma ancestralidade comum, da herança de

---

[29] MISES. *Omnipotent Government. Op. cit.*, p. 185.

uma mesma linhagem de sangue[30]. Tratava-se de uma barreira que os judeus alemães e austríacos não tinham como superar. As sementes da "solução final" se encontram na emergência do antissemitismo racial, nos anos 1880 e 1890.

Em Viena, o espírito do antissemitismo era representado por Karl Lueger (1844-1910), que foi prefeito da capital na primeira década do século XX e líder do Partido Social Cristão. Insistia que somente "judeus gordos" podiam resistir à tempestade da competição capitalista. O antissemitismo, nas palavras de Lueger, *"não é uma explosão de brutalidade, mas sim o clamor do povo cristão oprimido que pede ajuda da Igreja e do Estado"*[31]. Misturou o antissemitismo com reformas sociais de esquerda, que incluíam restrições no funcionalismo público e no governo municipal ao acesso de judeus a trabalhos ou contratos da cidade. Por outro lado, quando Lueger foi questionado sobre por que tinha amigos e associados políticos judeus, respondeu: *"Eu decido quem é judeu"*[32].

---

[30] Esta atitude foi expressa, por exemplo, durante os anos 1930 pelo fervoroso nacional socialista Adolf Bertels (1862-1945), que disse a respeito de Heinrich Heine (1797-1856), possivelmente o maior escritor alemão do século XIX, que *"por mais que domine a língua e as formas poéticas alemãs, por mais que conheça o modo de vida alemão, é impossível para um judeu ser um alemão"*. Citado por: HAMILTON, Alistair. *The Appeal of Fascism: A Study of Intellectuals and Fascism, 1919-1945*. London: Anthony Blond, 1971. p. 109.

[31] Citado em: JONES, Sydney J. *Hitler in Vienna, 1907-1913: Clues to the Future*. New York: Cooper Square Press, 2002. p. 155.

[32] Idem. *Ibidem*, p. 157. Ver, também: BERKLEY. *Vienna and Its Jews*, p. 103-111. Sobre a história do movimento socialista cristão e o papel e participação de Lueger nesse movimento, ver: BOYER, John W. *Political Radicalism in Late Imperial Vienna: Origins of the Christian Social Movement, 1848-1897*. Chicago: University of Chicago Press, 1981; BOYER, John W. *Culture and Political Crisis in Vienna:*

Entretanto, a despeito da presença e aumento das atitudes antissemitas na Áustria em geral e em Viena em particular, no final do século XIX e início do século XX, a falta de atenção de Mises para com sua própria herança judaica familiar ou qualquer percepção do impacto do antissemitismo ao seu redor – havia manifestações antijudaicas de estudantes na Universidade de Viena durante os anos em que ele foi estudante nessa instituição, por volta da virada do século – de fato não era algo incomum. Podemos ler o fascinante relato de Stefan Zweig (1881-1942) a respeito da vida cotidiana na Viena de seu tempo e ter a impressão distinta de que as atitudes antissemitas e a política do governo municipal eram praticamente não-existentes[33].

IV - Muros Invisíveis

Ainda assim, nos círculos que as pessoas frequentavam na sociedade vienense, antes e depois da Primeira Guerra Mundial, havia muitos muros invisíveis. Judeus tradicionais ou ortodoxos viviam e trabalhavam dentro de um mundo próprio na cidade[34]. Judeus seculares e assimilados, tais como

---

Christian Socialism in Power, 1897-1918. Chicago: University of Chicago Press, 1995.

[33] ZWEIG. *The World of Yesterday*. *Op. cit.* Zweig nasceu no mesmo ano que Mises, 1881, e foi forçado a deixar Viena com a ascensão dos nazistas ao poder na Áustria. Foi para o exílio no Brasil, onde cometeu suicídio em 1942.

[34] FREIDENREICH, Harriet Pass. *Jewish Politics in Vienna, 1918-1938*. Bloomington: Indiana University Press, 1991. p. 138.

Ludwig von Mises e Hans Kelsen, moviam-se em círculos tanto de judeus quanto de não-judeus; no entanto, mesmo os judeus não-religiosos e os que haviam assimilado a cultura alemã se agrupavam. Uma análise da lista de participantes do famoso seminário privado de Mises em Viena, por exemplo, mostra uma alta proporção de judeus[35]. Ademais, mesmo após a mudança de Mises em 1934 para Genebra, na Suíça, suas agendas da época mostram que vários de seus compromissos sociais eram com outros judeus residentes nesse país.

O final do século XIX e o começo do século XX testemunharam o eclipse do liberalismo na Áustria e a ascensão do socialismo que ocupou seu lugar, centrado na ascendência política do Partido Social Democrata. Um número considerável de judeus eram proeminentes no movimento socialista austríaco; eram anticapitalistas e consideravam o segmento empreendedor da sociedade como constituído por exploradores e opressores econômicos. A classe capitalista seria varrida na transformação para o socialismo, inclusive os judeus capitalistas da "classe dominante". A maior parte dos judeus no movimento socialista eram não somente seculares e se consideravam precursores do mundo vindouro para os trabalhadores; também se opunham desdenhosamente ao judaísmo cultural e religioso[36].

Os três movimentos políticos na Áustria e Viena quando Mises era jovem – conservadorismo, nacionalismo

---

[35] MISES. *Notes and Recollections*. Op. cit., p. 100.
[36] Ver: WISTRICH, Robert S. *Socialism and the Jews*. East Brunswick: Associated University Presses, 1982.

alemão e socialismo radical – eram, cada um por suas próprias razões, inimigos da sociedade liberal, opositores do capitalismo de livre mercado e, portanto, ameaças às ideias e ocupações daqueles estratos sociais de classe média, ou "burgueses", densamente ocupados pelos judeus na Áustria e Viena.

A história dos judeus austríacos durante essa época é uma história de triunfo e tragédia. Os ventos do liberalismo do século XIX libertaram a comunidade judaica austríaca, tanto interna quanto externamente. Internamente, a ideia liberal abriu a sociedade judaica ortodoxa em lugares tais como a Galicia austríaca. Anunciava a razão sobre o ritual; mais individualismo sobre o coletivismo religioso; modernidade de mente aberta sobre as restrições do tradicionalismo. Externamente, libertou a comunidade judaica das restrições legais e políticas. Os direitos à liberdade de comércio, ocupação e profissão abriram diversas oportunidades para o aprimoramento social, para o melhoramento econômico e para a aceitação política[37].

---

[37] Muitos dos judeus na Alemanha e na Áustria entenderam essa conexão entre o liberalismo econômico e a oportunidade individual que permitiu que muitos na comunidade judaica prosperassem a despeito dos sentimentos antissemitas. Assim, por exemplo, em 1897, Emil Lehmann (1829-1898), líder da comunidade judaica de Dresden, argumentou contra os social-democratas: *"No ensinamento mosaico, os ideais de justiça e igualdade perante a lei encontram sua substanciação assim como a inveja e o ódio – que a Social-Democracia compartilha com os antissemitas – recebem a mais contundente condenação. Não cobiçarás! Outras demandas contrárias à civilização, tais como a abolição da família, a educação estatal das crianças etc., que são desejadas pelos social-democratas, são firmemente rejeitadas pelos Dez Mandamentos"*. Citado em: WISTRICH. *Socialism and the Jews. Op. cit.*, p. 69.

No lapso de duas gerações, isto transformou a sociedade judaica austríaca. Ademais, no mesmo intervalo de tempo, ocorreu a ascensão de muitos judeus à proeminência social e econômica, com maior tolerância política do que jamais tinha sido visto. Se essas duas forças libertadoras não tivessem estado em funcionamento, não teria havido Ludwig von Mises – o economista, o filósofo social e político, e a notável figura pública na Áustria do entre-guerras[38].

Ao mesmo tempo, essas duas forças libertadoras prepararam o terreno para a tragédia dos judeus alemães e austríacos. Seus próprios êxitos nas artes e nas ciências, na academia e no comércio, fomentaram a animosidade e o ressentimento daqueles que eram menos bem-sucedidos nas arenas da competição intelectual, cultural e comercial. Isso libertou a emoção da inveja, o terror do fracasso e a busca psicológica por desculpas e bodes expiatórios. Terminou nos portões dos campos de extermínio dos nazistas[39].

---

[38] A respeito do papel e proeminência de Mises na Áustria do período entre guerras, ver: EBELING, Richard M. "The Economist as the Historian of Decline: Ludwig von Mises and Austria between the Two World Wars". *In*: EBELING, Richard M. (Ed.). *Globalization: Will Freedom or World Government Dominate the International Marketplace?* Hillsdale: Hillsdale College Press, 2002. p. 1-68.

[39] Que as perdas decorrentes do antissemitismo não tenham recaído sobre os judeus que foram despojados de suas posses, exilados, aprisionados ou assassinados nos campos de concentração e de extermínio foi apontado por Hugo Bettauer (1872-1925) em seu relato ficcional: BETTAUER, Hugo. *The City Without Jews: A Novel of Our Time*. New York: Bloch Publishing, 1926. Publicado originalmente em Viena em 1923, imagina uma expulsão completa dos judeus de Viena em algum momento futuro da história da cidade. Com os judeus, desaparecem grande parte das conquistas e do potencial cultural, social e econômico da cidade. De fato, a cidade cai na pobreza econômica e cultural sem a contribuição dos antigos cidadãos judeus de Viena.

Desde a época da Primeira Guerra Mundial, os escritos de Mises expressavam a concepção liberal clássica cosmopolita acerca do homem, da sociedade e da liberdade. Durante o período entre-guerras, suas obras sobre os princípios gerais da ordem liberal de mercado, o perigoso beco sem saída para o qual a sociedade socialista conduziria e as contradições e influências corruptoras do intervencionismo econômico, representaram tentativas para deter a maré do pensamento anti-iluminista – para retardar aquilo a que se referia como a *"revolta contra a razão"*[40].

---

[40] A obra monumental de Mises, *Socialism: An Economic and Sociological Analysis*, originalmente publicada em 1922 como *Die Gemeinwirtschaft: Untersuchungen über den Sozialismus*, não é meramente um argumento lógico contra a possibilidade de planejamento central socialista – que, obviamente, é uma parte central do livro. Também é uma análise arrebatadora e majestosa do potencial social, cultural e político de uma comunidade livre sob o liberalismo clássico, e da pobreza e tendências destrutivas de todas as formas de coletivismo. Sua obra de 1927, *Liberalism* (Irvington-on-Hudson: Foundation for Economic Education, 1985) [Publicado em língua portuguesa como: MISES, Ludwig von. *Liberalismo: Segundo a Tradição Clássica*. Preâmbulo de Louis M. Spadaro; prefs. Thomas Woods & Bettina Bien Greaves; trad. Haydn Coutinho Pimenta. São Paulo: Instituto Ludwig von Mises Brasil, 2ª Ed., 2010. (N. E.)], apresenta uma exposição coerente e integrada do mundo verdadeiramente humano que uma sociedade liberal pode proporcionar à humanidade. Todos esses temas a respeito da natureza da sociedade livre foram reunidos em seu tratado magistral: *Human Action* (Irvington-on-Hudson: Foundation for Economic Education, 1996) [Lançado em português como: MISES, Ludwig von. *Ação Humana: Um Tratado de Economia*. Trad. Donald Stewart Jr. São Paulo: Instituto Ludwig von Mises Brasil, 3ª Ed., 2010. (N. E.)]. Sobre Mises como filósofo social e político, ver: EBELING, Richard M. "Planning for Freedom: Ludwig von Mises as Political Economist and Policy Analyst". *In*: EBELING, Richard M. (Ed.). *Competition or Compulsion? The Market Economy versus the New Social Engineering*. Hillsdale: Hillsdale College Press, 2001. p. 1-85.

Para Mises, o liberalismo clássico é a visão de mundo que liberta a humanidade do *ancien régime*, com seu sistema de castas e classes, favores e privilégios, desigualdades e injustiças[41]. Se grupos de indivíduos desejam se apegar às suas identidades tradicionais e a seu apreço pelos costumes, tradições e rituais, são livres para tanto na sociedade liberal. Entretanto, evita-se (ou ao menos se dificulta grandemente) que os imponham sobre outros, dado que a agência do governo se limita a garantir a cooperação pacífica por intermédio de um estado de direito com tratamento igual para todos. Sob o liberalismo de governo limitado, o ressentimento, a inveja e a raiva de alguns não podem ser transformados em malícia política e abuso sobre os outros.

Diante da influência crescente das ideias socialistas, o liberalismo é a visão de mundo e sistema econômico, aos olhos de Mises, que pode evitar o estabelecimento de uma terrível tirania coletivista, que poderia produzir somente estagnação e pobreza. O socialismo não passa dos velhos ressentimentos

---

[41] Ver: MISES, Ludwig von. "The Clash of Group Interests". *In*: EBELING, Richard M. Ebeling (Ed.). *Money, Method and the Market Process: Essays by Ludwig von Mises*. Norwell: Kluwer Academic Press, 1990. p. 202-14 [O texto está disponível em português como: MISES, Ludwig von. "O Conflito de Interesses entre Diferentes Grupos Sociais". *In*: *O Conflito de Interesses e Outros Ensaios*. Prefs. Adriano Gianturco e Murray N. Rothbard; intr. Hans-Hermann Hoppe; posf. Claudio A. Téllez-Zepeda; trad. Marisa Motta. São Paulo: LVM, 2017. 63-87. (N. E.)]; MISES, Ludwig von. *Theory and History: An Interpretation of Social and Economic Evolution*. New Haven: Yale University Press, 1957. p. 112-22 [O livro foi publicado em língua portuguesa como: MISES, Ludwig von. *Teoria e História: Uma Interpretação da Evolução Social e Econômica*. Pref. Murray N. Rothbard; trad. Rafael de Sales Azevedo. São Paulo: Instituto Ludwig von Mises Brasil, 2014. (N. E.)].

mesquinhos e da inveja pessoal, agora disfarçado por trás da retórica de uma teoria grandiosa da exploração e injustiça econômica e institucional. O que é pior, a vitória do socialismo levaria à introdução de um sistema econômico desprovido de método racional para o cálculo econômico. Assim, o socialismo também conduziria ao desperdício, à ineficiência e a um padrão de vida muito abaixo do que o da ordem de mercado, cujo lugar ocuparia.

Todas essas forças antiliberais foram postas em marcha pela Primeira Guerra Mundial: socialismo, nacionalismo, racismo e fascismo. Em conjunto, representavam cumulativamente uma contrarrevolução contra tudo o que o liberalismo clássico tinha defendido e conseguido criar durante os séculos XVIII e XIX. Eram o retorno do homem aos mestres e às correntes. Anunciavam o fim do homem livre.

Por trás do aspecto antissemita da contrarrevolução coletivista, acreditava Mises, havia inveja e ressentimento contra aqueles que obtiveram sucesso economica e socialmente na arena das oportunidades do livre mercado. Embora Mises não negligencie o papel dos fatores não-econômicos na geração de sentimentos antijudaicos, especialmente nos primeiros anos, estava convencido de que o fator mais importante, nos tempos modernos, era a frustração daqueles que fracassaram contra competidores que por acaso eram judeus ou de ascendência judaica.

A doutrina racial nazista foi incapaz de definir e classificar cientificamente as características incontestáveis de um "judeu" ou um "ariano". De fato, no contexto da longa história europeia de conquistas e misturas de multidões de grupos étnicos e raciais, não havia sentido científico que sustentasse uma raça "pura" em praticamente qualquer parte do continente. Ademais, após enumerar os diversos significados negativos que foram atribuídos à cultura, às atitudes, ao comportamento e à influência "judaica" sobre a sociedade alemã, Mises concluiu que a única coisa em comum que poderia ser encontrada era que os críticos não gostavam deles. Por exemplo, os judeus eram criticados por serem ou liberais econômicos, favoráveis ao individualismo grosseiro, ou comunistas desejosos da nacionalização do indivíduo; por serem ou belicistas em prol dos lucros, ou pacifistas perigosos, não dispostos a lutar por seu país; por serem ou nacionalistas sionistas, ou cosmopolitas sem raízes, desprovidos de lealdade; por serem ou materialistas rudes, ou idealistas utópicos; por serem ou defensores da democracia, ou agentes da ditadura. "Judeu" era simplesmente um termo abrangente para qualquer coisa que fosse desprezada ou considerada indesejável na sociedade[42].

V - Papel Fundamental

Apesar disso, era um fato, conforme Ludwig von Mises assinalou e tal como mencionado anteriormente, que os judeus desempenharam um papel fundamental no desenvolvimento cultural e econômico da Europa Central e Oriental na segunda metade do século XIX e nas primeiras décadas do século XX. Aqueles que se ressentiam com o fim das

---

[42] MISES. *Omnipotent Government. Op. cit.*, p. 171-77.

formas mais antigas e tradicionais da ordem social, ou que eram incapazes de se adaptarem tão facilmente às correntes crescentes da competição no mercado, consideravam os judeus como a causa de suas "desgraças". Os judeus foram centrais para a industrialização, comércio moderno, infraestrutura de ferrovias e desenvolvimento de matérias-primas e de recursos, especialmente na Alemanha imperial e na Áustria-Hungria – mesmo que em nenhum momento os judeus representassem mais do que um por cento da população do Império Alemão, e apenas cinco por cento da população do Império Áustro-Húngaro.

Para os alemães tradicionalistas, o judeus representavam a "modernidade" e a secularização – especialmente em sua manifestação de livre mercado. Para as diversas nacionalidades não-alemãs na Alemanha oriental e na Áustria-Hungria, os judeus representavam a dominação cultural e econômica "alemã", especialmente dado que os judeus alemães e austríacos consideravam a "cultura" alemã como a força mais esclarecida e progressiva, algo ao que uma grande maioria deles desejavam assimilar[43].

---

[43] Muitos dos judeus assimilados sentiam vergonha e embaraço com relação a seus "primos orientais" que continuavam a seguir as formas culturais e religiosas judaicas mais tradicionais. Sua aparência física e práticas religiosas pareciam uma recordação daquilo que escolheram escapar. Ademais, a chegada desses judeus mais ortodoxos a Berlim e Viena nos anos anteriores e posteriores à Primeira Guerra Mundial foi vista com grande inquietação. De fato, os judeus assimilados temiam que seus primos ortodoxos os fizessem parecer "mal" aos olhos de seus vizinhos não-judeus. Seriam manchados com as impressões negativas que esses judeus ortodoxos criariam (como frequentemente aconteceu) nas mentes dos alemães e austríacos não-judeus. Ver: WERTHEIMER, Jack. *Unwelcome*

Entretanto, restou o fato de que, no mercado, indivíduos continuaram a patrocinar os fornecedores capazes de proporcionar produtos e serviços melhores e/ou mais baratos. As pessoas demonstravam suas preferências e votavam com seu dinheiro por aqueles com quem consideravam vantajoso fazer negócios. Conforme explicou Mises:

> Várias décadas de intensa propaganda antissemita não conseguiram evitar que "arianos" alemães comprassem em lojas de judeus, que consultassem médicos e advogados judeus e que lessem livros de autores judeus. Não patrocinaram os judeus de forma inconsciente – os competidores "arianos" tiveram o cuidado de repetir uma e outra vez que essas pessoas eram judeus. Quem quer que desejasse se livrar de seus competidores judeus não poderia contar com um suposto ódio contra os judeus; precisava pedir por discriminação legal contra eles. Tal discriminação não é o resultado do nacionalismo ou do racismo. É basicamente – assim como o nacionalismo – resultado do intervencionismo e da política de favorecer os produtores menos eficientes às custas dos consumidores[44].

Strangers: Eastern European Jews in Imperial Germany. New York: Oxford University Press, 1987; PENSLAR, Derek J. *Shylock's Children: Economics and Jewish Identity in Modern Europe*. Berkeley: University of California Press, 2001. p. 195-205; ELON, Amos. *The Pity of It All: A History of the Jews in Germany, 1743-1933*. New York: Metropolitan Books, 2002. p. 231-57.

[44] MISES. *Omnipotent Government. Op. cit.*, p. 184.

Ademais, se os judeus foram culpados pelo antissemitismo contra si mesmos, teria de ser devido às suas qualidades mais meritórias:

> Entretanto, se a causa do antissemitismo realmente pudesse ser encontrada em características distintivas dos judeus, essas propriedades teriam de ser virtudes e méritos extraordinários que qualificariam os judeus como a elite da humanidade. Se os próprios judeus devem ser culpados pelo fato de que aqueles cujo ideal é a guerra perpétua e o derramamento de sangue, que adoram a violência e estão ansiosos para destruir a liberdade, consideram-nos como os oponentes mais perigosos contra seus esforços, deve ser porque os judeus se destacam entre os defensores da liberdade, da justiça e da cooperação pacífica entre as nações. Se os judeus provocaram o ódio dos nazistas devido à sua conduta, foi sem dúvida porque o que havia de grande e nobre na nação alemã, todas as realizações imortais do passado alemão, ou foram conseguidos por judeus, ou foram próprios da mentalidade judaica. Dado que os partidos que desejam destruir a civilização moderna e retornar à barbárie colocaram o antissemitismo no topo de seus programas, esta civilização é, aparentemente, criação dos judeus. Nada mais elogioso poderia ser dito de um indivíduo ou um grupo do que o fato de que os inimigos mortais da civilização teriam razões bem fundamentadas para persegui-los[45].

---

[45] Idem. *Ibidem*, p. 184-185.

VI - Contribuições Exageradas

Ludwig von Mises não afirmou que a civilização foi produzida pelos judeus. Apontou que os antissemitas exageraram enormemente a contribuição dos judeus à sociedade moderna com suas conquistas. O que era distintivo a respeito dos judeus alemães e austríacos era que constituíam pequenas minorias na sociedade maior em que poderiam facilmente ser alvos para a discriminação econômica por intermédio do intervencionismo, sem capacidade para evitar politicamente que grupos mais poderosos, de interesses especiais, utilizassem o Estado às suas custas. Ademais, "os judeus" eram capazes de servir como suporte conveniente onde pendurar todas as desculpas para o desapontamento pessoal e humilhação nacional, especialmente após a derrota na Primeira Guerra Mundial[46].

---

[46] De fato, embora Mises não tenha atentado para este ponto, o que a maior parte dos judeus alemães e austríacos compartilhavam com seus compatriotas não-judeus era um entusiasmo pelo imperialismo alemão às vésperas da Primeira Guerra Mundial, e serviram no exército alemão em uma proporção que excedeu grandemente sua porcentagem na população geral. Também compartilharam dos mesmos ressentimentos e sentimentos de humilhação com a derrota das forças alemãs e austríacas no fim da guerra, especialmente com os termos de paz impostos pelas potências aliadas em 1919. Ver: ELON. *The Pity of It Alli. Op. cit.*, p. 297-354; SACHAR, Howard M. *Dreamland: Europeans and Jews in the Aftermath of the Great War.* New York: Alfred A. Knopf, 2002. p. 205-82; ROZENBLIT, Marsha L. *Reconstructing a National Identity: The Jews of Habsburg Austria During World War I.* New York: Oxford University Press, 2001. A perversidade, conforme Mises aponta, é que muitos dos não-judeus na Alemanha tentaram preservar seu equilíbrio mental diante da derrota alemã buscando um bode expiatório para a humilhação de 1919 e o encontraram em uma "punhalada nas costas" por parte dos judeus. Ver: MISES. *Omnipotent Government. Op. cit.*, p. 187: *"Foi a salvação para a autoestima de todas essas almas desprovidas de esperança quando alguns generais e líderes nacionalistas encontraram uma justificativa e uma desculpa: tinha sido obra dos*

O que a Viena na época de Mises demonstrou, especialmente nas décadas anteriores à guerra, é que o liberalismo clássico, na prática, significa a proteção da liberdade na realidade. O redespertar da vida judaica na Alemanha e na Áustria se tornou possível pela cultura iluminista da razão, da experiência e do individualismo, em lugar da superstição, da fé cega e do coletivismo cultural. O espírito do individualismo fomentou um ambiente crescente de autoeducação e autoaprimoramento na comunidade judaica. Entretanto, esse individualismo espiritual teria sido impedido caso não tivesse coincidido com a nova era do liberalismo econômico e político no qual o indivíduo poderia aplicar sua mente libertada ao mundo externo.

Entretanto, a ideologia do intervencionismo e do socialismo, colocadas em prática no período entre das duas guerras mundiais, foi o que possibilitou que os preconceitos dos invejosos e dos ressentidos pudessem ser aplicados contra seus competidores mais bem-sucedidos. Mises explicou os métodos por intermédio dos quais o poder do Estado intervencionista poderia se voltar contra um grupo minoritário, tal como eram os judeus:

judeus. A Alemanha foi vitoriosa na terra, no mar e no ar, mas os judeus apunhalaram as forças vitoriosas pelas costas. Quem se atrevesse a refutar esta lenda era denunciado como judeu ou como servo comprado pelos judeus. Nenhum argumento racional podia abalar a lenda. [...] Devemos observar que o nacionalismo alemão conseguiu sobreviver à derrota na Primeira Guerra Mundial somente por causa da lenda da punhalada pelas costas". Posteriormente, Mises desenvolveu o tema da inveja e do ressentimento como o fundamento das atitudes anticapitalistas. Ver: MISES, Ludwig von. *The Anti-Capitalistic Mentality*. Princeton: D. Van Nostrand, 1956 [Lançada em português como: MISES, Ludwig von. *A Mentalidade Anticapitalista*. Ed. e pref. Bettina Bien Greaves; apres. F. A. Hayek; pref. Francisco Razzo; posf. Israel M. Kirzner; trad. Carlos dos Santos Abreu. São Paulo: LVM, 3ª ed., 2017. (N. E.)].

Se, por exemplo, membros da minoria estiverem sozinhos engajados em um ramo específico dos negócios, o governo pode arruiná-los por intermédio de disposições aduaneiras. Em outras palavras, podem elevar os preços das matérias-primas e maquinarias. Nesses países [da Europa Central e Oriental no pós-Primeira Guerra Mundial], cada medida de interferência do governo – taxas, tarifas, taxas de fretes, políticas trabalhistas, monopólios e controles de preços, regulações cambiais – foram utilizadas contra minorias. Quem desejasse construir uma casa ou desfrutar dos serviços de um arquiteto do grupo minoritário se encontrava acossado pelas dificuldades colocadas pelos departamentos de construção, saúde ou prevenção de incêndios. Esperará mais para receber seu telefone, bem como conexões de gás, água e eletricidade das autoridades municipais. A vigilância sanitária descobrirá algumas irregularidades no edifício. Se membros de seu grupo minoritário forem feridos ou mesmo mortos por razões políticas, os policiais serão lentos para encontrar os culpados. Contra tais obstáculos, todas as provisões de proteção às minorias são inúteis. Pense no tratamento das taxas. Nesses países, a máxima do chefe de justiça John Marshall (1755-1835), "o poder de taxar é o poder de destruir" foi praticado contra as minorias. Ou pense no poder que o licenciamento [ocupacional] proporciona a um governo[47].

---

[47] MISES, Ludwig von. "Postwar Reconstruction" [1941]. *In*: EBELING, Richard M. (Ed.). *Selected Writings of Ludwig von Mises – Volume 3: The Political Economy of International Reform and Reconstruction*. Op. cit., p. 13.

Nas duas décadas que se seguiram à Primeira Guerra Mundial, os governos da Europa Central e Oriental, especialmente em países como a Polônia, Lituânia, Hungria e Romênia utilizaram esses tipos de políticas intervencionistas para proibir e restringir as oportunidades econômicas para as populações judaicas. Isto vinha, com frequência, acompanhado de atos brutais de violência contra as vidas e propriedades dos judeus[48].

Foi precisamente por intermédio de tais políticas intervencionistas que os judeus foram excluídos da vida social e econômica alemã nos anos que se seguiram ao triunfo do movimento Nacional Socialista de Adolf Hitler em 1933. Durante os primeiros cinco anos do governo nazista, restrições, regulamentações e proibições foram impostas contra a comunidade judaica alemã, revertendo completamente os cem anos anteriores de liberalização econômica e social. Paulatinamente, os judeus foram banidos legalmente das profissões, da academia, das artes e ciências, do comércio, da indústria e dos negócios. Isto veio acompanhado de ataques físicos selvagens contra judeus por todo o país, nos quais milhares foram mortos, espancados ou detidos e aprisionados no novo sistema de campos de concentração[49].

---

[48] A respeito de como essas políticas intervencionistas foram empregadas contra os judeus nos países da Europa Central e Oriental no período entre guerras, ver: SACHAR, Dreamland & MENDELSOHN, Ezra. *The Jews of East Central Europe Between the World Wars*. Bloomington: Indiana University Press, 1983. Ver também: PULZER, P. G. J. "The Development of Political Antisemitism in Austria". *In*: FRAENKEL, Josef (Ed.). *The Jews of Austria: Essays on Their Life, History and Destruction*. London: Vallentine, Mitchell, 1967. p. 429-43.

[49] Para tratamentos detalhados da discriminação política e intervencionista crescentes e da proibição das liberdades sociais, civis e econômicas dos judeus na

O que a Alemanha Nazista levou cinco anos para conseguir, foi alcançado em semanas e meses na Áustria, após sua anexação ao Terceiro Reich em março de 1938. As passagens a seguir, admitidamente longas, do livro de Bruce Paule sobre a história do antissemitismo austríaco transmitem uma sensação arrepiante sobre a tragédia que recaiu sobre os judeus de Viena nos dias e meses após o *Anschluss*:

A noite dos dias 11 e 12 de março de 1938 marcaram o dramático fim de mil anos de história judaico-austríaca. Na sexta-feira, 11 de março, todos os jornais judaicos de Viena publicaram suas edições semanais usuais. No dia seguinte, seus escritórios

---

Alemanha nazista durante os anos 1930, ver: HILBERG, Raul. *The Destruction of the European Jews*. Chicago: Quadrangle Books, 1967. p. 43-105; DAWIDOWICZ, Lucy S. *The War Against the Jews, 1933-1945*. New York: Bantam Books. p. 48-69; NOAKES, J. & PRIDHAM, G. *Nazism, 1933-1945 – Volume 2: State, Economy and Society, 1933-1939*. Exeter: University of Exeter Press, 1984. p. 521-67; MAYER, Arno J. *Why Did the Heavens Not Darken? The "Final Solution" in History*. New York: Pantheon, 1988. p. 113-58; BARKAI, Avraham. *From Boycott to Annihilation: The Economic Struggle of German Jews, 1933-1943*. Hanover: University Press of New England, 1989; FRIEDLANDER, Saul. *Nazi Germany and the Jews – Volume I: The Years of Persecution, 1933-1939*. New York: Harper Collins, 1997; DWORK, Debrorah & VAN PELT, Robert Jan. *Holocaust: A History*. New York: Norton, 2002. p. 82-102. Ver também: ROBERTS, Stephen. *The House that Hitler Built*. New York: Harper & Brothers, 1938. p. 258-67; LOWENTHAL, Marvin. *The Jews of Germany: A Story of Sixteen Centuries*. Philadelphia: The Jewish Publications Society of America, 1938. p. 392-421. A respeito do antissemitismo na Alemanha nos anos de 1920, ver: NIEWYK, Donald L. *The Jews in Weimar Germany*. New Brunswick: Transaction Books, 2001. p. 43-81. Sobre a resposta dos judeus da Alemanha à discriminação intervencionista crescente e à violência nos anos 1930, ver: DIPPEL, John V. P. *Bound Upon a Wheel of Fire: Why So Many German Jews Made the Tragic Decision to Remain in Nazi Germany*. New York: Basic Books, 1996.

e aqueles de outras organizações judaicas tinham sido ocupados pelos nazistas. Em questão de dias, ou no máximo de uns poucos meses, quase todos os judeus austríacos tinham perdido seus meios de vida e, em muitos casos, também suas casas. [...]

Gangues de nazistas invadiram as lojas de departamentos judaicas, lojas humildes de judeus na Leopoldstadt, os lares dos banqueiros judeus, bem como os apartamentos dos judeus de classe média e roubaram dinheiro, obras de arte, casacos de pele, joias e inclusive móveis. Alguns judeus foram assaltados nas ruas. Todos os automóveis em propriedade de judeus foram confiscados imediatamente. Judeus que se queixaram à polícia a respeito dos roubos tiveram sorte se escaparam da prisão ou da violência física. [...]

Os homens da SA ficaram na entrada das lojas judaicas; cristãos que entraram nessas lojas foram presos e forçados a utilizar símbolos dizendo que eram "porcos cristãos". [...] Em umas poucas horas, ou no máximo alguns dias, todos os atores, músicos e jornalistas judeus perderam seus trabalhos. Em meados de junho de 1938, apenas três meses após o *Anschluss*, judeus já tinham sido mais expurgados da vida pública na Áustria do que em cinco anos após a ascensão de Hitler ao poder na Alemanha. Dezenas de milhares de empregados judeus perderam seus trabalhos. Muito raramente receberam qualquer aviso ou indenização. Entre aqueles que foram demitidos, encontravam-se todos os funcionários estatais e municipais (que eram poucos), incluindo 183 professores de escolas públicas e funcionários de bancos, empresas de seguros, teatros e salas de concerto. Enquanto isso, negócios privados de judeus, grandes e pequenos, ou foram imediatamente confiscados, ou seus proprietários receberam apenas uma pequena fração do verdadeiro valor de suas propriedades. Os judeus também foram excluídos da maior parte das áreas do entretenimento público e, em certa medida, mesmo do transporte público no início do verão de 1938; regras semelhantes somente foram impostas aos judeus alemães em novembro. Os judeus austríacos também foram submetidos a todos os tipos de degradações e insultos pessoais que não foram resultado da legislação nazista oficial. Se um passageiro gentio de um coletivo não gostasse da aparência de um passageiro judeu no verão de 1938, o bonde poderia ser parado e o judeu atirado para fora. O número de cafeterias e restaurantes que não atendiam judeus aumentou dia a dia. Todos os banhos públicos e piscinas foram fechadas para os judeus. Bancos de parques por toda a cidade tinham marcadas as palavras "Juden verboten" [proibido judeus]. Não se permitia a entrada de judeus em espetáculos teatrais, concertos ou na ópera. Diversos cinemas tinham avisos dizendo que o patrocínio judaico não era desejado. Às vezes, judeus eram expulsos durante uma sessão de cinema, caso gentios reclamassem a seu respeito. Os homens da SA às vezes até mesmo ficavam na última parada do bonde no subúrbio de Neuwldegg, para evitar que judeus pudessem passear nas vizinhanças de Vienna Woods. [...]

Após 2 de julho, judeus não podiam mais frequentar certos jardins e parques públicos, e essa proibição se estendeu a todos os lugares desse tipo após setembro de 1939. No final de setembro de 1938, tanto médicos quanto advogados judeus perderam seu direito de atender clientes gentios. Apenas aproximadamente 50 advogados judeus foram capazes de se manter, mesmo brevemente, sob essas circunstâncias. Após 5 de outubro, judeus não podiam mais entrar nos estádios esportivos como espectadores. Logo após o *pogrom* de novembro, não se permitia aos judeus sequer que aparecessem em público durante certos momentos do dia. Após janeiro de 1939, não podiam usar mais os vagões-leito ou restaurante nos trens. [...]

O confisco das casas dos judeus e de outros tipos de riquezas por parte dos nazistas austríacos antes e após a *Kristallnacht* provavelmente deveu-se menos à ideologia nazista do que ao auto-engrandecimento econômico – isto é, a pura e velha inveja.

[...] Já em dezembro de 1938, 44.000 apartamento de judeus foram arianizados, de um total de 70.000 [em Viena]. [...] Judeus às vezes eram notificados, por intermédio de um pedaço de papel na porta, de que tinham apenas poucos dias ou mesmo horas para deixar os apartamentos. [...] Da mesma forma, o confisco dos trabalhos dos judeus também foi uma resposta ao desemprego vienense, que tinha sido endêmico durante todo o período do entre-guerras, e especialmente nos anos 1930[50].

VII - Ganhos Ilusórios

Na primavera de1940, pouco antes de Ludwig von Mises sair de Genebra e viajar para os Estados Unidos da América,

---

[50] PAULEY, Bruce F. *From Prejudice to Persecution: A History of Austrian Anti-Semitism.* Chapel Hill: University of North Carolina Press, 1992. p. 275, 280-84, 288-90.

observou que a Áustria tivera mil empreendedores de destaque antes do *Anschluss* em 1938. Desses, ao menos dois terços eram judeus. Agora, dois anos depois, todos esses judeus tinham sido ou torturados e assassinados, ou enviados para campos de concentração, ou expulsos do país. Os supostos ganhos para a população austríaca que permaneceu, por intermédio dos confiscos e da expulsão de seus vizinhos judeus, foram todos ilusórios, insistiu Mises, baseados na mais rude das falácias marxistas:

> A assim chamada arianização das empresas se baseou na ideia marxista de que o capital (as máquinas e as matérias-primas) e o trabalho dos operários eram os únicos ingredientes vitais de uma empresa, enquanto o empreendedor era um "explorador". Uma empresa sem espírito empreendedor e criatividade, no entanto, não passa de uma pilha de sucata e ferro. Atualmente as firmas arianizadas, todas juntas, não contribuem com nada para as exportações. Ou trabalham para os militares, ou foram liquidadas. Os laços comerciais no estrangeiro, construídos durante mais de cem anos de esforços incessantes, foram rompidos. Os núcleos de trabalhadores qualificados foram dispersados e deslocados de suas habilidades tradicionais[51].

---

[51] MISES, Ludwig von. "A Draft of Guidelines for the Reconstruction of Austria". *In*: EBELING (Ed.). *Selected Writings of Ludwig von Mises – Volume 3: The Political Economy of International Reform and Reconstruction. Op. cit.*, p. 135-36.

Assim, a ideologia da inveja e as políticas intervencionistas de discriminação sob o Nacional Socialismo encerraram de forma desastrosa a época liberal de liberdade para os judeus na Áustria. Em 1938, a população judaica austríaca contava com aproximadamente 250.000 pessoas. Em maio de 1939, apenas 121.00 ainda estavam na Áustria – a maior parte dos demais tinham emigrado. Aqueles que não conseguiram sair terminaram no inferno do Holocausto[52]. De acordo com uma estimativa, menos de 300 sobreviveram à guerra se escondendo na Áustria.

Entre aqueles que saíram antes ou imediatamente após a anexação alemã da Áustria se encontravam muitos membros da Escola Austríaca de Economia ou do círculo privado do seminário de Ludwig von Mises (tanto judeus quanto não-judeus): Martha Steffy Browne (1898-1990), Gottfried Haberler (1900-1995), Friedrich August von Hayek (1899-1992), Felix Kaufmann (1895-1949), Fritz Machlup (1902-1983), Ilse Mintz (1904-1978), Oskar Morgenstern (1902-1977), Paul N. Rosenstein-Rodan (1902-1985), Alfred Schütz (1899-1959) e Eric Voegelin (1901-1985), somente para nomear alguns.

---

[52] Para um relato de como foi a ascensão das barreiras de imigração na Europa e América do Norte no período após a Primeira Guerra Mundial, o que fechou as portas e determinou o destino de muitos judeus alemães e austríacos que ficaram sem rota de fuga dos nazistas, ver: DWORK & VAN PELT. *Holocaust. Op. cit.*, p. 103-32. Ver também: MORSE, Arthur D. *While Six Million Died: A Chronicle of American Apathy*. New York: Random House, 1967; WYMAN, David S. *Paper Walls: America and the Refugee Crisis, 1938-1941*. New York: Pantheon Books, 1968. Sobre o desenvolvimento geral e os efeitos das restrições migratórias, ver: TORPEY, John. *The Invention of the Passport: Surveillance, Citizenship and the State*. Cambridge: Cambridge University Press, 2000.

Mises saiu no outono de 1934 para uma posição docente no Graduate Institute of International Studies [Instituto Universitário de Altos Estudos Internacionais] em Genebra, quando ficou claro que a escuridão coletivista estava começando a recair sobre o centro da Europa. Assim como muitos de seus colegas e amigos austríacos, construiu para si mesmo uma nova vida nos Estados Unidos da América a partir de 1940, onde o espírito da liberdade ainda não se encontrava sob a mesma sombra de tirania como em seu país natal. Os Estados Unidos da América, para eles, ainda eram uma terra onde os judeus austríacos, tais como Mises, podiam respirar o ar da liberdade.

Para muitos austríacos, especialmente judeus austríacos, restou apenas um sentimento de nostalgia para com a antiga Viena de antes da Primeira Guerra Mundial. Representava a paz, a liberdade, a segurança e a certeza com seus valores liberais e atmosfera aparentemente tolerante na qual uma ampla diversidade de povos vivia e trabalhava, e se beneficiavam culturalmente uns com os outros. Tal como colocado pelo escritor austríaco Stefan Zweig, *"era doce viver aqui, nesta atmosfera de conciliação espiritual e subconscientemente cada cidadão se tornou supernacional, cosmopolita, um cidadão do mundo"*[53].

Ainda assim, esta aparência era enganosa. Por debaixo da superfície, havia correntes antiliberais em funcionamento, que levaram esta época idílica a seu fim. Nos corações e mentes de muitas pessoas, as atitudes e sentimentos coletivistas

---

[53] ZWEIG. *The World of Yesterday*. Op. cit., p. 13.

dominavam suas condutas e desejos. Ludwig von Mises explicou o problema e o perigo nos anos imediatamente após a Primeira Guerra Mundial. A mentalidade das pessoas ficou atrás das mudanças políticas e econômicas da sociedade do século XIX. As instituições se transformaram mais rapidamente que a psicologia cotidiana dos homens. Ademais, uma contrarrevolução contra a liberdade emergiu. Caracterizou-se, segundo Mises, pelas migrações de uma multidão crescente de pessoas dos campos para as cidades, da sociedade tradicional para a vida urbana:

> Os imigrantes encontraram rapidamente seu lugar na vida urbana, adotaram rápido, externamente, os hábitos e opiniões da cidade, porém durante um longo tempo permaneceram estranhos ao pensamento cívico. Não é possível se apropriar de uma filosofia social tão facilmente quanto uma nova vestimenta. Precisa ser merecida – merecida com o esforço do pensamento. [...] O crescimento das cidades e da vida urbana foi demasiado rápido. Foi mais extensivo do que intensivo. Os novos habitantes das cidades se tornaram cidadãos superficialmente, mas não nos modos de pensar. [...] Mais ameaçadores do que os bárbaros que atacam as paredes por fora são os aparentes cidadãos de dentro – aqueles que são cidadãos nos gestos, mas não no pensamento[54].

---

[54] MISES. *Socialism: An Economic and Sociological Analysis. Op. cit.*, p. 38. [Dentre outras análises do economista austríaco sobre a temática da imigração, ver: MISES, Ludwig von. "O Problema Internacional do Direito de Imigração". *In*: *O Conflito de Interesses e Outros Ensaios. Op. cit.*, p. 103-11. (N. E.)].

O liberalismo clássico requer não somente uma filosofia política e econômica. Sua sobrevivência também depende de uma atitude e de uma filosofia de vida: a aceitação da autorresponsabilidade, tanto pelo sucesso quanto pelos fracassos; um respeito pelos outros enquanto indivíduos; uma percepção de que a paz de espírito vem apenas de dentro, e que o propósito e o significado não pode ser obtido às custas dos demais; e um entendimento de que a própria liberdade, assim como a dos outros, não pode ser trocada por umas poucas moedas de prata e pela falsa sensação de segurança que o paternalismo político proporciona.

A falta de disposição ou de capacidade dos homens para adotarem este sentido mais amplo e profundo de uma cidadania da liberdade verdadeira trouxe toda a ruína dos últimos cem anos, inclusive o extermínio bárbaro dos judeus da Europa e a destruição de um continente inteiro na Segunda Guerra Mundial. Após analisar as raízes coletivistas do nazismo e as atitudes antijudaicas, tanto de alemães quanto de muitos outros naquela época, Mises concluiu: *"A humanidade pagou, de fato, um preço alto pelo antissemitismo"*[55].

---

[55] MISES. *Omnipotent Government*. Op. cit., p. 192.

A filosofia dos nazistas, o Partido Nacional-Socialista dos Trabalhadores Alemães, é a manifestação mais pura e mais firme do espírito anticapitalista e socialista de nossa era.

Dr. Ludwig Edler von Mises

o capítulo "O Caráter Ditatorial, Antidemocrático e Socialista do Intervencionismo" do presente livro, Ludwig von Mises (1881-1973) faz uma descrição que, setenta anos depois da publicação original desta obra em 1947, continua precisa, atual e provocadora: *"muitos defensores do intervencionismo ficam desorientados quando se lhes diz que ao recomendar o intervencionismo eles próprios estão fomentando tendências antidemocráticas e ditatoriais e o estabelecimento do socialismo totalitário".*

Como os intervencionistas reagiram – e reagem – diante de tal caracterização?

Prefácio à Edição Brasileira

Intervencionismo: Caminho para Servidão e Barbárie

Bruno Garschagen

Protestam afirmando que são crentes sinceros e antagônicos à tirania e ao socialismo. [...] Dizem que são motivados por argumentos de justiça social e são a favor de uma distribuição de renda mais justa, precisamente porque têm como objetivo preservar o capitalismo e seu corolário ou superestrutura política, ou seja, o governo democrático.

O que essas pessoas não conseguem perceber é que as várias medidas que propõem são incapazes de produzir os resultados benéficos que pretendem. Ao contrário, produzem um estado de coisas que, do ponto de vista de seus defensores, é pior do que o estado anterior que pretendiam alterar[1].

---

[1] Na presente edição, ver o capítulo 2: "O Caráter Ditatorial, Antidemocrático e Socialista do Intervencionismo", p. XX.

Desde o fim da Segunda Guerra Mundial, socialistas e comunistas tentam rechaçar qualquer vínculo ou aproximação ideológica ou instrumental com o nazismo. Porque igualmente vencedor do conflito numa aliança que será sempre uma mácula no Ocidente, o Partido Comunista russo sob a liderança de Josef Stalin (1878-1953) criou a sua própria narrativa de antagonismo entre ideologias que partilhavam uma mesma natureza e mecanismo de atuação:

> Quando as políticas soviéticas de extermínio em massa de todos os dissidentes e da violência implacável suspenderam as inibições contra o assassinato por atacado, que ainda incomodava alguns dos alemães, nada mais poderia deter o avanço do nazismo. Os nazistas foram rápidos em adotar os métodos soviéticos. Importaram da Rússia: o sistema de partido único e a supremacia desse partido na vida política; a missão dominante atribuída à polícia secreta; os campos de concentração; a execução administrativa ou a prisão de todos os adversários; o extermínio das famílias de suspeitos e exilados; os métodos de propaganda política; a organização de partidos e filiações no exterior e a utilização deles para combater os governos nacionais e espionagem e sabotagem; o uso do serviço diplomático e consular para fomentar a revolução; e muitas outras coisas mais. Em lugar nenhum havia discípulos mais dóceis de Lenin, Trotsky e Stalin do que os nazistas[2].

---

[2] Na presente edição, ver o capítulo 8: "Nazismo", p. XX.

Neste livro, Mises empreende uma reflexão sobre intervencionismo, socialismo, fascismo e nazismo. Aponta e analisa o fracasso, o caráter ditatorial, antidemocrático e socialista do intervencionismo; expõe o liame entre socialismo/comunismo, nazismo e fascismo; reflete acerca da violência sob o comunismo e sobre a experiência soviética; desarticula a suposta fatalidade do socialismo.

Não farei neste prefácio, porém, um resumo analítico das principais teses aqui articuladas por Mises. A partir da Teoria Austríaca, contudo, tentarei mostrar como o nazismo e o socialismo eram não somente regimes economicamente intervencionistas, mas como o intervencionismo enquanto método pavimentou (e pavimenta) o caminho para a barbárie.

Mises usou a expressão *estatismo* para qualificar um tipo de entidade política fundada em pressupostos coletivistas e intervencionistas. O *estatismo*, que, segundo Mises, substituíra o liberalismo, se manifestaria de duas formas: socialismo e intervencionismo. E, em ambos os casos, teriam como objetivo *"subordinar incondicionalmente o indivíduo ao Estado, este aparato social de obrigação e coerção"*[3].

Para cumprir a sua autonomeada responsabilidade, Mises observou que *"o estatismo atribui ao Estado a tarefa de guiar os cidadãos e de tutelá-los"*, restringindo, dessa forma, a liberdade de agir dos indivíduos, ou seja, coagindo-os sob o seu poder político. Esse aspecto procedimental do Estado visa moldar o destino da ação humana dentro da sociedade

---

[3] MISES, Ludwig von. *Ação Humana: Um Tratado de Economia*. Trad. Donald Stewart Jr. São Paulo: Instituto Ludwig von Mises Brasil, 3ª Ed., 2010. p. 44.

e monopolizar dentro do aparelho estatal toda a iniciativa de agir[4].

Considerando que a ação humana é a essência da natureza e da existência do homem[5], não seria inadequado afirmar que quanto maior o grau de atuação do *estatismo*, consequentemente, menor será o âmbito, grau e dimensão da ação individual fora do âmbito da instituição estatal. O desenvolvimento do socialismo e do intervencionismo exige a redução ou supressão do agir humano de acordo com seus interesses, desejos e necessidades. E para que isso tenha eficácia e legitimidade é necessário que seja atribuído ao Estado o uso legítimo e legal da coerção, ou seja, o monopólio da violência[6].

Não é sem razão que Ludwig von Mises, Murray N. Rothbard (1926-1995) e Hans-Hermann Hoppe[7] concordem com essa concepção procedimental do poder estatal que, em termos substantivos, lhe atribui uma determinada natureza que se manifesta mediante o uso legítimo e legal de instrumentos coercivos à sua disposição. Se, para Mises, *"o Estado ou o governo é o aparato social de compulsão e coerção"* que detém *"o monopólio da ação violenta"*, o que significa que *"nenhum indivíduo tem o direito de usar violência ou ameaça de*

---

[4] Idem. *Ibidem*.
[5] Idem. *Omnipotent Government: The Rise of Total State and Total War*. Auburn / Indianapolis: Ludwig von Mises Institute / Liberty Fund, 2010. p. 43.
[6] Idem. *Ibidem*., p. 189.
[7] A escolha desses três nomes seguiu o critério de continuidade intelectual de representantes da Escola Austríaca, mesmo que entre Mises e Rothbard (e Hoppe) haja divergência conceitual a respeito da legitimidade ou ilegitimidade da existência e da função do Estado.

*violência se o governo não o investir neste direito"*⁸, Rothbard o define, complementarmente, como *"a organização social que visa a manter o monopólio do uso da força e da violência em uma determinada área territorial"*⁹. Ampliando a definição, Hoppe afirma que:

> Um Estado não é nada mais do que uma instituição erigida com impostos e uma não-solicitada interferência não-contratual no destino que os privados podem dar ao uso de sua propriedade natural[10].

A concepção Austríaca sobre a propriedade permite afirmar que a interferência na liberdade de agir dos indivíduos é uma intervenção não apenas na vontade e na potência dos agentes, mas igualmente no direito de propriedade, considerando tanto a perspectiva jusnaturalista individualista rothbardiana, herdeira de John Locke (1632-1704), que entende o corpo como a propriedade do indivíduo[11], quanto a coerção exercida sobre o indivíduo e o monopólio da iniciativa, que

---

[8] MISES. *Omnipotent Government*. Op. cit., p. 189.
[9] ROTHBARD, Murray N. *A Anatomia do Estado*. Trad. Tiago Chabert. São Paulo: Instituto Ludwig von Mises Brasil, 2012. p. 8-9.
[10] HOPPE, Hans-Hermann. *Democracy: The God that Failed. The Economics and Politics of Monarchy, Democracy, and Natural Order*. London: Transaction Publishers, 2003. p. 144. [Em língua portuguesa o livro está disponível como: HOPPE, Hans-Hermann. *Democracia, o deus que falhou: A Economia e a Política da Monarquia, da Democracia e da Ordem Natural*. Trad. Marcelo Werlang de Assis. São Paulo: Instituto Ludwig von Mises Brasil, 2014. (N. E.)].
[11] ROTHBARD, Murray N. *A Ética da Liberdade*. Intr. Hans-Hermann Hoppe; trad. Fernando Fiori Chiocca. São Paulo: Instituto Ludwig von Mises Brasil, 2010. p. 75-76.

impedem o controle pessoal e o uso pleno da propriedade material e imaterial.

I - Preferência Temporal

Esse entendimento é fundamental para analisarmos os casos da União Soviética socialista/comunista e da Alemanha nazista à luz da concepção de Hans-Hermann Hoppe acerca do processo de civilização e de barbárie fundamentada na preferência temporal da Escola Austríaca[12], segundo a qual os indivíduos, além de preferirem subjetivamente mais em vez de menos bens[13], invariavelmente consideram *"também mais satisfatório conseguir realizar os seus objetivos o mais cedo possível"*[14]. E não é por acaso o fato da intensidade da preferência pela satisfação no presente, em vez de no futuro, ser designada por taxa de preferência temporal, que *"é (e pode ser) diferente de uma pessoa para outra e (varia) de um momento para o outro, mas que nunca pode ser algo positivo para todos"*[15], e que é influenciada por *"fatores externos, biológicos, individuais, sociais e institucionais"* [16].

---

[12] No já citado *Democracy: The God that Failed*, Hoppe aplicou o conceito da preferência temporal na análise da monarquia tradicional e da democracia.

[13] HOPPE. *Democracy. Op. cit.*, p. 1.

[14] ALVES, André Azevedo. *Ordem, Liberdade e Estado: Uma Reflexão Crítica sobre a Filosofia Política em Hayek e Buchanan*. Senhora da Hora: Edições Praedicare, 2006. p. 181.

[15] HOPPE. *Democracy. Op. cit.*, p. 2.

[16] Idem. *Ibidem.*, p. 3.

A preferência temporal, portanto, está intrinsecamente conectada ao objetivo da ação, que, de acordo com Ludwig von Mises:

> Visa sempre a remover um mal-estar futuro, mesmo que o futuro seja apenas o momento iminente. Entre o início da ação e a obtenção do fim pretendido decorre um lapso de tempo, a saber, o tempo de maturação no qual a semente plantada pela ação produz o seu fruto[17].

Sendo assim, e considerando o conceito austríaco[18], a única preocupação do agente *"é fazer o melhor uso dos meios disponíveis para remover, tanto quanto possível, seu desconforto futuro"*[19]. Porém:

> A ação considera, sempre, não o futuro em geral, mas uma fração definida e limitada do futuro. Essa fração é limitada, de um lado, pelo instante em que ocorre a ação. O outro lado depende do agente; cabe a ele decidir e escolher[20].

Consideremos, então, a preferência temporal como sendo a preferência universal pela satisfação dos objetivos/

---

[17] MISES. *Omnipotent Government. Op. cit.*, p. 555.
[18] Ação "significa qualquer ato deliberado (que tanto pode ser fazer, como deixar de fazer alguma coisa), com o intuito de se passar de um estado menos satisfatório para outro mais satisfatório" (ver: IORIO, Ubiratan Jorge. *Ação, Tempo e Conhecimento: A Escola Austríaca de Economia*. São Paulo: Instituto Ludwig von Mises Brasil, 2011. p. 62).
[19] MISES. *Omnipotent Government. Op. cit.*, p. 556.
[20] Idem. *Ibidem.*, p. 557.

necessidades o mais cedo e rápido possível e a taxa de preferência temporal como sendo a intensidade da preferência temporal, ou seja, uma satisfação no presente em detrimento de uma satisfação futura. A partir dessa concepção podemos afirmar que *"uma taxa de preferência temporal muito elevada significa uma forte orientação para o presente e, no limite, um total desprezo pelo futuro"*[21]; e que uma taxa de preferência temporal muito baixa significa uma forte orientação para o futuro e, no limite, um total desprezo pelo presente.

A moderação da preferência temporal (nem orientada fortemente para o presente nem para o futuro), segundo Hoppe, torna possível o processo civilizacional. Nesse sentido, Hoppe identifica o processo de civilização com a redução lenta e gradual das taxas de preferência temporal; ou seja, um lento e gradual processo de diminuição do grau de preferência temporal, que permite ao agente aprimorar o seu conhecimento acerca de um número crescente de variáveis e de suas relações interpessoais. Assim, a virtude do agente que sabe dosar a preferência temporal e poupa os bens e recursos, o que o possibilita a ter uma vida mais longa, refinada e confortável[22], consegue influenciar positivamente até mesmo aquele indivíduo mais orientado para o presente e que poderá, gradualmente, sair da condição de bárbaro para a de um homem civilizado[23].

---

[21] ALVES. *Ordem, Liberdade e Estado. Op. cit.*, p. 182.
[22] HOPPE. *Democracy. Op. cit.*, p. 7.
[23] Idem. *Ibidem.*, p. 7.

II - A Legitimidade da Violação do Direito de Propriedade

Hans-Hermann Hoppe menciona como obstáculos à gradual diminuição da preferência temporal (e ao processo de civilização) dois tipos de violação de propriedade que reduzem os incentivos à acumulação de capital e a oferta de bens presentes[24]: atividades criminosas (e também os desastres naturais) e intervenção do governo.

No primeiro caso, segundo Hoppe, o *"traço característico das violações criminosas ao direito de propriedade é que estas são consideradas ilegítimas ou injustas, não apenas pelas vítimas, mas pelos proprietários em geral (e possivelmente pelo próprio criminoso)"*, o que permite à vítima defender-se e exigir que seu agressor seja punido ou que o recompense pela ofensa. Isso faz com que o impacto dessas ocorrências na preferência temporal seja temporário e assistemático e não implique numa alteração sistemática da taxa de preferência temporal pelas vítimas atuais ou potenciais, que redirecionam suas atividades e contribuem para reduzir a tendência de queda da taxa e retomar o caminho anterior do processo de civilização[25].

Portanto, se não há obstáculos para que os indivíduos adotem medidas para se proteger desses agentes criminosos, e assim criar formas mais eficientes de proteção contra crimes

---

[24] ALVES. *Ordem, Liberdade e Estado. Op. cit.*, p. 183.
[25] HOPPE. *Democracy. Op. cit.*, p. 11-12.

(ou catástrofes naturais)[26], o processo de civilização não é eliminado e continua em desenvolvimento.

Quando se trata do agente estatal, o problema é de outra ordem. Segundo Hoppe, quando o Estado tem o monopólio do uso legítimo da coerção, *"os efeitos sobre o processo civilizacional deixam de ser pontuais e passam a ter um impacto potencialmente estrutural"*, justamente por serem legítimas as violações ao direito de propriedade cometidas pelo Estado. Por isso mesmo, os indivíduos estão impedidos de se defender de forma legítima contra essas violações[27], que *"tendem a ser contínuas e crescentes"*[28].

À medida que as violações da propriedade pelo Estado são ampliadas e estendidas, cria-se uma incerteza em relação ao futuro e uma instabilidade em relação à propriedade, gerando uma maior orientação para o presente (elevada taxa de preferência temporal) que, ao concorrer com a tendência geral para a redução da taxa de preferência temporal (maior orientação para o futuro), compromete o processo civilizacional e pode iniciar um processo regressivo em direção à barbárie[29].

Muito embora a crítica comparada de Hoppe seja direcionada à monarquia tradicional e à democracia, a sua contribuição teórica substantiva mais relevante, a meu ver, foi estabelecer uma divisão entre *governo de propriedade privada* e *governo de propriedade pública* e aplicar em ambas a concepção

---

[26] ALVES. *Ordem, Liberdade e Estado*. Op. cit., p. 183.
[27] HOPPE. *Democracy*. Op. cit., p. 12.
[28] ALVES. *Ordem, Liberdade e Estado*. Op. cit., p. 183.
[29] Idem. *Ibidem*., p. 183-84.

da preferência temporal. Dessa forma, a diferenciação proposta permite abrigar sob a concepção de *governo de propriedade pública* o socialismo e o nazismo, bem como qualquer outro sistema ou regime político no qual o Estado e os recursos (presentes e futuros) expropriados da sociedade sejam tratados como propriedade pública e em que o *responsável*[30] (o político) tente *"maximizar não a riqueza total do governo (valores de capital e rendimento atual), mas o rendimento atual (independentemente, e à custa dos valores de capital)"*[31].

Além disso, a estrutura e os incentivos nos quais o *governo de propriedade pública* está assentado cria um mecanismo próprio ao estabelecer um sistema no qual mesmo que o *responsável* pelo governo queira agir de forma diferente, não poderá fazê-lo, *"pois os recursos da propriedade pública do governo são invendáveis"* e é impossível realizar o cálculo econômico[32] dos preços de mercado[33]. E como demonstrou Mises em 1922, a inexistência de propriedade privada dos meios de produção num sistema socialista (na perspectiva da Escola Austríaca, o nazismo também é um tipo de socialismo) torna impossível o cálculo econômico racional[34]. Até Nikolai Bukharin (1888-

---

[30] Preferi traduzir a palavra *caretaker* como *responsável* por ser mais adequada ao sentido dado pelo autor à frase.

[31] HOPPE. *Democracy. Op. cit.*, p. 47.

[32] Idem. *Ibidem.*, p. 47-48.

[33] Tanto o planejamento soviético quanto o programa econômico nazista, de acordo com Peter Temin, se baseavam na concepção de preços permanentes ou constantes (TEMIN, Peter. "Soviet and Nazi Economic Planning in the 1930s". *Working Paper Departament of Economic of Massachusetts Institute of Tecnology*. Nº 554. May 1990: 1-42. Esp. p. 9-10).

[34] Ver: MISES, Ludwig von. *O Cálculo Econômico em uma Comunidade Socialista*. Apres. Gary North; prefs. Fabio Barbieri & Yuri N. Maltsev; intr. Jacek

1938), o mais importante teórico marxista da década de 1920 e autor da Nova Política Econômica da União Soviética (1921-1928), reconheceu que a crítica do planejamento socialista elaborada por Mises estava correta[35].

O caso do *governo de propriedade privada* é diferente, e permite evidenciar pela via negativa (ou seja, pelo que não é) a qualidade distintiva fundamental do *governo de propriedade pública*, que interessa mais diretamente a este artigo. Diferentemente do *governo de propriedade pública*,

> A característica que define o *governo de propriedade privada* e a razão pela qual a taxa de preferência temporal é menor sob um governo pessoal (quando comparado com os governos democráticos) é que os recursos expropriados e o privilégio do monopólio da expropriação futura são de propriedade individual[36].

Isso permite ao governante (ou ao soberano, no caso de uma monarquia tradicional) adicionar os recursos expropriados à sua propriedade privada e tratá-los como parte integrante desta. E ao acrescentar ao seu conjunto de bens pessoais o privilégio do monopólio da expropriação futura como um título de propriedade, possibilita o aumento imediato do seu valor atual como sendo a "capitalização" do

---

Kochanowicz; posf. Joseph T. Salerno; trad. Leandro Roque. São Paulo: LVM, 2017.
[35] BOETTKE, Peter J. "Soviet Admissions: Communism Doesn't Work". *The Freeman: Ideas on Liberty*. Volume 40, Number 2 (February 1990): 50-56. p. 51.
[36] HOPPE. *Democracy. Op. cit.*, p. 17.

lucro do monopólio. E, como vimos, ao contrário do *governo de propriedade pública*, o governante (ou soberano) "pode vender, alugar ou ceder uma parte ou a totalidade de sua propriedade privilegiada (e embolsar as receitas oriundas da venda ou da locação), e pode nomear ou destituir qualquer administrador ou empregado do seu Estado", além de ter o direito de transferir seus bens para um herdeiro pelo fato de ser proprietário privado da propriedade do governo[37].

Esses direitos do governante (ou soberano) moldam sistematicamente uma estrutura de incentivos no âmbito do *governo de propriedade privada* que é bastante diversa da existente num *governo de propriedade pública*. Ao contrário do que ocorre neste segundo tipo, sob o primeiro, o seu *responsável* é claramente confrontado e influenciado na condução dos assuntos de Estado. E ao considerar o seu próprio interesse, o governante procura maximizar a sua riqueza, que é a soma do valor atual de sua propriedade com o de sua renda[38], o que resulta no aumento da riqueza total.

Além disso, devido ao fato dos atos de aquisição da renda atual invariavelmente influenciarem os valores dos seus ativos no presente (que reflete o valor de todos os esperados lucros futuros dos ativos menos a taxa de preferência temporal), a propriedade privada permite o cálculo econômico e assim permite a antecipação de eventos[39], algo que não é possível de ser realizado, pelos motivos já mencionados, sob um *governo*

---

[37] Idem. *Ibidem.*, p. 17-18.
[38] Idem. *Ibidem.*, p. 17-19.
[39] Idem. *Ibidem.*, p. 17-19.

de propriedade pública, cuja gestão está sob a responsabilidade de políticos que não podem dispor privadamente dos bens públicos e cumprem mandatos de duração limitada no tempo, o que se converte num incentivo para que procurem maximizar apenas o grau de rendimento no presente da riqueza do Estado[40].

Hoppe considera que a existência de uma barreira praticamente intransponível para a obtenção do poder estatal num *governo de propriedade privada* cria um ambiente político no qual as resistências entre os governados (ou súditos) diante das expropriações (mediante tributação, inflação, dívidas públicas, dimensão do aparelho estatal) sejam, por regra, mais intensas, o que forçaria o soberano a exercitar a violação dos direitos de propriedade num grau bastante inferior ao *governo de propriedade pública*, seja num regime democrático, socialista russo ou nazista[41].

III - Formas e Institucionalização da Violação do Direito de Propriedade

Hoppe, assim como outros economistas Austríacos, insere os tributos sobre a propriedade e sobre a renda na categoria de violação dos direitos de propriedade dos produtores (tanto quanto o roubo). Mas, ao contrário do roubo, a tributação e as demais regulações do governo, que são igualmente

---

[40] Idem. *Ibidem.*, p. 45-46.
[41] ALVES. *Ordem, Liberdade e Estado. Op. cit.*, p. 184-185.

violadoras dos direitos de propriedade, são consideradas legítimas. E, ao contrário da vítima do crime de roubo, a vítima da interferência do governo não tem legitimidade para se defender fisicamente e proteger a sua propriedade[42].

E é essa legitimidade do governo para cometer violações contra o direito de propriedade que afeta sistematicamente a preferência temporal dos indivíduos de forma ainda mais profunda do que a dos atos criminosos. De acordo com Hoppe:

> Assim como o crime, a intervenção do governo nos direitos de propriedade privada reduz a oferta dos bens atuais e, portanto, aumenta a sua taxa de preferência temporal. No entanto, a agressão do governo – ao contrário da praticada pelo criminoso – eleva simultaneamente a taxa de preferência temporal das vítimas atuais e potenciais porque resulta na redução da oferta de bens futuros (uma taxa reduzida no retorno do investimento)[43].

E porque são legítimas, as violações dos direitos de propriedade cometidas pelo governo são contínuas e impedem a vítima de se defender.

A consequência disso é que as violações dos direitos de propriedade no futuro são institucionalizadas em vez de se tornarem menos frequentes ou eventuais. Ao ajustar suas expectativas a esse ambiente estrutural e institucional, que promove incentivos para se reduzir simultaneamente a oferta

---

[42] HOPPE. *Democracy. Op. cit.*, p. 49.
[43] Idem. *Ibidem*, p. 49.

de bens presentes e futuros, as vítimas atuais e potenciais, desprovidas de proteção contra os agentes do governo, desenvolvem uma orientação mais voltada para o presente, pela desconfiança em relação ao futuro, o que, conjuntamente, aumenta a taxa de preferência temporal[44]. E, como já vimos, essa estrutura de incentivos criada pelas agressões do governo reverte o processo de civilização e pavimenta o caminho para a barbárie[45].

Dois regimes políticos que trilharam o caminho rumo à barbárie no século XX foram o socialismo/comunismo russo e o nazismo alemão. Em ambos os países, o direito de propriedade foi uma das muitas vítimas da intervenção estatal. O direito à propriedade privada não era considerado inviolável e estava restrito a um grupo de privilegiados, seja por pertencer à elite do partido (no caso da União Soviética) ou por integrar a mesma raça (no caso da Alemanha nazista).

IV - Os Casos da União Soviética e da Alemanha Nazista

Na União Soviética, onde quase toda (mas nem toda) propriedade pertencia ao Estado, foi estabelecida uma distinção entre propriedade privada e propriedade pessoal. Esta segunda, consagrada na constituição de 1936, é que passou a vigorar efetivamente, o que significou, na prática, a conversão

---

[44] Idem. *Ibidem*, p. 49-50.
[45] Idem. *Ibidem*, p. 14-15.

de todos os que não eram produtores privados em possuidores com direito à propriedade pessoal, a quem era permitido possuir ferramentas para trabalhar, local para habitar, herdar bens, ter contas de poupança e títulos da dívida pública. Neste caso, no entanto, o exercício desse direito era limitado e estava condicionado ao atendimento de determinados critérios, além de não haver qualquer proteção constitucional. E ainda havia o risco permanente de expropriação pelo Estado como punição para o cometimento de crimes graves, crimes políticos e deserção das forças armadas. Essa estrutura foi criada de modo a evitar que se desenvolvesse qualquer traço de capitalismo[46]. Não é sem razão que o regime soviético tributava pesadamente o lucro. A finalidade era manter sob o controle do governo as empresas que, devido à sua atividade e prosperidade, eram capazes de acumular capital.

O governo nazista, por sua vez, adotou uma concepção jurídica que atrelava a propriedade privada a uma obrigação para com a comunidade; regra geral, o proprietário privado foi transformado num fiel depositário que tinha apenas o direito de fruição dos bens. Embora algumas formas de propriedade privada tenham resistido e sobrevivido[47], mesmo que inteiramente submetidas à vontade estatal, o governo do

---

[46] OVERY, Richard. *Os Ditadores: A Alemanha de Hitler e a Rússia de Estaline*. Lisboa: Bertrand Editora, 2005. p. 488-89.

[47] No artigo escrito em coautoria, Christoph Buchheim e Jonas Scherner mostram como, apesar de todas as restrições do regime nazista, as empresas alemãs conseguiam produzir e investir (BUCHHEIM, Christoph; SCHERNER, Jonas. "The Role of Private Property in the Nazi Economy: The Case of Industry". *The Journal of Economic History*. Volume 66, 2006. p 390-416).

Reich dominou quase completamente a economia e a propriedade. Num congresso do partido realizado em 1937, Adolf Hitler (1889-1945) deixou clara a sua visão sobre a iniciativa privada: o Estado interviria sempre que os empresários[48] agissem em desacordo com os objetivos do regime[49]. Portanto, a propriedade privada não era um direito fundamental e estava condicionada ao seu uso em benefício do Estado[50].

Para executar esse modelo intervencionista, o governo nazista limitou a circulação de capitais (inclusive para outros países), passou a determinar a sua aplicação dentro da Alemanha (em setores de escolha do governo, não nos mais lucrativos de acordo com a decisão do empreendedor), impediu os proprietários de dispor como quisessem de suas propriedades, expropriou lavradores incompetentes (segundo os critérios do governo) ou que não eram politicamente confiáveis, impôs um limite de até 6% para obtenção de lucros e dividendos (o que ultrapassasse esse percentual tinha que ser reinvestido ou entregue ao Estado), e expropriou de forma abrangente e violenta os bens dos judeus alemães[51].

Violar os direitos de propriedade era, na perspectiva dos dois regimes, uma forma de controlar a economia para reconstruir a União Soviética e a Alemanha e transformar

---

[48] Em seu livro, Günter Reimann (1904-2005) mostra como era o ambiente de negócios para a iniciativa privada e como agiam os empreendedores alemães sob o governo nazista (REIMANN, Günter. *The Vampire Economy: Doing Business Under Fascism*. Auburn: Ludwig von Mises Institute, 2007).
[49] OVERY. *Os Ditadores*. *Op. cit.*, p. 488-90.
[50] TEMIN. "Soviet and Nazi Economic Planning in the 1930s". *Op. cit.*, p. 7.
[51] OVERY. *Os Ditadores*. *Op. cit.*, p. 490-91.

os dois países em potências mundiais. E, de acordo com essa visão peculiar e limitada, *"a única forma de conseguir a restruturação era suspender o mercado e reforçar os poderes coercivos do Estado"*[52].

As consequências foram catastróficas e são suficientemente explicadas pela Escola Austríaca. Ao intervir para tentar controlar a economia, os regimes desestimularam o mercado interno e externo, suprimiram o consumo em benefício do Estado, converteram o consumidor num agente insignificante[53] e transformaram o Estado no grande consumidor e agente de coerção para obrigar as suas respectivas sociedades a cumprir os deveres para com o Estado em detrimento do seu bem-estar econômico individual. Nesse processo, impediram o processo de descoberta sob condições de incerteza[54], a criação e transmissão de informação[55] e de conhecimento[56], eliminaram mecanismos de mercado, provocaram a escassez

---

[52] Idem. *Ibidem*, p. 491.

[53] Idem. *Ibidem*, p. 492.

[54] Segundo Ubiratan Jorge Iorio: *"uma das características essenciais de uma economia de mercado é a descoberta permanente que proporciona aos participantes, dado que o que constitui o processo de mercado é a ação humana, ao longo do tempo (real ou dinâmico), de milhões de indivíduos (que nem se conhecem), sob condições de incerteza genuína, ou seja, não probabilística"* (IORIO. *Ação, Tempo e Conhecimento. Op. cit.*, p. 224).

[55] A criação e a transmissão de informação é o resultado da força empresarial dos indivíduos que atuam livres de coerção do órgão de planejamento central.

[56] Peter J. Boettke nota que a mobilização e a utilização do conhecimento difuso dentro de um sistema econômico para coordenar o planejamento é um dos problemas teóricos fundamentais com o qual se defronta um sistema marxista-leninista (BOETTKE, Peter J. "The Austrian Critique and the Demise of Socialism: The Soviet Case". *In*: *Austrian Economics: Perspective on the Past and Prospects for the Future*. Hillsdale: Hillsdale College Press, 1991. p. 183).

de produtos, criaram uma vasta rede burocrática e uma estrutura artificial e informal de colaboração e de trocas, e desencadearam atritos sociais, disputas judiciais e turbulência política[57].

O grande fracasso do comunismo, afirmação que pode ser estendida ao nazismo[58], pode ser também medido pela *"destruição inútil de muitos talentos sociais e a supressão da vida política criativa dentro da sociedade"*, pela imposição de *"um custo humano excessivamente alto em relação aos ganhos econômicos realmente obtidos"* e de *"um declínio eventual na produtividade econômica por causa da supercentralização estatal"*, além de *"uma progressiva deterioração do sistema de bem-estar social excessivamente burocratizado que inicialmente representava o principal benefício do regime comunista, e o impedimento do desenvolvimento mediante controles dogmáticos do crescimento científico e artístico da sociedade"*[59].

As desastrosas perdas que as sociedades russa e alemã foram obrigadas a sustentar deveu-se à decisão de seus *governos de propriedade pública* (apesar de suas importantes diferenças[60]) que não põem em causa os elementos comuns[61], de tentar implementar um planejamento mais ou menos centralizado violando sistematicamente os direitos de propriedade,

---

[57] OVERY. *Os Ditadores. Op. cit.*, p. 481-87.
[58] Segundo Temin *"os nacional-socialistas eram socialistas tanto na prática quanto no nome"* (TEMIN. "Soviet and Nazi Economic Planning in the 1930s". *Op. cit.*, p. 2).
[59] BOETTKE. "Soviet Admissions". *Op. cit.*, p. 56.
[60] Para Mises uma das diferenças em relação ao regime soviético era que o governo nazista manteve formalmente a propriedade dos meios de produção e a aparência de que havia preços, salários e mercados (MISES. *Ação Humana. Op. cit.*, p. 56).
[61] TEMIN. "Soviet and Nazi Economic Planning in the 1930s". *Op. cit.*, p. 30-34.

violação esta que abrangeu o controle da produção e do consumo[62], e a expropriação de parte dos rendimentos, e também de parte do seu excedente, mediante impostos exorbitantes[63].

No que se refere à tributação, os governos dos dois regimes impuseram impostos diretos e indiretos sobre o consumo, sobre os ganhos ocasionais e sobre uma parte do que sobrava dos rendimentos, qualificado como *"excesso do poder de compra"*. Sob o regime nazista, os impostos foram mantidos nos mesmos patamares elevados da época da depressão, mas, em relação ao produto nacional bruto (PNB), duplicaram, passando de 12,5% para 23,1% num período de 10 anos (de 1930 a 1940)[64].

No regime comunista soviético, o imposto sobre a produção chegou a representar 59% do orçamento do Estado em 1934 porque o governo decidiu que os russos deveriam ser obrigados a custear diretamente a industrialização. Nesse mesmo ano, embora os impostos diretos tenham atingido apenas 6%, o governo obrigava todos a aplicarem as sobras que eventualmente existissem em poupanças. Para garantir o cumprimento dessa obrigatoriedade, a sobra era deduzida diretamente do salário mensal. Além disso, somente com autorização do Estado era permitido fazer o levantamento

---

[62] Os preços, os impostos e os lucros eram controlados por ambos os governos com a finalidade de congelar o consumo, o que ratifica a ideia de que os planejadores dos dois regimes tinham como projeto de política econômica restringi-lo. Durante o período de recuperação dos efeitos da Grande Depressão, o consumo *per capita* nos dois países teve um baixo crescimento. (TEMIN. "Soviet and Nazi Economic Planning in the 1930s". *Op. cit.*, p. 24-25).

[63] OVERY. *Os Ditadores. Op. cit.*, p. 481.

[64] Idem. *Ibidem*, p. 481.

do valor depositado e utilizá-lo. O valor total dos depósitos era então usado pelo governo soviético para cobrir despesas correntes e financiar investimentos. O governo nazista também se valeu de mecanismo similar para usar o dinheiro da poupança no rearmamento do país. E para potencializar o volume de recursos, apelou à propaganda patriótica a fim de convencer os alemães acerca da "obrigação e sensatez de poupar", recomendação que o próprio governo não cumpria[65].

Conclusão

Com a Segunda Guerra Mundial, ocorreu um fenômeno curioso de emissão de incentivos contraditórios por parte de ambos os governos. A necessidade de investir ainda mais na indústria bélica e a escassez registrada em relação a diversos produtos, que poderiam elevar a taxa de preferência temporal, se chocavam frontalmente com a necessidade de poupar e com o discurso político ideológico de construção de um futuro utópico, que contribuiriam para reduzir a taxa de preferência temporal. Contudo, diante de todas as circunstâncias, incentivos, estrutura e coerção, não havia hipótese de ocorrer um equilíbrio que conduzisse a um processo civilizacional. Entre a possibilidade e a necessidade contingencial, que era elevada pela instabilidade política, pela redução da confiança diante dos horrores provocados pelo conflito mundial e pela sistemática violação dos direitos de propriedade pelos dois

---

[65] Idem. *Ibidem*, p. 481.

governos de propriedade pública, ocorreu uma (compreensível) forte orientação para o presente, elevando fortemente a taxa de preferência temporal.

Como resultado, houve um extremo desequilíbrio da moderação da preferência temporal (nem orientada fortemente para o presente nem para o futuro) que, não sem razão, inviabilizou a redução lenta e gradual das taxas de preferência temporal que Hans-Hermann Hoppe entende como fundamentais para o desenvolvimento do processo de civilização. Deu-se, portanto, o contrário disso: os indivíduos (agentes) na União Soviética e na Alemanha não eram capazes de dosar a preferência temporal e poupar os bens e recursos, de forma a viver mais e confortavelmente. A promessa utópica de um futuro redentor e glorioso feita por socialistas/comunistas e nazistas acabou por se revelar uma estrada para a barbárie.

Que este livro *Caos Planejado: Intervencionismo, Socialismo, Fascismo e Nazismo*, que a LVM Editora apresenta ao leitor brasileiro, possa ser pedagogicamente útil ao esclarecer aqueles que ignoram a dimensão do problema e as consequências do intervencionismo para a civilização.

Um artigo recente, escrito por um professor de economia bastante conhecido e publicado em um dos principais periódicos deste campo de estudos, ilustra a principal ameaça à economia que enfrentamos nesta e em muitas outras nações. A maior parte do artigo é robusto em sua concepção e direto em suas afirmações. O autor começa defendendo a propriedade privada e o capitalismo. Pede o livre mercado para mercadorias e serviços, condenando o monopólio por parte de qualquer grupo, seja do "capital" ou do "trabalho". Exige igualdade perante a lei, com proteção para a livre iniciativa, a produção e as trocas. Argumenta que, somente sob tais condições, uma determinada população será capaz de atingir a máxima prosperidade e bem-estar.

Até aqui, tudo bem. Desse ponto em diante, no entanto, o autor começa a defender o confisco (por parte do governo) da propriedade e

Prefácio à Norte-americana de 1961

Leonard E. Read

da renda das pessoas mais produtivas, para o pretenso benefício dos que são menos produtivos. Em outras palavras, longe de defender a liberdade econômica, posiciona-se a favor de um assim chamado "sistema misto", com a professada finalidade de "socializar" o bem-estar. Este sistema, afirma, precisa ser introduzido de maneira lenta e discreta, empregando diversos meios. Condena os socialistas revolucionários, dizendo que o derramamento de sangue e a violência são desnecessários. Com paciência e perseverança tranquila, sustenta que as mudanças podem ser alcançadas pacificamente.

Na superfície, os eventos parecem confirmar a alegação de que esta expropriação ou "socialização" da propriedade poderia ocorrer de maneira pacífica, isto é, sem recorrer à revolução armada ou à guerra civil. Entretanto, uma análise mais cuidadosa revela que a erosão da liberdade ao redor do mundo conduziu às duas guerras mais sangrentas de toda a história. Ademais, sem violência no âmbito doméstico?

A destruição da liberdade nos Estados Unidos da América, bem como em toda parte, foi conseguida tanto pela violência privada, quanto pela força praticamente irresistível do Estado moderno.

Esta transição "suave, sem derramamento de sangue e sem violência" para o socialismo é o tema de *Planned Chaos* [*Caos Planejado*]. Começando na Alemanha, há uns sessenta anos ou mais, este "intervencionismo" cresceu em popularidade, em um país após o outro, varrendo praticamente todo o globo. Apresentado como *Sozialpolitik* [Política Social], Estado de Bem-Estar Social, *New Deal* [Novo Acordo] ou Planejamento Econômico, é apregoado e promovido nas igrejas, escolas, organizações agrícolas e associações de negócios como uma "Via Média não-extremista e razoável". Em *Caos Planejado*, o professor Ludwig von Mises (1881-1973) mostra por que a popularidade destas políticas não é um teste seguro de sua solidez, por que fracassam em seus propósitos declarados e o que provocam nas nações que as implementam.

O estudo científico do intervencionismo foi o trabalho de uma vida deste importante economista e acadêmico. Também é um dos principais interesses da Escola Austríaca de economia, da qual o professor Mises é um representante de destaque. Esta corrente do pensamento econômico surgiu há aproximadamente noventa anos com as obras de Carl Menger (1840-1921) e de Eugen von Böhm-Bawerk (1851-1914). Dentre seus principais representantes na atualidade, além de Ludwig von Mises, temos Friedrich August von Hayek (1899-1992) do Committee on Social Thought [Comitê sobre o Pensamento Social] da University of Chicago autor de *The*

*Road to Serfdom*¹ [*O Caminho da Servidão*] e *The Constitution of Liberty*² [*A Constituição da Liberdade*], além de um número crescente de economistas mais jovens em diversos países.

Esta escola do pensamento econômico desenvolveu a abordagem da "utilidade marginal" nos campos do valor e da distribuição, um método de análise que substituiu as teorias primitivas e ilusórias do "custo do trabalho" e do "trabalho como punição". Este desenvolvimento transformou os economistas austríacos nos principais críticos do socialismo marxista e dos "socialistas de cátedra", que eram porta-vozes, nas universidades alemãs, do Estado de Bem-Estar Social de Otto von Bismarck (1815-1898), e que foram precursores tanto da Social-Democracia quanto do Nazismo.

O fruto direto desses anos de esforços de pesquisa foi o tratado *Die Gemeinwirtschaft: Untersuchungen über den Sozialismus* [*A Economia Coletiva: Estudos sobre o Socialismo*], lançado originalmente em alemão do professor Mises, publicado primeiramente em 1922 e revisado em 1932 (em língua alemã). A primeira tradução em inglês apareceu em 1936, a versão francesa veio em 1938 e a espanhola, para a qual *Caos Planejado* foi escrito como epílogo, surgiu em 1947. Este epílogo também aparece na edição posterior de *Socialism: An*

---

[1] HAYEK, F. A. *O Caminho da Servidão*. Trad. Anna Maria Capovilla, José Ítalo Stelle e Liane de Morais Ribeiro. São Paulo: Instituto Ludwig von Mises Brasil, 6ª ed., 2010. (N. E.)
[2] HAYEK, F. A. *Os Fundamentos da Liberdade*. Intr. Henry Maksoud; trad. Anna Maria Capovilla e José Ítalo Stelle. Brasília / São Paulo: Editora Universidade de Brasília / Visão, 1983. (N. E.)

Economic and Sociological Analysis[3] [*Socialismo: Uma Análise Econômica e Sociológica*] publicada pela Yale University Press em 1951.

Conspiradores comunistas, tanto nos Estados Unidos da América quanto em outras partes, preparam-se para a conquista do poder político. O estudante perspicaz, contudo, deve considerar como o intervencionismo, sob diversos rótulos sedutores, prepara o palco para a derrubada final da sociedade voluntária, da economia de mercado e do governo constitucional. *Caos Planejado*, escrito por um especialista de renome mundial, proporciona ajuda valiosa para compreendermos este assunto. Ajudará a explicar os erros daqueles que, assim como o professor de economia mencionado inicialmente, acreditam que um sistema baseado na liberdade individual pode ser "misturado" com o socialismo.

---

[3] MISES, Ludwig von. *Socialism: An Economic and Sociological Analysis*. Pref. F. A. Hayek; trad. J. Kahane. Indianapolis: Liberty Fund, 1992. (N. E.)

Não são as "forças produtivas materiais" e sim a razão e as ideias que determinam o curso dos assuntos humanos. O que é necessário para estacar a tendência em direção ao socialismo e ao despotismo são bom senso e coragem moral.

Dr. Ludwig Edler von Mises

Talvez você não saiba, com base na evidência documental, ou pelo menos devido aos documentários que são mais transmitidos pelos canais de história da televisão a cabo ou pelas emissoras públicas, que caracterizam a guerra mundial dessa década como uma vitória difícil, porém gloriosa, da determinação norte-americana contra a tirania. O que se difunde é que déspotas foram interrompidos e países foram libertados, ao passo em que os Estados Unidos da América, uma nação unida e a "melhor de todas as suas gerações" se viam, perante o mundo agradecido, como uma força da paz por intermédio da força. A liberdade triunfou nos anos 1940 – caso você ignore, com o progresso dessa década, testemunhamos o surgimento das Nações Unidas, o Plano Marshall e a identificação de uma nova ameaça à liberdade, no que viria a ser chamado de Guerra Fria.

Prefácio à Norte-americana de 2014
A Década de 1940 Parecia a Pior de Todas as Épocas

Christopher Westley

Essa é a narrativa dominante, o texto cívico dos anos 1940. É desnecessário dizer que existe uma contranarrativa que leva a conclusões distintas. Nesta perspectiva, os ideais liberais do século XIX, que enfatizavam o indivíduo, foram substituídos pela Era Progressiva do século XX, que uniu a ciência ao governo e proclamou que, por intermédio dessa combinação, a paz e a prosperidade, que tanto faziam falta nas gerações anteriores, agora seriam proclamadas em abundância. Foi como se John Stuart Mill (1806-1873) tivesse deixado a sala e, em seu lugar, entrasse Irving Fisher (1867-1947). Seriam necessárias apenas a confiança, os impostos e – acima de tudo – a subserviência aos intelectuais e planejadores que povoavam os Estados-nação emergentes que se consolidavam. Nos Estados Unidos da América, os Progressistas levaram à Guerra Hispano-Americana, ao sistema de parques nacionais, às leis antitruste, ao imposto de renda, à Reserva Federal (sistema de bancos centrais), à Primeira Guerra Mundial e às reparações do pós-guerra, à eugenia, às bolhas de crédito dos anos 1920 seguidas pela quebra de Wall Street e às políticas econômicas de Herbert Hoover (1874-1964) e Franklin Delano Roosevelt (1882-1945), que prolongaram a recuperação, apoiadas pelas aprovações keynesianas que começaram em 1936. Essa centralização e socialismo desenfreados com frequência resultaram em guerras, mesmo que apenas para desviar a atenção do fracasso das políticas domésticas. Neste caso, tornaram inevitável uma Segunda Guerra Mundial e a perda de 60 milhões de vidas.

Se a guerra representa as boas condições físicas do Estado, a Segunda Guerra Mundial proporcionou esteroides. No período correspondente ao pós-guerra dos anos 1940, os Estados-nação reafirmaram sua relevância para evitar a necessidade de diminuir seu tamanho e influência – justificados, inicialmente, pelas necessidades da guerra. Nos Estados Unidos da América – não nos enganemos –, esse tamanho e influência dificilmente faziam falta. Isso era de se esperar, após doze anos de *New Deal* [Novo Acordo], sem mencionar os principais adeptos e idealizadores dessa política, tais como o amigo íntimo de Franklin Delano Roosevelt, Harry Hopkins (1890-1946), famoso pelo "tribute e gaste" (e eleja). Hopkins argumentava que, para derrotar os nazistas, os Estados Unidos da América teriam que ser como eles. Após a guerra, Harry S. Truman (1884-1972) tentou defender o crescimento do Estado por intermédio da promoção de seus programas de *Fair Deal* [*Acordo Justo*], pelo trabalho organizado com base no veto da lei Taft-Hartley (que foi, eventualmente, rejeitado pelo Congresso) e por diversos esquemas de redistribuição de riquezas, tais como a G. I. Bill (que proporcionava uma série de direitos e benefícios para os veteranos de guerra) e a Lei de Habitação de 1949 (com apoio massivo do Congresso). Nesse ínterim, diversas medidas implementadas durante a guerra, que representaram intervenções significativas no mercado, tornaram-se permanentes.

Entretanto, de outras maneiras, a década de 1940 foi a melhor época para os defensores da liberdade política e econômica. Uma das principais razões para isso foi a chegada de Ludwig von Mises (1881-1973) aos Estados Unidos da América no ano de 1940.

Mises havia testemunhado tendências similares, bem como suas consequências, em décadas anteriores na Europa. Assim, pode ter considerado os anos 1940 como uma época de *déjà vu*. Como liberal clássico notável e líder da Escola Austríaca de economia, que proporcionou resistência intelectual contra essas tendências do século XX, Mises chegou a Nova York naquele ano, após uma provação angustiante para conseguir escapar dos nazistas. Tinha 59 anos, uma idade na qual muitos homens, em nossa época de inflação e de transferências de riqueza entre as gerações, começam a desejar longas aposentadorias. Seus ativos na Europa estavam congelados. Ele e sua esposa Margit von Mises (1890-1993) viajaram praticamente com o que coube em suas bagagens. Alguns grandes homens – entusiastas tais como Henry Hazlitt (1894-1993) e Leonard Read (1898-1983) –, empregando financiamentos privados e uma concepção comum a respeito da sociedade livre, deram-lhe as boas-vindas e o ajudaram a se estabelecer na New York University (NYU) e na Foundation for Economic Education (FEE). Mises, por sua vez, continuou a escrever, expandindo seu *Nationalökonomie: Theorie des Handelns und Wirtschaftens* [*Economia: Teoria da Ação e da Troca*], publicado originalmente em 1940, em um livro em inglês que viria a se mostrar muito influente quando foi publicado em 1949. Atualmente, o conhecemos como *Human Action: A Treatise on Economics*[1] [*Ação Humana: Um Tratado de Economia*].

Por si só, a produção de uma obra dessa espécie constitui a realização significativa de uma vida inteira para qualquer acadêmico. Sem embargo, no transcurso desse projeto, Mises também publicou outras três obras importantes, mais breves, para lidar com temas mais específicos, todas explicando os elementos destrutivos presentes nas ortodoxias estatistas dominantes. Dentre essas obras, *Planned Chaos* [*Caos Planejado*] foi publicada em 1947.

Em parte, comentário sobre a Guerra Fria; em parte, cartilha econômica: *Caos Planejado* é um livro simples e ainda bastante oportuno, fundamentado na premissa de que a expansão socialista se baseia no fracasso das expansões anteriores. Ao eliminar as forças do mercado e as interações entre indivíduos livres, os planejadores do governo forçam um resultado específico na sociedade. Podemos pensar em termos do estabelecimento de um salário mínimo, ou de políticas destinadas a encorajar o trabalho organizado. Mises argumenta que tais intervenções sempre levam a um estado de coisas pior do que o que existia antes da intervenção. Diante

---

[1] MISES, Ludwig von. *Ação Humana: Um Tratado de Economia*. Trad. Donald Stewart Jr. São Paulo: Instituto Ludwig von Mises Brasil, 3ª Ed., 2010. (N. E.)

dessa situação, os planejadores enfrentam duas alternativas: podem rejeitar a intervenção e permitir que as relações anteriores se reacomodem, o que ocorreria quando (por exemplo) os trabalhadores que ficaram desempregados por causa das leis de salário mínimo pudessem voltar a vender seu trabalho após a revogação da intervenção sobre o mercado laboral; ou, diante dos problemas não antecipados resultantes da interferência no mercado, podem responder com novos patamares de burocracia e coação, projetados para mitigá-los. De forma triste, os planejadores frequentemente escolhem a segunda opção, colocando em movimento um ciclo que, quando levado às suas últimas consequências lógicas, resulta na socialização completa da sociedade, na necessidade de um Estado policial e na rejeição do Estado de Direito.

No extremo, este processo explica o movimento em direção à guerra, pois tais sociedades utilizam os recursos de maneira equivocada e promovem a escassez, levando então à necessidade de buscar o acesso a tais recursos não por intermédio do comércio, mas sim pela conquista. Mises aplica este processo para explicar a expansão do poder – primeiro internamente, a seguir externamente – da Rússia soviética, da Alemanha nazista e da Itália fascista.

A mensagem de Ludwig von Mises é relevante em qualquer sociedade que possua um Estado excessivo, especialmente na atualidade, quando diversos intelectuais, anunciando o retorno da "economia da depressão" (e o importante papel que nela desempenham), mais uma vez condenam o capitalismo pelos problemas sociais, como se o Estado nunca tivesse realizado intervenções, digamos, no setor habitacional, nas finanças ou no mercado de trabalho. Para eles, Mises tem a seguinte mensagem: intervenções adicionais prolongarão e tornarão os problemas existentes ainda piores. A única solução genuína e de longo prazo consiste em forçar o Estado a se reduzir e permitir que as características essenciais da livre iniciativa possam se reafirmar no mercado, especialmente no âmbito dos preços de mercado e da propriedade privada. Não há via média. Planejar de outra forma é planejar para o caos.

CAOS PLANEJADO

INTERVENCIONISMO, SOCIALISMO, FASCISMO E NAZISMO

A marca característica desta era de ditadores, guerras e revoluções é seu viés anticapitalista. A maioria dos governos e partidos políticos está ansiosa para restringir a esfera da iniciativa privada e da livre iniciativa. É um dogma quase incontestável que o capitalismo está liquidado e que a chegada de arregimentação completa das atividades econômicas é não só inevitável, mas também altamente desejável.

No entanto, o capitalismo ainda tem muito vigor no Hemisfério Ocidental. A produção capitalista vem fazendo progressos muito notáveis, mesmo nestes últimos anos. Os métodos de produção foram muito aperfeiçoados. Os consumidores têm recebido produtos melhores e mais baratos, com muitos artigos novos há pouco tempo. Muitos países expandiram as dimensões e melhoraram a qualidade de sua fabricação.

Observações Introdutórias

Apesar das políticas anticapitalistas de todos os governos e de quase todos os partidos políticos, o modo de produção capitalista em muitos países continua a cumprir sua função social ao suprir os consumidores com maior número de produtos, melhores e mais baratos.

Indubitavelmente, isso não é mérito de governos, políticos e dirigentes sindicais trabalhistas que o padrão de vida esteja melhorando nos países comprometidos com o princípio da propriedade privada dos meios de produção. Não são os escritórios nem os burocratas, mas sim os grandes empreendimentos os que merecem o crédito pelo fato de que a maior parte das famílias nos Estados Unidos da América seja dona de um automóvel e de um aparelho de rádio. O aumento do consumo *per capita* na América, em comparação com as condições de um quarto de século atrás, não é uma conquista de leis e decretos executivos. É uma realização de empreendedores que ampliaram as dimensões de seus estabelecimentos ou construíram novas fábricas.

É preciso enfatizar esta questão porque nossos contemporâneos tendem a ignorá-la. Enredados nas superstições do estatismo e onipotência do governo, estão exclusivamente preocupados com as medidas governamentais. Eles centram suas expectativas na ação autoritária e deixam de lado a iniciativa de cidadãos empreendedores. Ainda assim, o único meio de aprimorar o bem-estar é aumentar a quantidade de produtos. É isso que a atividade empresarial tem como objetivo.

É bizarro que sejam muito mais comentadas as realizações da organização estatal norte-americana Tennessee Valley Authority (TVA)[1] do que todas as conquistas sem

---

[1] A criação da empresa estatal Tennessee Valley Authority (TVA), em 18 de maio de 1933, foi aprovada pelo Congresso dos Estados Unidos como parte do *New Deal*, a série de programas implementados durante a presidência de Franklin Delano Roosevelt (1882-1945) visando solucionar os problemas econômicos e sociais oriundos da Grande Depressão resultante da Crise Econômica de 1929. Na época da fundação, o objetivo da TVA era prover a navegação, o controle do fluxo de água, a geração de energia elétrica, a manufatura de fertilizantes e o desenvolvimento econômico na região do Vale do Tennessee, que abrange a maior parte do Tennessee e algumas pequenas localidades do sudoeste do Kentucky, do noroeste da Georgia, do nordeste do Mississippi e das montanhas ao sul da Virginia e da Carolina do Norte. No livro *The Tennessee: Volume Two – The New River: Civil War to TVA* [*O Tennessee: Volume Dois – O Novo Rio: D Guerra Civil à TVA*], lançado originalmente em 1948, o poeta e historiador Donald Davidson (1893-1968) narra a criação da TVA e os primeiros problemas criados pela estatal na região nos capítulos XIII ("At Last! The Kingdom Really Comes!"), XIV ("The TVA Makes a New River"), XV ("The Workings of TVA"), XVI ("Navigation, New Style"), XVII ("Green Lands and Great Waters") e XVIII ("The Battles of TVA"). Ver: Donald Davidson, *The Tennessee: Volume Two – The New River: Civil War to TVA*. Illustrated by Theresa Sherrer Davidson; Pref. Russell Kirk. Nashville, J. S. Sanders Books, 1992. p. 213-333. O mesmo autor, desferiu críticas severas ao centralismo estatal na obra *The Attack on Leviathan: Regionalism and Nationalism in the United States* [*O Ataque do Leviatã: Regionalismo e Nacionalismo*

precedentes e sem paralelo de indústrias americanas de processamento operadas por iniciativa privada. No entanto, foram essas últimas que permitiram às Nações Unidas ganhar a guerra e hoje permitem aos Estados Unidos da América saírem em auxílio aos países europeus por intermédio do Plano Marshall.

Quase não há controvérsias quanto ao dogma segundo o qual o Estado ou o governo é a materialização de tudo que é bom e benéfico, e que os indivíduos são miseráveis subordinados cuja exclusiva intenção é infligir danos uns aos outros, e por isso carecem muito de um guardião. É um tabu questionar esse dogma, ainda que de forma leve. Aquele que proclama a divindade do Estado e a infalibilidade dos seus sacerdotes – os burocratas – é considerado um estudante imparcial das ciências sociais. Todas essas objeções que se levantam são marcadas como tendenciosas e tacanhas. Os adeptos da nova religião de estatolatria não são menos fanáticos e intolerantes do que eram os conquistadores maometanos da África e Espanha.

A história vai chamar nossa época "a idade dos ditadores e tiranos". Nos últimos anos assistimos à queda de dois

---

nos Estados Unidos], de 1938, atualmente disponível na seguinte edição em inglês: DAVIDSON, Donald. *Regionalism and Nationalism in the United States: The Attack on Leviathan*. Intr. Russell Kirk. New Brunswick: Transaction Publishers, 1991. Um perfil do conservadorismo do poeta e historiador é apresentado por Russell Kirk (1918-1994) no capítulo 7 do livro *The Politics of Prudence* [*A Política da Prudência*], lançado em português como: KIRK, Russell. "Donald Davidson e o Conservadorismo Sulista". *In*: *A Política da Prudência*. Apres. Alex Catharino; Intr. Mark C. Henrie; Trad. Gustavo Santos e Márcia Xavier de Brito. São Paulo: É Realizações, 2013. p. 177-90. (N. E.)

destes super-homens de fama exagerada. Mas sobrevive o espírito que levou esses patifes ao poder autocrático. Permeia livros didáticos e periódicos, fala pela boca dos professores e políticos, manifesta-se em programas partidários e em peças de teatro e romances. Enquanto esse espírito prevalecer não pode haver nenhuma esperança de paz duradoura, de democracia, da preservação da liberdade ou de uma melhoria constante do bem-estar econômico da nação.

CAPÍTULO 1

ada é mais impopular hoje que a economia de mercado livre, ou seja, o capitalismo. Tudo que é considerado insatisfatório nas condições atuais é atribuído ao capitalismo. Os ateus imputam ao capitalismo a responsabilidade pela sobrevivência do cristianismo. Mas as encíclicas do Papa culpam o capitalismo pela disseminação da ausência de religião e pelos pecados de nossos contemporâneos, e as igrejas e seitas protestantes não são menos enérgicas em suas acusações contra a ganância capitalista. Os amantes da paz consideram nossas guerras frutos do imperialismo capitalista. Mas os irresolutos defensores das inexoráveis guerras nacionalistas da Alemanha e da Itália que condenavam o capitalismo por seu pacifismo "burguês", contrário à natureza humana e às incontornáveis leis da história. Os pregadores acusam o capitalismo de destruir a família e promover a

O Fracasso do Intervencionismo

licenciosidade. Porém, os "progressistas" culpam o capitalismo pela conservação das regras de abstenção sexual, supostamente obsoletas. Quase todos os homens concordam que a pobreza é um produto do capitalismo. Por outro lado, muitos lamentam o fato de que o capitalismo, no atendimento pródigo dos desejos das pessoas na pretensão de obter mais conforto e uma vida melhor, acabe promovendo um materialismo insensível. Essas incriminações contraditórias ao capitalismo cancelam-se mutuamente. No entanto, a verdade é que há poucas pessoas de esquerda que não condenem por completo o capitalismo.

Embora o capitalismo seja o sistema econômico da civilização ocidental moderna, as políticas de todas as nações ocidentais são guiadas por ideias totalmente anticapitalistas. O objetivo dessas políticas intervencionistas não é preservar o capitalismo, mas sim substituí-lo por uma economia mista. Parte-se do princípio de que esta economia mista não seja nem o capitalismo nem o socialismo. É descrita como um terceiro sistema, igualmente distante do capitalismo quanto do socialismo. Supõe-se que esteja a meio caminho entre o socialismo e o capitalismo, mantendo as vantagens de ambos e evitando as desvantagens inerentes a cada um.

Há mais de meio século, Sidney Webb (1859-1947), homem de destaque no movimento socialista britânico, declarou que a filosofia socialista é *"nada mais que assertiva consciente e explícita dos princípios de organização social que já foram em grande parte inconscientemente adotados"*. E acrescentou que a história econômica do século XIX foi *"um registro quase contínuo do progresso do socialismo"*[2]. Alguns anos mais tarde, um eminente estadista britânico, Sir William Harcourt (1827-1904), declarou: *"Somos todos socialistas agora"*[3]. Quando, em 1913, um norte-americano, Elmer Roberts (1863-1937), publicou um livro sobre as políticas econômicas do governo Imperial da Alemanha conforme eram conduzidas desde o final da década de 1870, ele as denominou de *"socialismo monárquico"*[4].

No entanto, não é correto simplesmente identificar o intervencionismo e o socialismo. Há muitos defensores do intervencionismo que o consideram o método mais adequado para realizar – passo a passo – o socialismo integral. Porém,

---

[2] WEBB, Sidney. "The Development of the Democratic Ideal". *In*: SHAW, G. Bernard & WILSHIRE, H. G. (Ed.). *Fabian Essays in Socialism*. New York: The Homboldt Publishing Co., 1891. p. 4.

[3] TREVELYAN, George Macaulay. *A Shortened History of England*. London: Longmans, Green, and Co., 1942. p. 510.

[4] ROBERTS, Elmer. *Monarchical Socialism in Germany*. New York: C. Scribner's sons, 1913.

há também muitos intervencionistas que não são socialistas por inteiro; visam o estabelecimento de uma economia mista como um sistema permanente de gestão econômica. Esforçam-se para conter, regular e "melhorar" o capitalismo por meio da interferência do governo na atividade empresarial e por meio do sindicalismo de trabalhadores.

Com o intuito de compreender o funcionamento do intervencionismo e da economia mista é necessário esclarecer dois pontos.

Primeiro: se dentro de uma sociedade baseada na propriedade privada dos meios de produção alguns desses meios pertencerem e forem operados pelo governo ou pelos municípios, isso ainda não é o suficiente para compor um sistema misto que junte o socialismo à propriedade privada. Enquanto apenas algumas empresas individuais forem controladas por meio de poder público, as características da economia de mercado que determinam a atividade econômica permanecem essencialmente inalteradas. As empresas públicas, também, como compradoras de matérias-primas, produtos semiacabados e mão de obra, e como vendedoras de bens e serviços, devem obedecer ao mecanismo da economia de mercado. Estão sujeitas às leis do mercado; têm de se esforçar para conseguir lucros ou, pelo menos, para evitar prejuízos. Quando se tenta mitigar ou eliminar esta dependência, cobrindo as perdas de tais empresas com subsídios provenientes de fundos públicos, o único resultado é um deslocamento dessa dependência para outro lugar. Essa situação ocorre porque os meios para os subsídios têm que ser obtidos de alguma fonte. Podem ser angariados por meio de recolhimento de impostos por parte do governo. Mas o ônus desses impostos recai sobre o público, e não sobre o governo que cobra os impostos. É o mercado – e não a receita federal – que decide sobre quem incide a carga tributária e como afeta a produção e o consumo. O mercado e suas leis inexoráveis têm a supremacia.

Segundo: existem dois padrões diferentes para a realização do socialismo. Um deles – que podemos denominar padrão russo ou marxista – é puramente burocrático. Todos os empreendimentos econômicos são repartições do governo, assim como a administração do exército e da marinha ou o sistema postal. Cada indústria, loja ou fazenda mantém a mesma relação com a organização central superior que uma agência de correios mantém com a chefia Central dos Correios. A nação inteira compõe um único exército de trabalho com serviço obrigatório; o comandante desse exército é o Chefe do Estado.

O segundo padrão – podemos chamá-lo sistema alemão ou *Zwangswirtschaft*[5] – difere do primeiro à medida que, aparentemente e nominalmente, mantém a propriedade privada dos meios de produção, empreendedorismo e mercado de câmbio. Os assim chamados "empresários" fazem as compras e vendas, pagam aos trabalhadores, contraem dívidas e pagam juros e amortizações. Mas eles já não são mais empresários. Na Alemanha nazista eram chamados gerentes de loja ou *Betriebsführer*. O governo dita a esses empresários de fachada o que e como produzir, a que preços e de quem comprar, a que preços e

---

[5] Zwang significa compulsão, *Wirtschaft* significa economia. O equivalente em português para *Zwangswirtschaft* é algo como economia compulsória.

a quem vender. O governo decreta os salários que os trabalhadores devem receber, e a quem e em que termos os capitalistas devem confiar seus fundos. O mercado de câmbio não passa de uma farsa. Como todos os preços, salários e taxas de juros são fixados pela autoridade – são preços, salários e taxas de juros só na aparência; na verdade, são termos meramente quantitativos nas diretrizes autoritárias que determinam a renda, o consumo e o padrão de vida de cada cidadão. A autoridade, e não os consumidores, dirige a produção. O conselho central da gestão da produção é supremo; todos os cidadãos nada mais são do que funcionários públicos. Este é o socialismo com a aparência externa do capitalismo. Mantêm-se alguns rótulos da economia de mercado capitalista, mas significam aqui algo completamente diferente do sentido que têm na economia de mercado.

É necessário ressaltar este fato para evitar uma confusão entre o socialismo e o intervencionismo. O sistema da economia de mercado enfraquecida, ou intervencionismo, difere do socialismo pelo fato de que ainda assim é economia de mercado. A autoridade procura influenciar o mercado por meio da intervenção de seu poder coercitivo, mas não pretende eliminar completamente o mercado. Deseja que a produção e o consumo se desenvolvam ao longo de linhas diferentes daquelas prescritas pelo mercado livre de obstáculos, e procura atingir o seu objetivo injetando no funcionamento das diretrizes de mercado, os comandos e as proibições cuja execução conta com prontidão do poder de polícia e seu aparato de coerção e pressão. No entanto, estas intervenções são isoladas; seus autores afirmam que não planejam juntar essas medidas em um sistema completamente integrado que regule todos os preços, salários e taxas de juros, e que, portanto, ponha o controle total da produção e do consumo nas mãos das autoridades.

No entanto, todos os métodos de intervencionismo estão fadados ao fracasso. Em outras palavras: as necessidades de aplicação de medidas intervencionistas resultam em condições que, do ponto de vista de seus próprios defensores, são mais insatisfatórias do que o estado anterior de coisas que estavam destinadas a alterar. Essas políticas, portanto, não atendem a seus propósitos.

Quer os valores do salário mínimo sejam impostos por decreto do governo ou pela pressão e coação sindical, fixá-los é inútil se acompanharem o nível do mercado. Porém, se as políticas tentarem aumentar os valores dos salários acima do nível determinado pelo mercado de trabalho atuando sem entraves, acabarão gerando desemprego permanente de uma grande parte da força de trabalho potencial.

Os gastos do governo não têm poder de criar postos de trabalho adicionais. Se o governo provê os recursos necessários cobrando impostos dos cidadãos ou tomando empréstimos do público, por um lado, extingue tantos postos de trabalho quanto cria, por outro lado. Se os gastos do governo forem financiados por meio de empréstimos dos bancos comerciais, isso acarreta a expansão do crédito e da inflação. Se no decurso de tal inflação o aumento dos preços das *commodities* exceder o aumento dos valores nominais dos salários, o desemprego cairá. Mas o que faz o desemprego encolher é precisamente o fato de que os valores reais dos salários estão caindo.

A tendência inerente da evolução capitalista é elevar os valores dos salários reais de forma constante. Este é o efeito da acumulação progressiva do capital por meio do qual são aperfeiçoados os métodos tecnológicos de produção. Não há meios pelos quais o nível dos salários possa subir para todos aqueles ansiosos para ganhar salários por outros meios diferentes do aumento da quota *per capita* do capital investido. Sempre que se interrompe a acumulação de capital adicional, a tendência para um aumento adicional dos salários reais chega a um impasse. Se o consumo de capital for substituído por um aumento de capital disponível, os salários reais devem cair temporariamente até que os controles sobre um novo aumento de capital forem revogados. As medidas do governo que retardam a acumulação de capital ou levam ao consumo de capital – tais como a tributação de confisco – são, portanto, prejudiciais aos interesses vitais dos trabalhadores.

A expansão do crédito pode causar um *boom* temporário. Mas uma prosperidade fictícia como essa deve terminar em uma depressão geral do comércio, uma queda.

Dificilmente pode-se afirmar que a história econômica das últimas décadas tenha tomado direção contrária às previsões pessimistas dos economistas. A nossa época tem de enfrentar grandes problemas econômicos. Mas esta não é uma crise do capitalismo. É a crise do intervencionismo, das políticas destinadas a melhorar o capitalismo e para substitui-lo por um sistema melhor.

Nenhum economista jamais se atreveu a afirmar que o intervencionismo não poderia resultar em outra coisa senão em desastre e caos. Os defensores do intervencionismo – mais proeminentes entre eles a Escola Histórica Prussiana e os Institucionalistas Norte-Americanos – não eram economistas. Pelo contrário. Com o intuito de promover seus planos, negavam categoricamente que houvesse qualquer coisa tal como direito econômico. Na opinião deles, os governos são livres para realizar tudo que almejam sem serem restringidos por uma regularidade inexorável na sequência dos fenômenos econômicos. Como o socialista alemão Ferdinand Lassalle (1825-1864), sustentam que o Estado é Deus.

Os intervencionistas não abordam o estudo de questões econômicas com desinteresse científico. A maioria deles é movida por um ressentimento invejoso contra aqueles cujos rendimentos são maiores do que os seus próprios. Esse preconceito lhes impossibilita ver as coisas como elas realmente são. Para eles, a coisa principal não é melhorar as condições das massas, mas sim prejudicar os empresários e capitalistas, mesmo que essa política vitimize a imensa maioria do povo.

Aos olhos dos intervencionistas, a mera existência de lucros é censurável. Falam de lucros sem lidar com seu corolário, as perdas. Não compreendem que lucros e perdas são os instrumentos por meio dos quais os consumidores mantêm um rígido controle sobre todas as atividades empresariais. São os ganhos e perdas que tornam os consumidores supremos na direção dos negócios. É um absurdo contrastar produção com lucro e produção com uso. No mercado livre um homem pode auferir lucros apenas por fornecer aos consumidores da maneira melhor e mais barata com os bens que desejam usar. Os ganhos e as perdas retiram os fatores materiais da produção das mãos do ineficiente e os colocam nas mãos do mais eficiente. É sua função social fazer com que um homem quanto mais influente na condução dos negócios mais bem-sucedido seja na produção de mercadorias pelas quais lutam as pessoas. Os consumidores sofrem quando as leis do país evitam que os empresários mais eficientes expandam a esfera de suas atividades. O que fez algumas empresas transformarem-se em "grandes negócios" foi precisamente o seu sucesso em atender da melhor forma a demanda das massas.

As políticas anticapitalistas sabotam o funcionamento do sistema capitalista da economia de mercado. O fracasso do intervencionismo não demonstra a necessidade de adotar o socialismo. Limita-se a expor a futilidade de intervencionismo. Todos esses males que os autointitulados "progressistas" interpretam como prova do fracasso do capitalismo são o resultado de sua interferência no mercado, supostamente benéfica. Só os ignorantes, ao identificar de forma errônea o intervencionismo e o capitalismo, acreditam que o remédio para esses males seja o socialismo.

CAPÍTULO 2

Muitos defensores do intervencionismo ficam desorientados quando se lhes diz que ao recomendar o intervencionismo eles próprios estão fomentando tendências antidemocráticas e ditatoriais e o estabelecimento do socialismo totalitário. Protestam afirmando que são crentes sinceros e antagônicos à tirania e ao socialismo. O que pretendem é apenas a melhoria das condições dos pobres. Dizem que são motivados por argumentos de justiça social e são a favor de uma distribuição de renda mais justa, precisamente porque têm como objetivo preservar o capitalismo e seu corolário ou superestrutura política, ou seja, o governo democrático.

O que essas pessoas não conseguem perceber é que as várias medidas que propõem são incapazes de produzir os resultados benéficos que pretendem. Ao contrário, produzem um estado de coisas que, do ponto

O Caráter Ditatorial, Antidemocrático e Socialista do Intervencionismo

de vista de seus defensores, é pior do que o estado anterior que pretendiam alterar. Se o governo, confrontado com o fracasso de sua primeira intervenção, não estiver preparado para desfazer sua interferência no mercado e para retornar a uma economia livre, deve acrescentar mais e mais regulamentos e restrições à sua primeira medida. Seguindo esse procedimento passo a passo nesse caminho finalmente chega a um ponto em que desaparece toda a liberdade econômica dos indivíduos. Em seguida emerge o socialismo de padrão alemão, o *Zwangswirtschaft* dos nazistas.

Já mencionamos o caso dos valores do salário mínimo. Vamos aprofundar a ilustração do assunto por meio de uma análise de um caso típico de controle de preços.

Se o governo quer possibilitar que pais pobres deem mais leite aos filhos, tem de comprar leite a preço de mercado e vendê-lo aos pobres com perda a preços mais baratos; a perda pode ser coberta a partir dos recursos recolhidos pela tributação. No entanto, se o governo simplesmente fixar o preço do leite a um preço menor do que o preço do mercado, os resultados obtidos serão contrários aos objetivos do governo. Os produtores marginais, a fim de evitar perdas, deixarão a atividade de produção e venda do leite. Haverá menos leite disponível para os consumidores, e não mais. Este resultado é contrário às intenções do governo. O governo interferiu porque considerou o leite uma necessidade vital. Não era intenção de o governo restringir a sua oferta.

Agora, o governo tem de enfrentar a alternativa: ou abandonar quaisquer esforços para controlar os preços, ou acrescentar uma segunda medida à primeira, ou seja, fixar os preços dos fatores de produção necessários para a produção de leite. Em seguida, a mesma história se repete em um plano mais remoto: o governo mais uma vez tem de fixar os preços dos fatores de produção necessários para a produção desses fatores de produção necessários para a produção de leite. Assim, o governo tem que ir cada vez adiante, fixando os preços de todos os fatores de produção, tanto humanos (mão de obra) quanto materiais – e forçando cada empresário e cada trabalhador a continuar o trabalho a esses preços e salários. Nenhum ramo da produção pode ser omitido dessa ciranda de fixação de preços e salários e dessa ordem geral para que a produção continue. Se alguns ramos da produção fossem deixados livres, o resultado seria um deslocamento de capital e trabalho para eles e uma queda correspondente do fornecimento dos bens cujos preços o governo havia fixado. No entanto, são precisamente esses bens que o governo considera de especial importância para a satisfação das necessidades das massas.

Mas quando se chega a esse estado de controle de todos os negócios, a economia de mercado terá sido substituída por um sistema de economia planejada, pelo socialismo. Naturalmente, isso não é o socialismo de gerenciamento de estado imediato de todos os complexos industriais pelo governo, como na Rússia, mas o socialismo de padrão alemão ou nazista.

Muitas pessoas ficaram fascinadas com o alardeado sucesso do controle alemão de preços. Diziam: basta você ser tão brutal e cruel quanto os nazistas e você será bem-sucedido no controle dos preços. O que essas pessoas ansiosas para combater o nazismo por meio da adoção de seus métodos não viam era que os nazistas não impuseram o controle de preços dentro de uma sociedade de mercado, mas, ao invés disso, estabeleceram um sistema socialista completo, uma comunidade totalitária.

O controle dos preços opõe-se a seu propósito se for limitado apenas a algumas *commodities*. Não consegue funcionar de forma satisfatória dentro de uma economia de mercado. Se o governo não aprender com esse fracasso para chegar à conclusão de que deve abandonar todas as tentativas de controlar os preços, deve seguir em frente até substituir o planejamento socialista como um todo pela economia de mercado.

A produção pode ser dirigida pelos preços fixados no mercado pela compra e pela ausência de compra por parte do público. Ou pode ser dirigida pela diretoria central de gestão da produção do governo. Não existe uma terceira solução disponível. Não há terceiro sistema social viável que não seja nem de economia de mercado, nem do socialismo. O controle do governo só sobre uma parte dos preços deve resultar em um estado de coisas que – sem nenhuma exceção – todo mundo considera absurdo e contrário a seus propósitos. O resultado inevitável disso é o caos e a agitação social.

É isto que os economistas têm em mente quando se referem à lei econômica e afirmam que o intervencionismo é contrário ao direito econômico.

Na economia de mercado, os consumidores são soberanos. A opção entre comprar e abster-se de comprar, em última instância, determina o que os empresários produzem e em que quantidade e qualidade. Determina diretamente as mercadorias dos consumidores e indiretamente os preços de todas as mercadorias dos produtores, a saber, todos os fatores trabalhistas e materiais da produção. Determina a ocorrência de lucros e perdas e a composição da taxa de juros. Determina a renda de cada indivíduo. O ponto focal da economia de mercado é o mercado, ou seja, o processo de composição de preços das *commodities*, valores de salários e as taxas de juros e seus derivados, os lucros e perdas. Faz todos os homens, em sua qualidade de produtores, responsáveis perante os consumidores. Esta dependência é direta em relação a empresários, capitalistas, agropecuaristas e profissionais, e indireta em relação às pessoas que trabalham por vencimentos e salários. O mercado ajusta os esforços de todos aqueles envolvidos no atendimento das necessidades dos consumidores correlacionados aos desejos daqueles por quem produzem – os consumidores. Sujeita a produção ao consumo.

O mercado é uma democracia na qual cada centavo dá direito a voto. É verdade que os diferentes indivíduos não têm o mesmo poder de voto. O homem mais rico tem direito a maior número de votos do que o indivíduo mais pobre. No entanto, ser rico e ganhar renda mais elevada já se constitui, na economia de mercado, o resultado de uma eleição prévia. O único meio de adquirir riqueza e preservá-la, em uma economia de mercado não contaminada por privilégios e restrições feitas pelo governo, é atender aos consumidores de forma melhor e mais barata. Os capitalistas e donos de terras que não considerem essas condições sofrem prejuízos. Se não modificarem suas ações, perdem a riqueza e ficam pobres. São os consumidores que enriquecem os pobres e empobrecem os ricos. São os consumidores que fixam o salário de uma estrela de cinema e de uma cantora de ópera em patamar mais alto do que o salário de um soldador ou de um contador.

Cada indivíduo é livre para discordar do resultado de uma campanha eleitoral ou do processo de mercado. Mas, em uma democracia, não existem outros meios para alterar as coisas a não ser a persuasão. Dificilmente poderíamos chamar de democrata o homem que dissesse: "Não gosto do prefeito eleito pela maioria de votos, por isso peço ao governo para substituí-lo pelo homem a quem prefiro". Mas se as mesmas queixas forem levantadas em relação ao mercado, a maioria das pessoas é demasiado tola para descobrir as aspirações ditatoriais em questão.

Os consumidores fizeram suas escolhas e determinaram a renda da fabricante de calçados, da estrela de cinema e do soldador. Quem é o Professor X para arrogar-se o direito de derrubar a decisão deles? Se não fosse um ditador em potencial, não pediria ao governo que interferisse. Tentaria persuadir seus concidadãos a aumentar a demanda de produtos dos soldadores e reduzir a demanda de sapatos e filmes.

Os consumidores não estão preparados para pagar os preços do algodão que tornariam rentáveis as fazendas de produção marginal, ou seja, aquelas que produzem em condições mais desfavoráveis. Este é realmente um fato lamentável para os agricultores em questão; resta-lhes desistir da cultura do algodão e tentar integrar-se de outra maneira à produção como um todo.

Mas o que devemos pensar do estadista que interfere de forma compulsiva a fim de aumentar o preço do algodão acima do nível que alcançaria no mercado livre? O que o intervencionista tem como objetivo é a substituição da escolha dos consumidores pela pressão policial. Todo esse discurso – o Estado deveria fazer isso ou aquilo – em última análise, significa: a polícia deve forçar os consumidores a se comportar de forma diferente do que se comportariam se agissem de forma espontânea. Em propostas tais como: vamos aumentar os preços agrícolas, vamos aumentar os valores dos salários, vamos baixar os lucros, vamos reduzir os salários dos executivos, *nós*, em última análise, refere-se à polícia. Ainda assim, os autores desses projetos protestam que fazem planos em prol da liberdade e da democracia industrial.

Na maioria dos países não socialistas concedem-se direitos especiais aos sindicatos de trabalhadores. Têm autoridade para impedir de trabalhar os não sindicalizados. Têm permissão para convocar uma greve, e quando em greve, são praticamente livres para empregar a violência contra todos aqueles que estejam preparados para continuar a trabalhar, ou seja, contra os fura-greves. Esse sistema delega privilégio ilimitado àqueles envolvidos em segmentos vitais da indústria. Esses trabalhadores cuja greve corta o fornecimento d'água, luz, alimentos e outras necessidades estão em condições de obter tudo o que querem à custa do restante da população. É bem verdade que nos Estados Unidos da América os sindicatos de trabalhadores até agora vêm exercendo a vantagem dessa oportunidade com alguma moderação. Outros sindicatos americanos e muitos sindicatos europeus têm sido menos cautelosos. São determinados a impor aumentos salariais sem se preocuparem com o inevitável desastre resultante.

Os intervencionistas não são astutos o suficiente para perceber que a pressão e coação sindical são absolutamente incompatíveis com qualquer sistema de organização social. O problema do sindicato não tem qualquer relação com o direito que têm os cidadãos de se unirem uns aos outros em assembleias e associações; nenhum país democrático nega esse direito a seus cidadãos. Ninguém tampouco contesta o direito que um homem tem de parar de trabalhar e entrar em greve. A única questão é se se deve conceder aos sindicatos o privilégio de recorrer impunemente à violência. Esse privilégio não é menos incompatível com o socialismo do que com o capitalismo. Nenhuma cooperação social que siga a divisão do trabalho é possível quando se concede a algumas pessoas ou a sindicatos de pessoas o direito de impedir outras pessoas de trabalhar por meio da violência e ameaças de violência. Quando imposta pela violência, uma greve em segmentos vitais da produção ou uma greve geral equivalem a uma destruição revolucionária da sociedade.

Um governo renuncia se tolerar o uso de violência por parte de qualquer agente que não seja governamental. Se o governo abandonar o seu monopólio de poder de coerção e pressão, advêm condições anárquicas. Se fosse verdade que um sistema democrático de governo fosse incapaz de proteger de forma incondicional o direito de trabalhar de cada indivíduo em desafio às ordens de um sindicato, a democracia teria chegado ao fim. Assim, a ditadura seria o único meio de preservar a divisão do trabalho e evitar a anarquia. O que gerou ditaduras na Rússia e na Alemanha foi precisamente o fato de que a atitude dessas nações inviabilizou a repressão à violência sindical sob um regime de condições democráticas. Os ditadores aboliam as greves e, assim, quebravam a espinha dorsal do sindicalismo. Não há problemas de greves no império soviético.

É uma ilusão acreditar que o julgamento de disputas trabalhistas possa levar os sindicatos a um quadro de economia de mercado e fazê-los funcionar de forma compatível com a preservação da paz interna. A solução jurídica de disputas é viável se houver um conjunto de regras à mão, segundo o qual os casos individuais possam ser julgados. Porém, se tal código tiver validade e suas disposições forem aplicadas para a determinação do nível dos salários, já não é o mercado que o fixa e, sim, o código e aqueles que o legislam. Nesse caso, o governo é soberano em detrimento dos consumidores que compram e vendem no mercado. Se não existir nenhum código, inexiste uma norma segundo a qual possa ser resolvida uma controvérsia entre empregadores e empregados. É inútil falar de salários "justos" na ausência de um código assim. A noção de justiça é sem sentido se não for relacionada a um padrão estabelecido. Na prática, se os empregadores não cederem às ameaças dos sindicatos, a arbitragem é a mesma que a determinação dos salários pelo juiz indicado pelo governo. A decisão autoritária peremptória substitui o preço de mercado. A questão é sempre a mesma: o governo ou o mercado. Não há uma terceira solução.

As metáforas são amiúde muito úteis para esclarecer problemas complicados e torná-los compreensíveis a inteligências menos privilegiadas. Não obstante, tornam-se enganosas e transformam-se em disparate se as pessoas se esquecerem de que toda comparação é imperfeita. É bobagem tomar expressões metafóricas de forma literal, e deduzir da sua interpretação as características do objeto que se desejava tornar mais facilmente compreensível por meio de sua utilização. Não há nenhum prejuízo na descrição dos economistas do funcionamento do mercado como automático e, em seu costume de falar das forças anônimas que atuam no mercado. Não poderiam antecipar que alguém seria tão tolo a ponto de tomar essas metáforas literalmente.

Nenhuma força "automática" e "anônima" aciona o "mecanismo" do mercado. Os únicos fatores que dirigem o mercado e determinam os preços são atos intencionais dos homens. Não há automatismo; há homens que de forma consciente visam os fins escolhidos e deliberadamente recorrem a meios definidos para a realização desses objetivos. Não há forças mecânicas misteriosas; há apenas a vontade de cada indivíduo a satisfazer em sua demanda de vários produtos. Não há anonimato; existem você e eu e Bill e Joe e todo o resto. E cada um de nós está envolvido tanto na produção quanto no consumo. Cada um contribui com a sua parte para a determinação dos preços.

O dilema não reside entre as forças automáticas e a ação planejada. Fica entre o processo democrático do mercado, no qual cada indivíduo tem sua parcela, e a regra exclusiva de um corpo ditatorial. Qualquer coisa que as pessoas façam na economia de mercado é a execução de seus próprios planos. Nesse sentido, toda ação humana significa planejamento. O que defendem aqueles que se autodenominam planejadores não é substituir o deixar as coisas correrem por uma ação planejada. É a substituição de planos de seus semelhantes pelo próprio plano do planejador. O planejador é um ditador em potencial determinado a privar todas as outras pessoas do poder de planejar e agir de acordo com seus próprios planos. Ele visa apenas uma coisa: a primazia absoluta exclusiva de seu próprio plano.

Não é menos errôneo declarar que um governo que não é socialista não tem um plano. Qualquer coisa que um governo faça é a execução de um plano, ou seja, de um projeto. Pode-se discordar de tal plano. Porém, não se deve dizer de modo algum que não se trata de um plano. O professor Wesley C. Mitchell (1874-1948) sustentava que o governo liberal britânico *"planejava não ter nenhum plano"*[6]. No entanto, no período liberal, o governo britânico com certeza tinha

---

[6] MITCHELL, Wesley C. "The Social Sciences and National Planning". *In*: MACKENZIE, Findlay (Ed.). *Planned Society: Yesterday, Today, Tomorrow*. New York: Prentice- Hall, Inc., 1937. p. 112

um plano definido. Seu plano era a propriedade privada dos meios de produção, da livre iniciativa e da economia de mercado. Na verdade, a Grã-Bretanha prosperou muito durante a vigência deste plano, que, segundo o professor Mitchell, é "plano nenhum".

Os planejadores fingem que seus planos são científicos e que não pode haver discordância com relação a eles no meio das pessoas bem-intencionadas e decentes. Não obstante, não existe tal coisa de dever científico. A ciência é competente para estabelecer o que é. Nunca pode ditar o que deveria ser e quais objetivos as pessoas deveriam ter. É fato que os homens discordam em seus juízos de valor. É uma insolência arrogar-se o direito de clamar superioridade sobre os planos de outras pessoas e forçá-las a submeter-se ao plano do planejador. O plano de quem deve ser executado? O plano do Chefe do Departamento de Informações ou o plano de qualquer outro grupo? O plano de Leon Trotsky (1879-1940) ou o de Josef Stalin (1878-1953)? O plano de Adolf Hitler (1889-1945) ou o de Gregor Strasser (1892-1934)?

Quando as pessoas tinham compromisso com a ideia de que no campo da religião apenas um plano de medidas deveria ser adotado, o resultado eram guerras sangrentas. Com o reconhecimento do princípio da liberdade religiosa, essas guerras cessaram. A economia de mercado protege a cooperação econômica pacífica porque não exerce pressão sobre os planos econômicos dos cidadãos. Se um plano diretor tiver que substituir os planos de cada cidadão, deverá surgir uma luta interminável. Aqueles que não concordam com o plano do ditador não têm outros meios de seguir em frente que não seja derrotar o déspota pela força das armas.

É uma ilusão acreditar que um sistema de socialismo planejado pode ser operado de acordo com métodos democráticos de governo. A democracia está indissoluvelmente ligada ao capitalismo. Não pode existir onde houver planejamento. Vamos nos referir às palavras do mais eminente dos defensores contemporâneos do socialismo. O professor Harold J. Laski (1893-1950) declarou que a conquista do poder pelo Partido Trabalhista Britânico à moda parlamentar normal deve resultar em uma transformação radical de governo parlamentar. Uma administração socialista precisa de "garantias" de que seu trabalho de transformação não venha a ser "interrompido" por revogação, em caso de sua derrota nas urnas. Portanto, a suspensão da Constituição é "inevitável"[7]. Que prazer teriam tido Charles I (1600-1649) e George III (1738-1820) se tivessem conhecido os livros do professor Laski!

Sidney Webb e Beatrice Webb (1858-1943) – respectivamente, Lord Passfield e Lady Passfield – nos dizem que *"em qualquer ação corporativa uma unidade de pensamento leal é tão importante que, se alguma coisa tiver de ser alcançada, o debate público deve ser suspenso entre a promulgação da decisão e a realização da tarefa"*. Enquanto *"o trabalho estiver em andamento"* qualquer expressão de dúvida, ou mesmo de medo de que o plano não seja bem-sucedido, é *"um ato de deslealdade, ou*

---

[7] LASKI, Harold J. *Democracy in Crisis*. Chapel Hill: The University of North Carolina Press, 1933. p. 87-88.

*até mesmo de traição"*⁸. Agora, como o processo de produção nunca cessa e sempre há algum trabalho em andamento, e sempre há algo a ser alcançado, segue-se que um governo socialista jamais deve conceder qualquer liberdade de expressão e de imprensa. *"A unidade de pensamento leal"* – que excepcional eloquência para os ideais de Felipe II (1527-1598) e da Inquisição! Neste sentido, outro eminente admirador dos soviéticos, o sr. J. G. Crowther (1899-1983), fala sem qualquer reserva. Declara abertamente que a inquisição é *"benéfica para a ciência quando protege uma classe em ascensão"*⁹ ou seja, quando os amigos do Sr. Crowther recorrerem a ela. Poderiam ser citadas centenas de pronunciamentos semelhantes.

Na era vitoriana, quando John Stuart Mill (1806-1873) escreveu seu ensaio *On Liberty* [*Sobre a Liberdade*], tais pontos de vista como os sustentados pelo professor Laski, pelo sr. Weeb, pela sra. Webb e pelo sr. Crowther eram denominados reacionários. Hoje, são chamados de "progressistas" e "liberais". Por outro lado, as pessoas que se opõem à suspensão de governo parlamentar e da liberdade de expressão e da imprensa e ao estabelecimento de inquisição são desprezadas como "reacionárias", como "conservadoras econômicas" e como "fascistas".

Esses intervencionistas, que consideram o intervencionismo um método de gerar passo-a-passo o socialismo pleno, são pelo menos consistentes. Se as medidas adotadas

---

⁸ WEBB, Sidney & WEBB, Beatrice. *Soviet Communism: A New Civilization?* New York: C. Scribner's sons, 1936. Vol. II, p.1038-39.
⁹ CROWTHER, J. G. *Social Relations of Science*. London: Macmillan, 1941. p. 333.

não conseguirem atingir os resultados benéficos esperados e acabarem em desastre, pedem mais e mais interferência do governo até que o governo assuma a direção de todas as atividades econômicas. Mas esses intervencionistas que consideram o intervencionismo um meio de melhorar o capitalismo e assim o preservarem estão totalmente confusos.

Aos olhos dessas pessoas, todos os efeitos indesejados e indesejáveis de interferência do governo nos negócios são causados pelo capitalismo. O próprio fato de que uma medida governamental cause um estado de coisas que lhes desagrade é para eles uma justificativa para novas medidas. Por exemplo, não conseguem perceber que o papel que os esquemas monopolistas desempenham nos nossos dias é o efeito da interferência do governo, tais como tarifas e patentes. Defendem a ação do governo em prol da prevenção do monopólio. Dificilmente se poderia imaginar uma ideia mais fora da realidade. Isso porque os governos a quem pedem que combatam o monopólio são os mesmos governos que se dedicam ao princípio do monopólio. Assim, o governo americano do *New Deal*[10] embarcou em uma organização monopolista

---

[10] Referência ao programa governamental implementado pela administração do presidente Franklin Delano Roosevelt (1882-1945), entre 1933 e 1937, caracterizado pela expansão dos gastos públicos, pela criação de programas sociais governamentais, pela ampliação da burocracia estatal e pelo crescimento da intervenção do governo na economia. Na época que o presente ensaio foi escrito, o governo norte-americano, gestão presidencial de Harry S. Truman (1884-1972), implementou entre 1945-1953 um programa semelhante denominado *Fair Deal* [Acordo Justo], no qual as medidas intervencionistas do *New Deal* [Novo Acordo] foram ampliadas para outras áreas, dentre os quais se destacam, por exemplo, o apoio ao nascente movimento pelos direitos civis, a tentativa de criar

que perpassa todos os segmentos de negócios norte-americanos, por meio da National Recovery Administration (NRA), e teve como objetivo organizar a atividade agropecuária norte-americana em um grande esquema monopolista, restringindo a produção agrícola em nome da substituição de preços mais baixos do mercado pelos preços do monopólio. Foi uma festa para vários acordos internacionais de controle de *commodities* o objetivo indisfarçável que era estabelecer monopólios internacionais de diversas *commodities*. O mesmo é verdade para todos os outros governos. A União das Repúblicas Socialistas Soviéticas (URSS) também foi uma festa para algumas dessas convenções monopolistas intergovernamentais[11]. A sua aversão à colaboração com os países capitalistas não era forte o bastante para fazer com que perdessem qualquer oportunidade para adotar o monopólio.

O programa desse intervencionismo autocontraditório é ditadura, sob a alegação de que torna as pessoas livres. Mas a liberdade que seus defensores defendem é a liberdade de fazer as coisas "certas", ou seja, as coisas que eles mesmos querem que sejam feitas. Não ignoram apenas o problema econômico em pauta. São destituídos da faculdade de raciocínio lógico.

---

um programa universal de saúde pública, a ampliação das políticas de bem-estar social, o aumento da regulamentação trabalhista, o avanço da intervenção federal nas políticas educacionais locais, os subsídios para a construção de moradias e para a agricultura, a alocação de verbas públicas para diversos programas para os veteranos da Segunda Guerra Mundial e a criação de uma série de projetos federais nos estados, desrespeitando autonomia dos estados. (N. E.)

[11] A coleção dessas convenções, publicadas como: *Intergovernmental Commodity Control Agreements*. Montreal The International Labour Office, 1943.

A justificativa mais absurda do intervencionismo vem daqueles que contemplam o conflito entre capitalismo e socialismo, como se fosse um concurso de distribuição de renda. Por que as classes endinheiradas não deveriam ser mais complacentes? Por que não deveriam conceder aos trabalhadores pobres uma parte de seus imensos ganhos? Por que deveriam opor-se ao projeto do governo para elevar a participação dos mais desfavorecidos ao decretar os valores de salário mínimo e os preços máximos e cortar os lucros e as taxas de juro até um nível "mais justo"? A maleabilidade em tais assuntos, dizem eles, desviaria os ventos das velas dos revolucionários radicais e preservaria o capitalismo. Os piores inimigos do capitalismo, dizem eles, são os doutrinadores intransigentes cuja excessiva defesa da liberdade econômica, do *laissez-faire* e do manchesterismo torna vãs todas as tentativas de firmar-se um compromisso com as reivindicações do trabalho. Esses reacionários inflexíveis são os únicos responsáveis pela amargura da luta contemporânea do partido e pelo ódio implacável que gera. O que se faz necessário é a substituição da atitude puramente negativa dos conservadores econômicos por um programa construtivo. E, é claro, "construtivo" aos olhos dessas pessoas é só intervencionismo.

No entanto, essa maneira de raciocinar é completamente nefasta. Parte do princípio de que as várias medidas de interferência do governo nos negócios vão atingir esses resultados benéficos que seus defensores esperam deles. Sem cuidado algum, desconsidera tudo aquilo que a economia diz sobre a inutilidade de realizar os fins buscados, e as consequências inevitáveis e indesejáveis. A questão não é se os valores do salário mínimo são justos ou injustos, mas se causam ou não o desemprego de uma parte daqueles ansiosos para trabalhar. Ao considerar justas essas medidas, o intervencionista não refuta as objeções levantadas contra a sua conveniência pelos economistas. Ele meramente demonstra ignorância da questão em foco.

O conflito entre o capitalismo e o socialismo não é uma competição entre dois grupos de candidatos a respeito do tamanho das partes a serem alocadas a cada um deles a partir de uma oferta específica de mercadorias. É uma disputa a respeito de que sistema de organização social melhor serve ao bem-estar humano. Aqueles que combatem o socialismo não o rejeitam porque invejam os trabalhadores e os benefícios que eles (os trabalhadores) poderiam supostamente usufruir do modo de produção socialista. Combatem o socialismo precisamente porque estão convencidos de que seria prejudicial às massas reduzi-los ao *status* de pobres servos inteiramente à mercê de ditadores irresponsáveis.

Nesse conflito de opiniões todos devem tomar uma decisão e assumir uma posição definitiva. Todos devem ocupar um lado, quer seja com os defensores da liberdade econômica ou com os defensores do socialismo totalitário. Não se pode fugir desse dilema através da adoção de uma suposta posição no meio do caminho, a saber, intervencionismo. Para o intervencionismo não se trata nem de um caminho do meio nem de um compromisso entre o capitalismo e o socialismo. É um terceiro sistema. É um sistema em que a aberração e inutilidade são objetos em torno dos quais há consenso não só entre todos os economistas, mas até mesmo entre os marxistas.

Não existe essa coisa tal denominada defesa "excessiva" da liberdade econômica. Por um lado, a produção pode ser dirigida pelos esforços de cada indivíduo para ajustar sua conduta, de modo a atender às necessidades mais urgentes dos consumidores da forma mais apropriada. Esta é a economia de mercado. Por outro lado, a produção pode ser dirigida por meio de decretos autoritários. Se esses decretos se referem apenas a alguns itens isolados da estrutura econômica, não conseguem atingir os fins pretendidos, e seus próprios defensores não se satisfazem com seus resultados. Quando se estabelecem com intuito de controle total, constituem o socialismo totalitário.

Os homens têm de escolher entre a economia de mercado e o socialismo. O Estado pode preservar a economia de mercado ao proteger a vida, a saúde e a propriedade privada contra a agressão violenta ou fraudulenta; ou pode ele mesmo controlar a conduta de todas as atividades de produção. Algum departamento tem de determinar o que deve ser produzido. Se não forem os consumidores, por meio de oferta e procura no mercado, tem de ser o governo por meio de coerção.

CAPÍTULO 3

Na terminologia de Karl Marx (1818-1883) e Friedrich Engels (1820-1895) as palavras *comunismo* e *socialismo* são sinônimas. São alternadamente aplicadas sem qualquer distinção. O mesmo era verdade para a prática de todos os grupos e seitas marxistas até 1917. Os partidos políticos do marxismo que consideravam o *Manifesto do Partido Comunista*, de 1848, o evangelho inalterável da sua doutrina se denominavam "partidos socialistas". O partido mais influente e com maior número de adeptos entre esses, o Partido Alemão, adotou o nome de Partido Social Democrata. Na Itália, na França e em todos os outros países em que os partidos marxistas já desempenhavam um papel na vida política antes de 1917, o termo *socialista* de forma semelhante sobrepôs-se ao termo *comunista*. Nenhum marxista jamais ousou, antes de 1917, distinguir entre comunismo e socialismo.

Socialismo e Comunismo

Em 1875, em sua *Kritik des Gothaer Programms* [*Crítica ao Programa de Gotha*] do Partido Social Democrata alemão, Marx distingue entre uma fase inferior (anterior) e superior (posterior) da futura sociedade comunista. Mas ele não reservou a denominação comunismo à fase superior, e não chamou a fase inferior de socialismo, diferenciada do comunismo.

Um dos dogmas fundamentais de Marx é que o socialismo está fadado a acontecer, "tão inexorável quanto uma lei da natureza". A produção capitalista gera sua própria negação e estabelece o sistema socialista de propriedade pública dos meios de produção. Este processo *"executa a si mesmo ao pôr em funcionamento as leis inerentes à produção capitalista"*[12]. É independente da vontade das pessoas[13]. É impossível para os homens acelerá-lo, adiá-lo ou impedi-lo. Porque:

---

[12] MARX, Karl. *Das Kapital*. Hamburg: Otto Meissners Verlag, 7th ed., 1914. Vol. I, p. 728.
[13] MARX, Karl. *Zur Kritik der politischen Ökonomie*. Ed. Karl Kautsky. Stuttgart: J. H. W. Dietz Nachf., 1897. p. xi.

Nenhum sistema social jamais sucumbe antes que sejam desenvolvidas todas as forças produtivas cujo crescimento é amplo o suficiente para abarcar, e novos métodos de produção mais elevados nunca surgem antes que as condições materiais para sua existência tenham sido geradas no ventre da sociedade anterior[14].

É claro que esta doutrina é irreconciliável com as próprias atividades políticas de Marx e com os ensinamentos que propôs para a justificação dessas atividades. Marx tentou organizar um partido político que, por meio da revolução e da guerra civil, deveria levar a cabo a transição do capitalismo para o socialismo. A principal característica de seus partidos era, aos olhos de Marx e de todos os doutrinários marxistas, que eram partidos revolucionários invariavelmente comprometidos com a ideia de ação violenta. O objetivo deles era sublevar-se em rebeliões, estabelecer a ditadura do proletariado e exterminar impiedosamente toda a burguesia. As ações da Comuna de Paris em 1871 foram consideradas modelo perfeito dessa guerra civil. A revolta de Paris, é claro, havia lamentavelmente fracassado. Mas esperava-se que as revoltas por vir tivessem êxito[15].

No entanto, as táticas aplicadas pelos partidos marxistas em vários países europeus opunham-se de maneira irreconciliável a cada uma dessas duas variedades contraditórias

---

[14] Idem. *Ibidem*, p. xii.
[15] MARX, Karl. *Der Bürgerkrieg in Frankreich*. Ed. Franz Pfemfert. Berlin: Verlag der Wochenschrift Die Aktion, 1919.

dos ensinamentos de Karl Marx. Eles não tinham confiança de que a chegada do socialismo era inevitável. Também não confiavam no sucesso de um levante revolucionário. Adotaram os métodos de ação parlamentar. Pediam votos em campanhas eleitorais e enviavam seus representantes aos parlamentos. "Degeneraram-se" em partidos democráticos. Nos parlamentos comportavam-se como outros partidos de oposição. Em alguns países, firmaram alianças provisórias com outros partidos e, ocasionalmente, membros socialistas assumiam gabinetes. Mais tarde, após o fim da Primeira Guerra Mundial, os partidos socialistas tornaram-se dominantes em muitos parlamentos. Em alguns países governavam com exclusividade; em outros, em estreita cooperação com os partidos "burgueses".

É verdade que antes de 1917 estes socialistas domesticados nunca desistiram de apregoar hipocritamente os rígidos princípios do marxismo ortodoxo. Punham-se a repetir que a chegada do socialismo era inevitável. Enfatizavam o caráter revolucionário inerente de seus partidos. Nada poderia despertar-lhes mais raiva do que ver alguém se atrevendo a lhes contestar o indomável espírito revolucionário. No entanto, na verdade, eram partidos legislativos, como todos os outros partidos.

De um ponto de vista correto dos marxistas, conforme expresso nos escritos posteriores de Marx e Engels – mas ainda não no *Manifesto do Partido Comunista* –, todas as medidas destinadas a restringir, regular e aperfeiçoar o capitalismo não passavam de simples tolice "pequeno-burguesa", decorrentes da ignorância das leis imanentes da evolução capitalista. Os verdadeiros socialistas não deveriam colocar nenhum obstáculo na trajetória da evolução capitalista. Porque somente a plena maturidade do capitalismo poderia causar o socialismo. Não só é inútil, mas também prejudicial aos interesses dos proletários recorrerem a tais medidas. Nem mesmo o sindicalismo trabalhista é um meio adequado para a melhoria das condições dos trabalhadores[16]. Marx não acreditava que o intervencionismo poderia beneficiar as massas. Ele rejeitava ferozmente a ideia de que medidas como valores de salário mínimo, limites de preços, restrição das taxas de juro, assistência social e assim por diante fossem passos preliminares para a criação do socialismo. Tinha como meta a abolição radical do sistema de salários que só poderia ser realizado pelo comunismo em sua fase superior. Teria sarcasticamente ridicularizado a ideia de abolir o "caráter mercantil" do trabalho dentro da estrutura de uma sociedade capitalista por meio da promulgação de uma lei.

Mas os partidos socialistas, na forma como operavam nos países europeus, não tinham praticamente menos comprometimento com o intervencionismo do que o *Sozialpolitik* na Alemanha do Kaiser e o *New Deal* norte-americano. Foi contra essa política que Georges Sorel (1847-1922) e o sindicalismo dirigiam seus ataques. Sorel, um intelectual tímido de formação burguesa, depreciava a "degeneração" dos partidos socialistas, que acusava de terem sido tomados por intelectuais burgueses. Ele queria ver revivido e liberto da tutela

---

[16] MARX, Karl. *Value, Price and Profit: Addressed to Working Men*. Ed. Eleanor Marx Aveling. New York: Labor News Company, 1901. p. 72-74.

de covardes intelectuais o espírito de cruel violência inerente às massas. Para Sorel nada importava, exceto os tumultos. Defendia a ação direcionada, ou seja, a sabotagem e a greve geral, como passos iniciais rumo à grande revolução final.

Sorel teve êxito principalmente entre os intelectuais esnobes e ociosos e os não menos esnobes e desocupados herdeiros de ricos empresários. Ele não mobilizava as massas de forma perceptível. Para os partidos marxistas na Europa Ocidental e na Europa Central, sua crítica apaixonada não passava de um incômodo. Sua importância histórica consistiu principalmente no papel que suas ideias desempenharam na evolução do bolchevismo russo e do fascismo italiano.

A fim de compreender a mentalidade dos bolchevistas, devemos novamente nos referir aos dogmas de Karl Marx. Marx estava plenamente convencido de que o capitalismo era uma fase da história econômica que não se limitava a apenas alguns países avançados. O capitalismo tem a tendência a converter todas as partes do mundo em países capitalistas. A burguesia obriga todas as nações a se tornarem nações capitalistas. Quando soar a hora final do capitalismo, o mundo inteiro estará de maneira uniforme na fase do capitalismo maduro, amadurecido para a transição para o socialismo. O socialismo surgirá ao mesmo tempo em todas as partes do mundo.

Marx errou neste ponto tanto quanto em todas as suas outras afirmações. Hoje nem mesmo os marxistas podem negar – e não negam – que ainda prevalecem enormes diferenças no desenvolvimento do capitalismo em vários países. Percebem que há muitos países que, do ponto de vista da interpretação marxista da história, devem ser descritos como pré-capitalistas. Nesses países, a burguesia ainda não alcançou uma posição dominante e ainda não montou o palco histórico do capitalismo que é o pré-requisito necessário para o surgimento do socialismo. Estes países, portanto, devem primeiramente levar a cabo sua "revolução burguesa" e devem passar por todas as fases do capitalismo antes que possa se levar em conta qualquer questão de transformá-los em países socialistas. A única política que os marxistas poderiam adotar em tais países seria apoiar a burguesia incondicionalmente, em primeiro lugar em seus esforços para tomar o poder e, em seguida, em seus empreendimentos capitalistas. Um partido marxista poderia, por muito tempo, não ter outra tarefa do que ser subserviente ao liberalismo burguês. Ser subserviente é a missão que o materialismo histórico, se aplicado de forma consistente, pode ser atribuída aos marxistas russos. Eles seriam obrigados a esperar em silêncio até que o capitalismo tivesse feito a nação amadurecer para o socialismo.

Mas os marxistas russos não quiseram esperar. Evocaram uma nova modificação do marxismo, segundo a qual era possível a uma nação pular uma das fases da evolução histórica. Fecharam os olhos para o fato de que essa nova doutrina não era uma modificação do marxismo, mas sim a negação dos seus últimos resquícios. Foi um retorno às claras aos ensinamentos socialistas pré-marxistas e antimarxistas segundo os quais os homens são livres para adotar o socialismo a qualquer momento se o considerarem um sistema mais benéfico para o bem comum do que o capitalismo. Em última instância, destruiu totalmente todo o misticismo impingido no materialismo dialético e na suposta descoberta marxista das leis inexoráveis da evolução econômica da humanidade.

Tendo se emancipado do determinismo marxista, os marxistas russos estavam livres para discutir as táticas mais adequadas para a concretização do socialismo no seu país. Já não estavam incomodados com problemas econômicos. Já não tinham de investigar se chegara ou não o momento. Só tinham uma tarefa a cumprir – a tomada das rédeas do governo.

Um grupo sustentava que o sucesso duradouro só poderia ser esperado se fosse conquistado o apoio de um número suficiente de pessoas, embora não necessariamente da maioria. Outro grupo não favorecia esse procedimento tão moroso. Propunham um golpe audacioso. Um pequeno grupo de fanáticos deveria organizar-se como a vanguarda da revolução. Estrita disciplina e obediência incondicional ao chefe deveriam preparar esses revolucionários profissionais para um ataque súbito. Deveriam suplantar o governo czarista e, em seguida, governar o país de acordo com os métodos tradicionais de polícia do czar.

Os termos usados para indicar esses dois grupos – bolchevistas (maioria) para o último e mencheviques (minoria) para o primeiro – referem-se a uma eleição realizada em 1903, em reunião realizada para a discussão dessas questões táticas. A única diferença que dividia os dois grupos era essa questão de métodos táticos. Ambos concordaram no que dizia respeito ao objetivo último: o socialismo.

Ambas as seitas tentavam justificar seus respectivos pontos de vista, citando passagens dos escritos de Marx e Engels. Este é o costume marxista, é claro. E cada seita tomava uma posição voltada a descobrir nesses livros sagrados os enunciados que confirmassem sua própria opinião.

Vladimir Lenin (1870-1924), o chefe bolchevique, conhecia seus compatriotas muito melhor do que seus adversários e respectivo líder: Gueorgui Plekhanov (1856-1918). Não cometeu o erro, como Plekhanov, de aplicar aos russos os padrões das nações ocidentais. Lembrou-se de como as mulheres estrangeiras tinham duas vezes simplesmente usurpado o poder supremo, e em silêncio reinaram durante uma vida inteira. Estava ciente do fato de que os métodos terroristas de polícia secreta do czar eram bem-sucedidos e estava confiante de que poderia promover consideráveis aperfeiçoamentos a esses métodos. Era um ditador cruel e sabia que faltava aos russos a coragem para resistir à opressão. Assim como Oliver Cromwell (1599-1658), Maximilien de Robespierre (1758-1794) e Napoleão Bonaparte (1769-1821), era um usurpador ambicioso e confiava totalmente na ausência de espírito revolucionário da vasta maioria. A autocracia dos Romanov estava condenada porque o infeliz Nicolau II (1868-1918) era um fraco. O advogado socialista Alexander Kerensky (1881-1970) falhou porque estava comprometido com o princípio de governo parlamentar. Lenin teve êxito porque nunca almejou qualquer outra coisa que não fosse a sua própria ditadura. E os russos ansiavam por um ditador, por um sucessor do czar Ivan IV (1530-1584), o Terrível.

O reinado de Nicolau II não foi derrubado por um levante revolucionário de fato. Entrou em colapso nos campos de batalha. O resultado foi uma anarquia que Kerensky não conseguia dominar. Combates nas ruas de São Petersburgo derrubaram Kerensky. Pouco tempo depois, Lenin desfechava o seu golpe do "Dezoito Brumário"[17]. Apesar de todo o terror praticado pelos bolcheviques, a Assembleia Constituinte, eleita por sufrágio universal para homens e mulheres, tinha apenas cerca de 20% de membros bolcheviques. Lenin dissolveu a Assembleia Constituinte pela força das armas. Foi liquidado o interlúdio "liberal" de curta duração. A Rússia passou das mãos dos Romanov ineptos às mãos de um verdadeiro autocrata.

Lenin não se contentou com a conquista da Rússia. Estava totalmente convencido de que sua missão era levar o paraíso do socialismo a todas as nações, não só à Rússia. O nome oficial que ele escolheu para o seu governo — União das

---

[17] Referência ao golpe de Estado dado contra a Primeira República pelo general Napoleão Bonaparte (1769-1821), ao assumir o poder como "Primeiro Consul da França" no dia 9 de novembro de 1799, o que levaria posteriormente à coroação do militar, dando início ao Primeiro Império. De acordo com o novo calendário republicano implementado pela Revolução Francesa a data do golpe seria o dia 18 de brumário do ano VIII. A expressão "Dezoito Brumário" como alusão a um golpe de Estado foi popularizada por Karl Marx (1818-1883) na obra *Der achtzehnte Brumaire des Louis Bonaparte* [*O 18 Brumário de Luís Bonaparte*], lançada em 1952, na qual analiza a dissolução da Segunda República com a tomada do poder, em 2 de dezembro de 1851, pelo sobrinho de Napoleão Bonaparte, o presidente Luís Napoleão Bonaparte (1808-1873), eleito em 1848, que em 1852, exatamente um ano depois de dar o golpe foi coroado com o título de Napoleão III, dando início ao Segundo Império. É neste livro que se encontra a famosa sentença: *"Em alguma passagem de suas obras, Hegel comenta que todos os grandes fatos e todos os grandes personagens da história mundial são encenados, por assim dizer, duas vezes. Ele se esqueceu de acrescentar: a primeira vez como tragédia, a segunda como farsa"*. Em língua portuguesa, ver: MARX, Karl. *O 18 Brumário de Luís Bonaparte*. Apres. Herbert Marcuse; pref. Friedrich Engels; trad. Nélio Schneider. São Paulo: Boitempo, 2011. p. 23. (N. E.)

Repúblicas Socialistas Soviéticas (URSS) – não traz qualquer referência à Rússia. Foi concebido como o núcleo de um governo mundial. Estava implícito que todos os camaradas estrangeiros por direito deviam fidelidade a este governo e que todos os burgueses estrangeiros que se atrevessem a resistir eram culpados de alta traição e mereciam a pena capital. Lenin não duvidava em absoluto de que todos os países ocidentais estavam às vésperas da grande revolução final. Ele esperava diariamente por essa eclosão.

Na opinião de Lenin havia apenas um grupo na Europa que poderia – ainda que sem qualquer perspectiva de sucesso – tentar impedir o levante revolucionário: os decadentes membros da *intelligentsia* que tinham usurpado a liderança dos partidos socialistas. Há muito Lenin odiava esses homens em função da prática de procedimento parlamentar que mantinham e de sua relutância em apoiar suas aspirações ditatoriais. Insurgia-se contra eles porque os reputava responsáveis pelo fato de os partidos socialistas terem apoiado o esforço de guerra dos seus países. Já em seu exílio suíço, que terminou em 1917, Lenin começou a dividir os partidos socialistas europeus. Então funda um novo partido, a Terceira Internacional, que controlava da mesma maneira ditatorial como havia dirigido os bolcheviques russos. Para esse novo partido Lenin escolheu o nome de Partido Comunista. Os comunistas deveriam lutar até a morte contra os vários partidos socialistas europeus, estes "traidores sociais", e deveriam providenciar a liquidação imediata da burguesia e tomada do poder pelos trabalhadores armados. Lenin diferenciava o socialismo e o comunismo como sistemas sociais.

O objetivo que visava não era o denominado comunismo em oposição ao socialismo. O nome oficial do governo soviético é União das Repúblicas Socialistas (e não "Comunistas") Soviéticas. A esse respeito, ele não queria alterar a terminologia tradicional, que considerava os termos sinônimos. Ele simplesmente designava seus partidários, os únicos adeptos sinceros e coerentes dos princípios revolucionários do marxismo ortodoxo de comunistas, e seus métodos táticos de comunismo, porque queria diferenciá-los dos "mercenários traiçoeiros dos exploradores capitalistas", os líderes imorais socialdemocratas como Karl Kautsky (1854-1938) e Albert Thomas (1878-1932). Esses traidores, enfatizava, estavam ansiosos para preservar o capitalismo. Não eram verdadeiros socialistas. Os únicos marxistas genuínos eram aqueles que rejeitavam a designação de socialistas, caída em descrédito de forma irremediável.

Assim, passou a existir a distinção entre comunistas e socialistas. Esses marxistas que não se renderam ao ditador em Moscou autodenominaram-se socialdemocratas ou, abreviadamente, socialistas. O que os caracterizava era a crença de que o método mais adequado para a realização de seus planos de estabelecer o socialismo, o objetivo final comum a eles, e também aos comunistas, era conquistar o apoio da maioria dos seus concidadãos. Abandonaram os slogans revolucionários e tentaram adotar métodos democráticos para a tomada do poder. Não se preocuparam com o problema de um regime socialista ser ou não ser compatível com a democracia. Mas, para a concretização do socialismo estavam decididos a aplicar procedimentos democráticos.

Os comunistas, por outro lado, nos primeiros anos da Terceira Internacional estavam firmemente comprometidos com o princípio da revolução e da guerra civil. Eram leais apenas ao chefe russo. Expulsaram de suas alas todos os suspeitos de sentirem-se vinculados a qualquer uma das leis de seu país. Conspiraram incessantemente e derramavam sangue em motins sem sucesso.

Lenin não conseguia entender por que os comunistas fracassaram em todos os lugares fora da Rússia. Não esperava muito dos trabalhadores norte-americanos. Os comunistas concordavam que nos Estados Unidos da América faltava aos trabalhadores o espírito revolucionário porque eram mimados por uma situação de bem-estar e mergulhados no vício de fazer dinheiro. No entanto, Lenin não tinha dúvidas de que as massas europeias tinham consciência de classe e, eram, portanto, totalmente comprometidas com ideias revolucionárias. A única razão pela qual a revolução não tinha acontecido, na opinião dele, era a inadequação e covardia dos burocratas comunistas. Ele repetidamente depunha seus representantes e nomeava novos homens. Porém, não conseguia ter êxito.

Nos países anglo-saxões e latino-americanos os eleitores socialistas depositavam confiança nos métodos democráticos. Nesses casos, é muito pequeno o número de pessoas que de fato almejam uma revolução comunista. A maioria dos que vêm a público proclamar adesão aos princípios do comunismo se sentiria extremamente infeliz se a revolução surgisse e lhes expusesse ao perigo a vida e os bens. Se os exércitos russos tivessem que marchar por seus países adentro ou se os comunistas domésticos tivessem que tomar o poder sem envolvê-los na luta, provavelmente regozijar-se-iam na esperança de serem recompensados por sua ortodoxia marxista. Mas, eles próprios não anseiam por louros revolucionários.

É fato que em todos estes trinta anos de apaixonada movimentação pró-soviética, nenhum único país exceto a Rússia tornou-se comunista por anuência de seus próprios cidadãos. A Europa Oriental aderiu ao comunismo apenas quando os acordos diplomáticos da política de poder internacional a havia transformado em uma esfera de exclusiva influência e hegemonia russa. É pouco provável que a Alemanha Ocidental, a França, a Itália e a Espanha venham a abraçar o comunismo se os Estados Unidos da América e a Grã-Bretanha não adotarem uma política diplomática de absoluto "*désintéressement*". O que dá força ao movimento comunista nesses e em alguns outros países é a crença de que a Rússia é impulsionada por um "dinamismo" inquebrantável, enquanto as potências anglo-saxônicas são indiferentes e não muito interessadas em seus destinos.

Marx e os marxistas erraram de forma lamentável quando assumiram que as massas desejavam uma derrubada revolucionária da ordem "burguesa" da sociedade. Os militantes comunistas deveriam ser encontrados apenas nas alas daqueles que ganham a vida a partir de suas atividades de comunismo ou esperam que uma revolução alavanque suas ambições pessoais. As atividades subversivas desses conspiradores profissionais são perigosas precisamente por causa da ingenuidade daqueles que estão só flertando com a ideia revolucionária. Esses simpatizantes confusos e equivocados que se intitulam "liberais" e que são denominados "inocentes úteis" pelos comunistas, os companheiros de viagem e até mesmo a maioria dos membros do partido oficialmente registrada, ficariam terrivelmente assustados se chegassem a descobrir um dia que seus chefes estão tratando de negócios quando pregam rebeliões. Mas, então, pode ser tarde demais para evitar um desastre.

Por enquanto, o perigo ameaçador dos partidos comunistas no Ocidente reside em sua posição sobre assuntos externos. A marca distintiva de todos os partidos comunistas de hoje em dia é a devoção à política externa agressiva dos soviéticos. Sempre que têm de escolher entre a Rússia e seu próprio país, eles não hesitam em preferir a Rússia. O princípio deles é: certo ou errado, minha Rússia. Obedecem cegamente a todas as ordens de Moscou. Quando a Rússia era aliada a Adolf Hitler, os comunistas franceses sabotavam o esforço de guerra de seu próprio país e os comunistas norte-americanos opunham-se com paixão aos planos do presidente Franklin Delano Roosevelt (1882-1945) para ajudar a Inglaterra e a França na luta contra os nazistas. Os comunistas de todo o mundo estigmatizavam todos aqueles que se defendiam dos invasores alemães como "belicistas do imperialismo". Porém, assim que Hitler atacou a Rússia, a guerra imperialista dos capitalistas transformou-se da noite para o dia em uma justa guerra de defesa. Sempre que Josef Stalin conquistava mais um país, os comunistas justificavam essa agressão como um ato de autodefesa contra "fascistas".

Em sua cega adoração de tudo que é russo, os comunistas da Europa Ocidental e os Estados Unidos da América superam de longe os excessos mais graves cometidos por chauvinistas em qualquer ocasião. Enchem-se de alegria com filmes russos, música russa e supostas descobertas da ciência russa. Descrevem com êxtase as conquistas econômicas dos soviéticos. Atribuem a vitória das Nações Unidas aos feitos das forças armadas russas. A Rússia, alegam, salvou o mundo da ameaça fascista. A Rússia é o único país livre, enquanto todas as outras nações estão sujeitas à ditadura dos capitalistas. Só os russos são felizes e desfrutam a felicidade de viver uma vida plena; nos países capitalistas a imensa maioria está sofrendo de frustração e desejos não realizados. Da mesma forma que o piedoso muçulmano anseia por uma peregrinação ao túmulo do profeta Maomé (571-632) em Meca, o intelectual comunista considera uma peregrinação aos santuários sagrados de Moscou como o acontecimento de sua vida.

No entanto, a distinção no uso dos termos "comunista" e "socialista" não afetou o significado dos termos "comunismo" e "socialismo" aplicados ao objetivo final das políticas comuns a ambos. Foi só em 1928 que o programa da Internacional Comunista, adotado pelo sexto congresso em Moscou[18], começou a diferenciar entre comunismo e socialismo (e não apenas entre comunistas e socialistas).

De acordo com esta nova doutrina há um terceiro estágio na evolução econômica da humanidade entre o estágio histórico do capitalismo e o do comunismo, ou seja, o estágio do socialismo. O socialismo é um sistema social baseado no controle público dos meios de produção e gestão integral de

---

[18] *Blueprint for World Conquest: As Outlined by the Communist International.* Washington / Chicago: Human Events, 1946. p. 181-82.

todos os processos de produção e distribuição por meio de uma autoridade central de planejamento. Nesse aspecto, é igual ao comunismo. Porém, difere do comunismo à medida que não há igualdade das partes destinadas a cada indivíduo para seu próprio consumo. Há também os salários pagos aos camaradas e esses valores salariais são regulados de acordo com a conveniência econômica, de acordo com o que a autoridade central considere necessário para garantir a maior produção possível de produtos. O que Stalin chama "socialismo" corresponde em grande parte ao conceito do "primeiro estágio" do comunismo, segundo Karl Marx. Josef Stalin reserva o termo "comunismo" exclusivamente para o que Marx denominou "estágio superior" do comunismo. O socialismo, no sentido em que Stalin tem usado o termo recentemente, está se deslocando em direção ao comunismo, mas ainda não é, em si, o comunismo. O socialismo se transformará em comunismo assim que o aumento da riqueza a ser esperado a partir da operação dos métodos socialistas de produção tenha elevado o padrão de vida das massas russas de níveis mais baixos até o padrão mais elevado que os titulares distintos de cargos importantes desfrutam na Rússia dos dias de hoje[19].

É óbvia a natureza justificadora desta nova prática terminológica. Stalin acha necessário explicar à grande maioria de seus súditos por que seu padrão de vida é extremamente baixo, muito inferior ao das massas nos países capitalistas e ainda mais baixo do que o dos proletários russos nos dias do

---

[19] DALLIN, David J. *The Real Soviet Russia*. New Have: Yale University Press, 1944. p. 88-95.

governo czarista. Ele quer justificar o fato de que os pagamentos e salários são desiguais, de que um pequeno grupo de burocratas soviéticos desfruta todos os luxos que a técnica moderna pode proporcionar, que um segundo grupo, mais numeroso do que o primeiro, mas menos numeroso do que a classe média da Rússia imperial, vive em estilo "burguês" enquanto as massas, maltrapilhas e descalças, sobrevivem em favelas congestionadas e são mal alimentadas. Ele já não pode culpar o capitalismo por esse estado de coisas. Assim, foi obrigado a recorrer a uma nova improvisação ideológica.

O problema de Stalin foi o mais contundente porque os comunistas russos nos primeiros dias de governo tinham proclamado com entusiasmo a igualdade de renda como princípio que passaria a vigorar a partir do primeiro instante em que os proletários tomassem o poder. Além disso, nos países capitalistas o truque demagógico mais poderoso aplicado pelos partidos comunistas patrocinados pela Rússia é exacerbar a inveja das pessoas com rendimentos mais baixos contra todos aqueles com rendimentos mais elevados. O principal argumento apresentado pelos comunistas para o apoio da tese de que o nacional-socialismo de Hitler não era socialismo genuíno, mas, pelo contrário, a pior variedade de capitalismo: era que na Alemanha nazista havia desigualdades no padrão de vida.

A nova distinção de Stalin entre socialismo e comunismo é uma contradição aberta à política de Lenin, e não menos aos dogmas da propaganda dos partidos comunistas fora das fronteiras russas. Porém, tais contradições não importam no reino dos soviéticos. A palavra do ditador é a decisão final, e ninguém é tão temerário a ponto de arriscar-se à oposição.

É importante perceber que a inovação semântica de Stalin afeta apenas os termos comunismo e socialismo. Ele não alterou o significado dos termos "socialista" e "comunista". O Partido Bolchevique é chamado comunista, exatamente como antes. Os partidos simpatizantes aos russos para além das fronteiras da União Soviética se autodenominam partidos comunistas e estão lutando com violência contra os partidos socialistas que, a seus olhos, não passam de traidores sociais. Mas o nome oficial da União das Repúblicas Socialistas Soviéticas (URSS) permanece inalterado.

CAPÍTULO 4

Os nacionalistas alemães, italianos e japoneses justificaram suas políticas agressivas com sua falta de *Lebensraum*. Em seus países, em termos comparativos, há superpopulação. Eles não são bem servidos pela natureza e dependem da importação de alimentos e matérias--primas do exterior. Têm de exportar produtos manufaturados para pagar por essas importações extremamente necessárias. No entanto, as políticas protecionistas adotadas por países produtores de um excedente de alimentos e matérias-primas fecham suas fronteiras à importação de produtos manufaturados. O mundo sem dúvida tende a um estado de autarquia econômica completa de cada nação. Em tal mundo, que destino resta àquelas nações que não podem alimentar nem vestir seus cidadãos sem recursos internos?

A Violência da Rússia

A doutrina *Lebensraum* dos povos autodenominados "sem-nada" enfatiza que existem nos Estados Unidos da América e na Austrália milhões de hectares de terras improdutivas muito mais férteis do que o solo árido que os agricultores das nações "sem-nada" estão arando. As condições naturais para a mineração e fabricação são também muito mais propícias do que nos países "sem-nada". Mas os camponeses e os operários alemães, italianos e japoneses são impedidos de acessar essas áreas favorecidas pela natureza. As leis de imigração dos países relativamente pouco povoados evita a imigração deles. Essas leis elevam a produtividade marginal do trabalho e, assim, também os valores dos salários nos países de baixa população e os reduzem nos países superpopulosos. O alto padrão de vida nos Estados Unidos da América e nos Domínios Britânicos é pago por meio de uma redução do nível de vida nos países congestionados da Europa e Ásia.

Os verdadeiros agressores, afirmam estes nacionalistas alemães, italianos e japoneses, são as nações que por meio de barreiras comerciais e migratórias têm arrogado a si próprias a parte do leão das riquezas naturais da terra. Não é verdade que o próprio Papa Pio XII (1876-1958) declarou que as causas de Guerras Mundiais são *"cálculos egoísticos, tendentes a açambarcar as fontes econômicas e as matérias de uso comum, de modo que as nações menos favorecidas pela natureza fiquem delas excluídas"*[20]? Desse ponto de vista, a guerra que Adolf Hitler, Benito Mussolini (1883-1945) e o imperador Hirohito (1901-1989) incitaram foi uma guerra justa, pois seu único objetivo era dar aos "sem-nada" aquilo que, em virtude de direito natural e divino, pertence a eles.

Os russos não podem ousar justificar a política agressiva deles por meio de tais argumentos. Em termos comparativos, a Rússia é um país subpovoado. Seu solo é muito mais bem-dotado pela natureza do que o de qualquer outra nação. Oferece as condições mais vantajosas para o crescimento de todos os tipos de cereais, frutas, sementes e plantas. A Rússia possui imensas pastagens e florestas quase inesgotáveis. Tem os recursos mais ricos para a produção de ouro, prata, platina, ferro, cobre, níquel, manganês e todos os outros metais, e de petróleo. Não fosse pelo despotismo dos czares e lamentável inadequação do sistema comunista, sua população poderia, há muito tempo, usufruir o mais alto padrão de vida. Com

---

[20] PIO XII, Papa. *Radiomensagem* Nell'Alba e Nella Luce*: Sobre as Bases da Ordem Nova*. (24 de dezembro de 1941). §21. Disponível em: <https://w2.vatican.va/content/pius-xii/pt/speeches/1941/documents/hf_p-xii_spe_19411224_radiomessage-peace.html>. (N. E.)

certeza não é a falta de recursos naturais que impele a Rússia para a conquista.

A violência de Lenin era uma consequência de sua convicção de que era o líder da revolução mundial final. Considerava-se o sucessor legítimo da Primeira Internacional, destinado a cumprir a tarefa em que Karl Marx e Friedrich Engels tinham fracassado. Os sinos da morte do capitalismo tinham soado, e nenhuma maquinação capitalista poderia postergar a expropriação dos expropriadores. O único fator que se fazia necessário era o ditador da nova ordem social. Lenin estava pronto para tomar o fardo sobre os ombros.

Desde os dias das invasões dos mongóis a humanidade não se deparava com uma aspiração tão inabalável e abrangente pela supremacia mundial sem limites. Em todos os países os emissários e as Quintas Colunas comunistas russas estavam trabalhando freneticamente para o *"Anschluss"* da Rússia. Mas Lenin não tinha as quatro primeiras colunas. As forças militares da Rússia naquela época eram desprezíveis. Quando cruzaram as fronteiras russas, foram estancadas pelos poloneses. Não conseguiam continuar a marcha para o oeste. A grande campanha para a conquista do mundo se esgotou.

Não passava de conversa vazia discutir os problemas se o comunismo em um só país era possível ou desejável. Os comunistas tinham sofrido estrondoso fracasso fora das fronteiras russas. Foram obrigados a ficar em casa.

Stalin dedicou toda a sua energia à organização de um exército permanente de dimensões que o mundo jamais vira antes. Porém não teve mais êxito que Lenin e Trotsky. Os nazistas infligiram fácil derrota a esse exército e ocuparam a parte mais importante do território da Rússia. A Rússia foi salva pelos britânicos e, mais do que tudo, pelas forças norte-americanas. A Lei de Empréstimo e Arrendamento (Lei *Lend-Lease*) dos norte-americanos permitiu aos russos seguir no encalço dos alemães quando a escassez de equipamentos e a invasão americana ameaçadora os forçava a bater em retirada da Rússia. Foram capazes até mesmo ocasionalmente de derrotar as retaguardas dos nazistas em retirada. Conseguiram conquistar Berlim e Viena quando os aviões americanos tinham esmagado as defesas alemãs. Quando os americanos tinham esmagado os japoneses, os russos se viram em condições favoráveis para apunhalá-los pelas costas.

Naturalmente, os comunistas dentro e fora da Rússia e os companheiros de viagem afirmam de forma apaixonada que foi a Rússia que derrotou os nazistas e libertou a Europa. Eles silenciam o fato de que a única razão pela qual os nazistas não conseguiram tomar Moscou, Leningrado e Stalingrado foi a falta de munições, aviões e gasolina que os afetava. Foi o bloqueio que impossibilitou aos nazistas suprir seus exércitos com os equipamentos necessários e construir no território russo ocupado um sistema de transporte que pudesse enviar esse equipamento à linha de frente muito distante. O combate decisivo da guerra foi a Batalha do Atlântico. Os grandes acontecimentos estratégicos na guerra contra a Alemanha foram a conquista da África e da Sicília e a vitória na Normandia. Stalingrado, quando avaliada pelos padrões gigantescos dessa guerra, não chegou a ser um sucesso tático. Na luta contra os italianos e os japoneses, a participação da Rússia foi nula.

Mas os louros da vitória vão só para a Rússia. Se, por um lado as outras Nações Unidas não procuram o engrandecimento territorial, os russos estão em pleno andamento. Anexaram as três repúblicas bálticas, a Bessarábia, a província de Carpato-Rússia da Tchecoslováquia[21], uma parte da Finlândia, uma grande extensão da Polônia e enormes territórios do Extremo Oriente. Afirmam o restante da Polônia, a Romênia, a Hungria, a Iugoslávia, a Bulgária, a Coreia e a China como sua esfera de influência exclusiva. Estão ansiosos para estabelecer nesses países os governos "amigos", ou seja, governos de fachada. Se não fosse a resistência levantada pelos Estados Unidos da América e Grã-Bretanha, eles hoje governariam toda a Europa continental, Ásia continental e norte da África. Somente os postos americanos e britânicos na Alemanha barram a trajetória dos russos às praias do Atlântico.

Hoje, após a Primeira Guerra Mundial, a verdadeira ameaça para o Ocidente não reside no poder militar da Rússia. A Grã-Bretanha poderia facilmente repelir um ataque russo e seria pura loucura para os russos empreender uma guerra contra os Estados Unidos da América. Não são os exércitos russos que ameaçam o Ocidente, mas, sim, as ideologias comunistas. Os russos sabem disso muito bem e depositam confiança não em seu próprio exército, mas nos seus partidários estrangeiros. Pretendem derrubar as democracias por dentro, não por fora. Sua principal arma consiste em maquinações pró-russas de

---

[21] A anexação da Carpato-Rússia lhes deflagra inteiramente a indignação hipócrita a respeito dos acordos de Munique em 1938.

suas Quintas Colunas. Estas são as divisões de ruptura do bolchevismo.

Os escritores e políticos comunistas dentro e fora da Rússia explicam as políticas agressivas da Rússia como mera autodefesa. Não é a Rússia que planeja a agressão, dizem eles, mas, ao contrário, as democracias capitalistas decadentes. A Rússia quer apenas defender a sua própria independência. Esse é um método antigo e recorrente para justificar a agressão. Luís XIV (1638-1715) e Napoleão Bonaparte, Guilherme II (1859-1941) e Adolf Hitler foram, entre todos, os homens mais amantes da paz. Quando invadiam países estrangeiros, só o faziam por autodefesa. A Rússia foi tão ameaçada pela Estônia ou Letônia quanto foi Alemanha por Luxemburgo ou pela Dinamarca.

Uma consequência dessa fábula de autodefesa é a lenda do cordão sanitário. Afirma-se que a independência política dos pequenos países vizinhos da Rússia não passa de um temporário improviso capitalista projetado para impedir que as democracias da Europa sejam contaminadas pelo germe do comunismo. Assim, a conclusão é que essas pequenas nações perderam o direito à independência. Porque a Rússia tem o direito inalienável de clamar que as nações vizinhas – e da mesma forma, as vizinhas de suas vizinhas – só devem ser conduzidas por governos "amigos", em outras palavras, governos estritamente comunistas. O que aconteceria ao mundo se todas as grandes potências reivindicassem o mesmo direito?

A verdade é que não são os governos das nações democráticas que visam derrubar o regime russo atual. Esses governos não promovem Quintas Colunas pró-democráticas na

Rússia e não incitam as massas russas contra seus governantes. No entanto, os russos ocupam-se noite e dia a fomentar tumultos em todos os países.

A intervenção bem malfeita e hesitante das nações aliadas na Guerra Civil Russa não foi um empreendimento pró-capitalista e anticomunista. Para as nações aliadas, envolvidas em luta de vida e morte contra os alemães, naquela ocasião, Lenin não passava de um instrumento de seus inimigos mortais. Erich Ludendorff (1865-1937) tinha despachado Lenin à Rússia com a missão de derrubar o regime de Alexander Kerensky e trazer como consequência a deserção da Rússia. Os bolcheviques lutavam pela força das armas contra todos os russos que queriam continuar a aliança com a França, Grã-Bretanha e Estados Unidos da América. De um ponto de vista militar era impossível para as nações ocidentais manter-se neutras enquanto seus aliados russos lutavam desesperadamente para se defenderem dos bolcheviques. Para as nações aliadas, a Frente Oriental estava em jogo. A causa dos generais "brancos" era também a causa dos aliados.

Assim que a guerra contra a Alemanha terminou em 1918, os Aliados perderam o interesse nas questões russas. Não havia mais necessidade nenhuma de uma Frente Oriental. Eles não davam a menor importância aos problemas internos da Rússia. Almejavam a paz e estavam ansiosos para se retirarem da luta. Obviamente estavam constrangidos porque não sabiam como liquidar o empreendimento de forma decorosa. Seus generais tinham vergonha de abandonar companheiros de armas que tinham lutado com toda competência em uma causa comum. Deixar estes homens em apuros era, na opinião deles, nada menos que covardia e deserção. Tais considerações ligadas à honra militar adiaram por algum tempo a retirada dos destacamentos aliados de pouca visibilidade e o encerramento das expedições até os Brancos. Quando isso foi finalmente realizado, os estadistas dos países aliados sentiram-se aliviados. A partir de então, adotaram uma política de estrita neutralidade em relação a assuntos russos.

Foi na verdade muito lamentável que as nações aliadas tenham sido enredadas de forma tão desorganizada na Guerra Civil Russa. Teria sido melhor se a situação militar de 1917 e 1918 não os tivesse obrigado a interferir. Não obstante, não se deve ignorar o fato de que o abandono da intervenção na Rússia foi idêntico ao fracasso final da política do presidente Woodrow Wilson (1856-1924). Os Estados Unidos da América tinham entrado na guerra com o intuito de tornar "o mundo seguro para a democracia". A vitória tinha aniquilado o Kaiser Guilherme II e introduzido na Alemanha um governo republicano no lugar da autocracia imperial comparativamente branda e limitada. Por outro lado, na Rússia, deu ensejo ao estabelecimento de uma ditadura em comparação com o qual o despotismo dos czares poderia ser considerado liberal. Porém, os Aliados não estavam ansiosos para tornar a Rússia segura para a democracia como haviam tentado fazer com a Alemanha. Afinal, a Alemanha do Kaiser tinha parlamentos, ministros responsáveis pelos parlamentos, julgamento por júri, liberdade de pensamento, de religião e de imprensa não muito mais limitada do que no Ocidente, e muitas outras instituições democráticas. A Rússia Soviética, no entanto, era um despotismo sem limites.

Os norte-americanos, os franceses e os britânicos não conseguiam ver as coisas por esse ângulo. Mas as forças antidemocráticas na Alemanha, Itália, Polônia, Hungria e nos Balcãs pensavam diferente. Como os nacionalistas desses países interpretaram, a neutralidade das forças aliadas em relação à Rússia era a prova de que era cega a preocupação deles com a democracia. Os Aliados – argumentavam – tinham lutado contra a Alemanha porque invejavam a prosperidade econômica da Alemanha e pouparam a nova autocracia russa porque não temiam o poder econômico russo. A democracia, concluíam esses nacionalistas, nada mais era do que um chavão conveniente para iludir pessoas crédulas. E temiam que o apelo emocional deste slogan viesse um dia a ser usado como pretexto para capciosos ataques contra a própria independência deles.

Desde o abandono da intervenção, a Rússia certamente não tinha mais nenhuma razão para temer as grandes potências ocidentais. Os soviéticos tampouco tinham medo de uma agressão nazista. As afirmações em contrário, muito populares na Europa Ocidental e na América, resultavam de completa ignorância sobre as questões alemãs. Mas os russos conheciam a Alemanha e os nazistas. Tinham lido *Mein Kampf* [*Minha Luta*]. Tinham aprendido com esse livro que Adolf Hitler não apenas cobiçara a Ucrânia, mas também que a ideia estratégica fundamental de Hitler era embarcar na conquista da Rússia só depois de ter aniquilado a França de forma definitiva e inexorável. Os russos estavam plenamente convencidos de que tinha sido vã a expectativa de Hitler, conforme expressa em *Mein Kampf*, que a Grã-Bretanha e os Estados Unidos da América se manteriam fora dessa guerra e teriam calmamente deixado a França ser destruída. Tinham certeza de que essa nova guerra mundial, em que eles mesmos planejavam ficar neutros, resultaria em uma nova derrota alemã. E essa derrota, argumentaram, seria tornar a Alemanha – se não a Europa inteira – território seguro para o bolchevismo. Guiado por essa opinião, Josef Stalin, já na época da República de Weimar, auxiliou o então secreto rearmamento alemão. Os comunistas alemães ajudaram os nazistas, tanto quanto podiam, em seus esforços para minar o regime de Weimar. Finalmente, em 23 de agosto de 1939, Stalin firmou uma aliança aberta com Hitler a fim de lhe conceder total liberdade de ação contra o Ocidente.

O que Stalin – como todas as outras pessoas – não previa era o enorme sucesso dos exércitos alemães em 1940. Hitler atacou a Rússia em 1941, porque estava plenamente convencido de que não só a França, mas também a Grã-Bretanha estava liquidada, e que os Estados Unidos da América, com a retaguarda ameaçada pelo Japão, não teriam força suficiente para interferir com sucesso nos assuntos europeus.

A desintegração do Império Habsburgo, em 1918, e a derrota nazista em 1945 abriram à Rússia as portas da Europa. A Rússia é hoje a única potência militar no continente europeu. Mas por que os russos são tão determinados a conquistar e anexar países? Certamente não precisam desses recursos. Stalin tampouco é motivado pela ideia de que tais conquistas poderiam lhe angariar mais popularidade com as massas russas. Seus vassalos são indiferentes à glória militar.

Não são as massas que Stalin quer aplacar por meio de sua política agressiva, mas sim os intelectuais. Porque a ortodoxia marxista deles está em jogo, o próprio fundamento do poder soviético.

Esses intelectuais russos eram tacanhos o bastante para absorver modificações do credo marxista, que eram, na realidade, um abandono dos ensinamentos essenciais do materialismo dialético, desde que essas modificações lisonjeassem o chauvinismo russo entre eles. Engoliram a doutrina de que a sagrada Rússia poderia pular uma das incontornáveis etapas da evolução econômica, conforme descrito por Karl Marx. Orgulhavam-se de ser a vanguarda do proletariado e da revolução mundial que, por concretizar o socialismo pela primeira vez em apenas um país, criavam um exemplo glorioso para todas as outras nações. Mas é impossível explicar-lhes por que as outras nações, finalmente, não acompanham a Rússia. Nos escritos de Marx e Engels, que ninguém consegue manter fora de suas mãos, descobrem que os pais do marxismo consideravam a Grã-Bretanha e a França e até mesmo a Alemanha como os países mais avançados na civilização e na evolução do capitalismo. Esses estudantes das universidades marxistas podiam ser muito obtusos para compreender as doutrinas filosóficas e econômicas do evangelho marxista. Porém, não são tão obtusos que não vissem que Marx considerava esses países ocidentais muito mais avançados do que a Rússia.

Em seguida, alguns desses estudantes de políticas econômicas e estatística começaram a suspeitar que o nível de vida das massas é muito mais alto nos países capitalistas do que em seu próprio país. Como pode ser isso? Por que as condições são muito mais propícias nos Estados Unidos da América – país que, embora mais importante na produção capitalista – tem os proletários mais atrasados na conscientização de classe?

A inferência a partir desses fatos parece inevitável. Se os países mais avançados não adotam o comunismo e se saem muito bem sob o capitalismo, se o comunismo se limita a um país que Marx considera atrasado e não gera riquezas para todos, seria talvez a interpretação correta afirmar que o comunismo é uma característica de países atrasados e que resulta em pobreza geral? Será que um patriota russo deveria ter vergonha do fato de que seu país esteja comprometido com esse sistema?

Tais ideias são muito perigosas em um país despótico. Quem se atreveu a expressá-las seria impiedosamente liquidado pela G.P.U. (Diretório Político do Estado). Mas, mesmo tacitamente, estão na ponta da língua de todo homem inteligente. Perturbam o sono dos funcionários de alto escalão e, talvez, até mesmo o sono do grande ditador. Ele sem dúvida tem o poder de esmagar todos os adversários. No entanto, argumentos pragmáticos tornam desaconselhável erradicar todas as cabeças pensantes em alguma medida, e governar o país apenas com gente parva e obtusa.

Esta é a verdadeira crise do marxismo russo. Cada dia que passa sem trazer a revolução mundial a agrava. Os soviéticos devem conquistar o mundo, caso contrário, estão ameaçados em seu próprio país por uma deserção da *intelligentsia*. É a preocupação com o estado ideológico das mentes mais perspicazes da Rússia que empurra a Rússia de Stalin em direção à agressão implacável.

CAPÍTULO 5

A doutrina ditatorial como ensinada pelos bolcheviques russos, fascistas italianos e nazistas alemães implica tacitamente que não pode surgir nenhum desacordo no que diz respeito à questão de quem será o ditador. As forças místicas que dirigem o curso dos acontecimentos históricos designam o líder propício. Toda a gente honrada é obrigada a se submeter aos decretos insondáveis da história e dobrar os joelhos diante do trono do homem escolhido pelo destino. Aqueles que se recusam a fazê-lo são hereges, canalhas abjetos que devem ser "liquidados".

Na realidade, o candidato que toma o poder ditatorial é aquele que consegue exterminar a tempo todos os seus rivais e apoiadores. O ditador abre caminho até o poder supremo por meio do extermínio de todos os oponentes. Mantém sua posição destacada massacrando todos

A Heresia de Trotsky

aqueles que poderiam contestá-la. A história de todos os despotismos orientais é testemunho disso, assim como também a experiência das ditaduras contemporâneas.

Quando Lenin morreu, em 21 de janeiro de 1924, Josef Stalin suplantou seu oponente mais perigoso, Leon Trotsky. Trotsky escapou, passou anos no exterior, em vários países da Europa, Ásia e América e finalmente foi assassinado em 21 de agosto de 1940 na Cidade do México. Stalin permaneceu como chefe absoluto da Rússia.

Trotsky foi um intelectual do tipo marxista ortodoxo. Como tal, tentou representar sua disputa pessoal com Stalin como um conflito de princípios. Tentou construir uma *doutrina Trotskista* diferente da *doutrina Stalinista*. Rotulou as políticas de Stalin como um abandono da sagrada herança de Marx e de Lenin. Stalin reagiu da mesma forma. Na verdade, porém, o conflito era uma disputa entre dois homens, e não um conflito de ideias e princípios antagônicos. Havia certa dissidência de menores proporções quanto aos métodos táticos. Todavia, em todas as questões essenciais, Stalin e Trotsky estavam de acordo.

Antes de 1917, Trotsky tinha vivido muitos anos em países estrangeiros, e até certo ponto, conhecia as principais línguas dos povos ocidentais. Posava como especialista em assuntos internacionais. Na verdade, não sabia nada sobre a civilização, ideias políticas e econômicas do mundo ocidental. Como exilado errante, movimentava-se quase exclusivamente nos círculos de companheiros de exílio. Os únicos estrangeiros que havia encontrado de vez em quando nos cafés e salões de clubes da Europa Ocidental e Central eram doutrinadores radicais, tomados de preconceitos marxistas fora da realidade. A principal leitura de Trotsky constituía-se de livros e periódicos marxistas. Desprezava todas as outras obras como literatura "burguesa". Era absolutamente incapaz de ver os eventos a partir de qualquer outro ângulo que não fosse a perspectiva marxista. Como Marx, estava pronto para interpretar todas as grandes greves e todos os pequenos distúrbios como sinal da eclosão da grande revolução final.

Stalin nasceu na Geórgia e seu grau de instrução é precário. Não tem o menor conhecimento de qualquer língua ocidental. Não conhece a Europa nem a América. Até mesmo suas realizações como autor marxista são questionáveis. No entanto, embora defensor inflexível do comunismo, foi precisamente o fato de não ter sido doutrinado por meio de dogmas marxistas que o fez superior a Trotsky. Stalin não foi enganado pelos princípios espúrios do materialismo dialético. Quando confrontado por um problema, não procurava uma interpretação nos escritos de Karl Marx e de Friedrich Engels. Confiava em seu senso comum. Era cuidadoso o suficiente para perceber o fato de que a política da revolução mundial, conforme preconizada por Lenin e Trotsky em 1917, tinha falhado por completo fora das fronteiras da Rússia.

Na Alemanha, liderados por Karl Liebknecht (1871-1919) e Rosa Luxemburgo (1871-1919), os comunistas foram esmagados por destacamentos do próprio exército e por voluntários nacionalistas em uma sangrenta batalha em 15 de janeiro de 1919 nas ruas de Berlim. A tomada do poder comunista em Munique na primavera de 1919 e o motim liderado por Max Hoelz (1889-1933), em 6 de março de 1921, também, terminaram em desastre. Na Hungria, em 1919, os comunistas foram derrotados por Miklós Horthy (1868-1957) e Gyula Gömbös (1886-1936), apoiados pelo exército romeno. Na Áustria falharam vários estratagemas comunistas em 1918 e 1919, bem como um violento levante em 15 de julho de 1927 foi facilmente sufocado pela polícia de Viena. Na Itália, em 1920, a ocupação das fábricas foi uma operação completamente abortada. Na França e na Suíça a propaganda comunista parecia ser muito poderosa nos primeiros anos depois do armistício de 1918, mas logo se esvaneceu. Na Grã-Bretanha, em 1926, a greve geral convocada pelos sindicatos acabou em retumbante fracasso.

Trotsky estava tão cego pela ortodoxia que se recusou a admitir que os métodos bolcheviques tinham falhado. Stalin, no entanto, percebeu isso muito bem. Não abandonou a ideia de instigar explosões revolucionárias em todos os países estrangeiros e de conquistar o mundo inteiro para os soviéticos.

Porém, tinha plena consciência do fato de que era necessário adiar a agressão por alguns anos e recorrer a novos métodos para a sua execução. Trotsky estava errado em acusar Stalin de estrangular o movimento comunista fora da Rússia. O que Stalin na verdade fez foi aplicar outros meios para a realização dos fins que são comuns a ele e a todos os outros marxistas.

Como intérprete de dogmas marxistas, Stalin ficava aquém de Trotsky. Mas, como político, superou de longe seu rival. O bolchevismo deve a Stalin e não a Trotsky seus êxitos nas políticas mundiais.

Na esfera de políticas internas, Trotsky recorreu a truques tradicionais bem comprovados que os marxistas sempre haviam aplicado ao criticar as medidas socialistas adotadas por outros partidos. O que Stalin tenha feito, fosse o que fosse, não era socialismo nem comunismo de verdade, mas, pelo contrário, o oposto disso, uma perversão monstruosa dos elevados princípios de Marx e Lenin. Todas as características desastrosas de controle público da produção e distribuição da forma como surgiram na Rússia foram, na interpretação de Trotsky, provocadas por políticas de Stalin. Não eram consequências inevitáveis de métodos comunistas. Eram fenômenos resultantes do stalinismo, não do comunismo. Foi culpa exclusiva de Stalin que uma burocracia absolutista irresponsável fosse soberana, que uma classe de oligarcas privilegiados usufruísse de luxos enquanto as massas viviam prestes a morrer de fome, que um regime terrorista executasse a velha guarda dos revolucionários e condenasse milhões a trabalho escravo em campos de concentração, que a polícia secreta fosse onipotente, que os sindicatos trabalhistas fossem impotentes, que as massas fossem destituídas de todos os direitos e liberdades. Stalin não foi um defensor da sociedade igualitária, sem classes. Foi o pioneiro de um retorno aos piores métodos de dominação de classe e exploração. Uma nova classe dominante de cerca de 10% da população oprimia e explorava de forma brutal a imensa maioria dos proletários que labutava.

Trotsky perdia-se em conjecturas sobre como tudo isso poderia ser alcançado por apenas um homem e poucos de seus bajuladores. Onde estavam as "forças produtivas materiais", tão faladas no materialismo histórico marxista, que – "independente das vontades dos indivíduos" – determina o curso dos acontecimentos humanos "com a inexorabilidade de uma lei da natureza?" Como pôde acontecer que um homem estivesse em posição de alterar a "superestrutura jurídica e política", que é única e fixada de forma inalterável pela estrutura econômica da sociedade? Mesmo Trotsky admitiu que não havia mais qualquer propriedade privada dos meios de produção na Rússia. No império de Stalin, a produção e a distribuição são totalmente controladas pela "sociedade". É um dogma fundamental do marxismo que a superestrutura de um sistema como esse deve ser necessariamente a bem-aventurança do paraíso terrestre. Em doutrinas marxistas não há espaço para uma interpretação que culpe os indivíduos por um processo degenerativo que possa converter em mal a benção de controle público da empresa. Um marxista coerente – se coerência fosse compatível com o marxismo – teria que admitir que o sistema político de Stalin era a superestrutura necessária do comunismo.

Todos os pontos essenciais no programa de Trotsky estavam em perfeito acordo com a política de Stalin. Trotsky defendia a industrialização da Rússia. Era isso que almejavam os planos quinquenais de Stalin. Trotsky defendia a coletivização da agricultura. Stalin criou o *Kolkhoz* e liquidou os *Kulaks*. Trotsky favorecia a organização de um grande exército. Stalin organizou um exército nesses moldes. Trotsky também não se mostrara simpatizante da democracia quando ainda estava no poder. Ao contrário disso, era torcedor fanático da opressão ditatorial de todos os "sabotadores". Sem dúvida não previu que o ditador poderia considerá-lo – ele, Trotsky – autor de textos marxistas e veterano do glorioso extermínio dos Romanov, como o sabotador mais perverso. Como todos os outros defensores da ditadura, supunha que ele próprio ou um de seus amigos próximos seria o ditador.

Trotsky foi um crítico da burocracia. Mas não propôs nenhum outro método para a condução dos assuntos em um sistema socialista. Não há nenhuma alternativa para empresas privadas com fins lucrativos que a gestão burocrática[22].

A verdade é que Trotsky encontrou apenas um defeito em Stalin: o fato de que o ditador era Stalin e não ele, o próprio Trotsky. Na rivalidade entre eles, ambos tinham razão. Stalin estava certo ao afirmar que seu regime era a materialização de princípios socialistas. Trotsky tinha razão ao afirmar que o regime de Stalin tinha transformado a Rússia em um inferno.

---

[22] Ver: MISES, Ludwig von. *Bureaucracy*. New Heaven: Yale University Press, 1944. [Em língua portuguesa, consultar: MISES, Ludwig von. *Burocracia*. Ed. e pref. Bettina Bien Greaves; apres. Jacques Rueff; pref. Alex Catharino; posf. William P. Anderson; trad. Heloísa Gonçalves Barbosa. São Paulo: LVM, 2017. (N. E.)].

O trotskismo não desapareceu totalmente com a morte de Trotsky. O boulangismo na França, também, sobreviveu durante algum tempo depois da morte do general Georges Boulanger (1837-1891). Há ainda alguns carlistas remanescentes na Espanha, embora a linhagem de Dom Carlos de Bourbon (1788-1855), Conde de Molina, tenha se extinguido. É claro que esses movimentos póstumos são condenados ao fracasso.

No entanto, em todos os países há pessoas que, apesar de serem fanaticamente comprometidas com a ideia de planejamento sob todos os aspectos, ou seja, a propriedade pública dos meios de produção, assustam-se quando são confrontadas com a verdadeira face do comunismo. Essas pessoas ficam desapontadas. Sonham com um Jardim do Éden. Para elas o comunismo ou o socialismo significa uma vida fácil cheia de riquezas e o pleno gozo de todas as liberdades e prazeres. Não conseguem perceber as contradições inerentes na imagem que têm da sociedade comunista. Engoliram sem visão crítica todas as lunáticas fantasias de Charles Fourier (1772-1837) e todos os absurdos de Thorstein Veblen (1857-1929). Acreditam firmemente na premissa de Friedrich Engels de acordo com a qual o socialismo será um reino de liberdade sem limites. Acusam o capitalismo por tudo aquilo que não gostam, e estão totalmente convencidos de que o socialismo os livrará de todos os males. Atribuem seus próprios fracassos e frustrações à injustiça deste sistema competitivo "louco" e esperam que o socialismo venha a lhes prover essa posição eminente e alto rendimento que lhe cabem por direito. Não passam de Cinderelas ansiando pelo príncipe-salvador que reconhecerá seus méritos e virtudes. A aversão ao capitalismo e a adoração ao comunismo lhes servem de consolo. Ajuda-lhes a esconder de si mesmos a própria inferioridade, e a culpar o "sistema" por suas próprias limitações.

Ao defender a ditadura, essas pessoas sempre defendem a ditadura de seu próprio grupo. Ao solicitar planejamento, o que têm em mente é sempre o próprio plano, e não o plano dos outros. Jamais admitirão que um regime socialista ou comunista é o verdadeiro e legítimo socialismo ou comunismo, se o regime não lhes delegar as posições mais eminentes e as remunerações mais altas. Para elas, a característica essencial do comunismo verdadeiro e legítimo é que todos os assuntos sejam conduzidos precisamente de acordo com a própria vontade deles, e que todos aqueles que discordam sejam relegados à submissão.

É fato que a maioria de nossos contemporâneos esteja imbuída de ideias socialistas e comunistas. No entanto, isso não significa que sejam unânimes em suas propostas de socialização dos meios de produção e de controle público da produção e distribuição. Bem ao contrário. Cada círculo socialista opõe-se de forma fanática aos planos de todos os outros grupos socialistas. As várias seitas socialistas lutam entre si de forma extremamente feroz.

Se o caso de Leon Trotsky e o caso análogo de Gregor Strasser na Alemanha nazista fossem casos isolados, não haveria necessidade de tratá-los. Porém, não são incidentes ocasionais. São típicos. A análise desses casos revela as causas psicológicas não só da popularidade do socialismo quando de sua inviabilidade.

CAPÍTULO 6

A história da humanidade é a história das ideias. Pois são as ideias, teorias e doutrinas que orientam a ação humana, determinam os fins últimos a que visam os homens, e a escolha dos meios utilizados para a realização desses fins. Os eventos sensacionais que agitam as emoções e capturam o interesse dos observadores superficiais são apenas o acabamento de mudanças ideológicas. Não há coisas tais como transformações radicais bruscas de assuntos humanos. O que se denomina, em termos bastante enganosos, um "ponto de transformação na história" é a entrada em cena de forças que já estavam há muito tempo em operação nos bastidores. Novas ideologias, que já há muito tempo tinham substituído as antigas, despem-se do último véu e até mesmo as pessoas mais parvas conscientizam-se das mudanças que não percebiam antes.

A Liberação dos Demônios

Nesse sentido, a tomada do poder por Lenin em outubro de 1917 certamente constitui-se um ponto de transformação. No entanto, o significado desse ponto era muito diferente daquele que os comunistas lhe atribuem.

A vitória soviética desempenhou somente um papel de menor importância na evolução rumo ao socialismo. As políticas pró-socialistas dos países industriais da Europa Central e da Europa Ocidental tiveram consequências muito maiores nesse aspecto. O regime de segurança social de Otto von Bismarck (1815-1898) teve um valor pioneiro mais importante na trajetória rumo ao socialismo do que a expropriação das obsoletas manufaturas da Rússia. A Estrada de Ferro Nacional Prussiana tinha apresentado o único exemplo de um empreendimento administrado pelo governo que, pelo menos por algum tempo, evitara óbvio fracasso financeiro. Antes de 1914, os ingleses já tinham adotado componentes essenciais do sistema de segurança social alemão.

Em todos os países industrializados, os governos estavam comprometidos com políticas intervencionistas em última análise voltadas para o socialismo. Durante a guerra, a maioria desses países iniciou o que se denominou socialismo de guerra. O "Plano Hindenburg"[23] alemão, que, é claro, não pode ser inteiramente executado por conta da derrota da Alemanha, não era menos radical, mas era muito mais bem concebido do que os tão falados planos quinquenais russos.

Para os socialistas nos países predominantemente industriais do Ocidente, os métodos russos não teriam nenhuma utilidade. Para esses países, a produção de manufaturas para exportação era indispensável. Não poderiam adotar o sistema russo de autarquia econômica. A Rússia nunca havia exportado bens manufaturados em quantidades dignas de registro. Sob o sistema soviético, retirou-se quase inteiramente do mercado mundial de cereais e de matérias-primas. Mesmo os socialistas fanáticos não poderiam deixar de admitir que o Ocidente não tinha nada para aprender com a Rússia. É óbvio que as realizações tecnológicas de que os bolcheviques se vangloriavam não passavam de imitações desajeitadas de coisas realizadas no Ocidente. Lenin definiu o comunismo como: "o poder soviético mais a eletrificação". Ora, a eletrificação sem dúvida não era de origem russa, e as nações ocidentais superaram a Rússia

---

[23] O chamado Plano Hindenburg estabelecia o controle governamental sobre todo o sistema econômico do país, ao intervir em preços, salários e lucros. Para maiores informações, ver: TOOLEY, T. Hunt. "The Hindenburg Program of 1916: A Central Experiment in Wartime Planning". *The Quarterly Journal of Austrian Economics*, Volume 2, Number 2 (Summer 1999): 51-62. (N. E.)

no campo da eletrificação assim como também em todos os outros segmentos da indústria.

O verdadeiro significado da revolução de Lenin deve ser visto como um fato que irrompia o princípio da violência e opressão sem restrições. Era a negação de todos os ideais políticos que durante três mil anos vinham orientando a evolução da civilização ocidental.

O Estado e o governo são o aparato social de coerção e repressão violentas. Um aparelho como esse, o poder de polícia, é indispensável para impedir que pessoas e grupos antissociais destruam a cooperação social. A violenta prevenção e repressão de atividades antissociais beneficiam toda a sociedade e cada um dos seus membros. Porém, apesar disso, a violência e a opressão são males e corrompem os responsáveis pela sua aplicação. É necessário restringir o poder dos que estão nos gabinetes para evitar que se transformem em déspotas absolutos. A sociedade não pode existir sem um aparelho de violenta coerção. Mas também não pode existir se os titulares dos cargos forem tiranos irresponsáveis, livres para infligir danos àqueles de quem não gostam.

É função social das leis conter a arbitrariedade da polícia. O Estado de Direito restringe a arbitrariedade dos burocratas tanto quanto possível. Limita-lhes de forma estrita o julgamento e, portanto, assegura aos cidadãos um espaço em que são livres para agirem sem serem frustrados pela interferência do governo.

Independência e liberdade sempre significam liberdade de interferência policial. Na natureza não existe tal coisa como independência e liberdade. Existe apenas a rigidez imutável das leis da natureza, às quais o homem deve se submeter incondicionalmente, se quiser chegar a quaisquer fins em tudo. Também não havia liberdade nas condições paradisíacas imaginárias que, de acordo com a tagarelice fantástica de muitos escritores, antecedia o surgimento de laços sociais. Onde não há governo, todo mundo fica à mercê de vizinho mais forte. A liberdade só pode concretizar-se dentro de um Estado estabelecido preparado para impedir um bandido de matar e roubar seus companheiros mais fracos. No entanto, é só o Estado de Direito que impede os governantes de se transformarem, eles próprios, nos piores bandidos.

As leis estabelecem normas de ação legítima. Fixam os procedimentos necessários para a revogação ou alteração de leis existentes e para a promulgação de novas leis. Também estabelecem os procedimentos necessários para a aplicação das leis em casos específicos, o devido processo legal. Instituem os tribunais. Portanto, têm a intenção de evitar uma situação em que os indivíduos fiquem à mercê dos governantes.

Os homens mortais são passíveis de erro, e os legisladores e juízes são mortais. Pode acontecer uma vez ou outra que as leis em vigor ou a interpretação feita pelos tribunais impeçam que os órgãos executivos recorram a algumas medidas que poderiam ser benéficas. No entanto, nenhum grande dano pode resultar daí. Se os legisladores reconhecerem a deficiência das leis em vigor, podem alterá-las. É sem dúvida algo negativo que um criminoso possa, por vezes, escapar da punição porque restou uma lacuna na lei, ou porque o Ministério Público tenha deixado de lado algumas formalidades. Mas isso é o mal menor quando comparado com as consequências do poder arbitrário ilimitado por parte do déspota "benevolente".

É precisamente este ponto que os indivíduos antissociais não percebem. Essas pessoas condenam o formalismo dos procedimentos jurídicos do Estado de Direito. Por que as leis impedem o governo de recorrer a medidas que o beneficiem? Não é fetichismo tornar as leis supremas, ao invés da conveniência pragmática? Defendem a substituição do Estado de Direito (*Rechtsstaat*) pelo Estado do Bem-Estar (*Wohlfahrtsstaat*). Neste Estado do Bem-Estar, o governo paternalista deve ser livre para realizar todas as coisas que considere benéficas ao bem comum. Nenhuma "folha de papel" deve criar empecilhos para que um governante esclarecido promova o bem-estar geral. Todos os adversários têm de ser esmagados sem piedade para que não frustrem a ação benéfica do governo. Nenhuma formalidade vazia deve protegê-los contra o castigo merecido por mais tempo.

Costuma-se denominar o ponto de vista dos defensores do Estado de Bem-Estar de "ponto de vista social", em distinção ao ponto de vista "individualista" e "egoísta" dos proponentes do Estado de Direito. O fato, no entanto, é que os defensores do Estado de Bem-Estar são fanáticos totalmente antissociais e intolerantes. Porque a ideologia deles de forma tácita implica que o governo executará exatamente o que eles próprios consideram certo e benéfico. Ignoram por completo a possibilidade de que possa surgir desacordo no que diz respeito à questão do que seja ou não seja certo e oportuno. Defendem o despotismo esclarecido, porém estão convencidos de que o déspota esclarecido obedecerá cada detalhe da própria opinião deles a respeito das medidas a serem adotadas. São a favor do planejamento, mas o que têm em mente é exclusivamente o próprio plano, não o plano de outras pessoas. Querem aniquilar todos os adversários, ou seja, todos aqueles que discordam deles. São absolutamente intolerantes e não estão preparados para permitir qualquer discussão. Cada defensor do Estado de Bem-Estar social e do planejamento é um ditador em potencial. O que pretende é privar todos os outros homens de todos os seus direitos, e impor a onipotência irrestrita de seus amigos e a sua própria. Recusa-se a convencer seus concidadãos. Prefere "liquidá-los". Despreza a sociedade "burguesa" que cultua a lei e o processo jurídico. Ele próprio adora a violência e o derramamento de sangue.

O conflito irreconciliável entre essas duas doutrinas – Estado de Direito contra o Estado do Bem-Estar – sempre esteve em causa em todas as lutas em que os homens lutaram pela liberdade. Foi uma evolução longa e difícil. Várias vezes triunfaram os defensores do absolutismo. Mas, finalmente, o Estado de Direito ganhou a supremacia no reino da civilização ocidental. O Estado de Direito, ou o governo limitado, tal como garantido pelas constituições e declarações de direitos, é a marca característica desta civilização. Foi o Estado de Direito que trouxe as realizações maravilhosas do capitalismo moderno e – como diriam os marxistas ferrenhos – de sua "superestrutura", a democracia. Foi o Estado de Direito que assegurou bem-estar sem precedentes para uma população cada vez maior. As massas nos países capitalistas desfrutam hoje um padrão de vida muito superior à prosperidade de que usufruíam em épocas passadas.

Todas essas realizações não detiveram os defensores do despotismo e do planejamento. No entanto, teria sido absurdo para os adeptos do totalitarismo divulgar abertamente as consequências ditatoriais incontornáveis de seus empreendimentos. No século XIX, as ideias de liberdade e do Estado de Direito tinham conquistado prestígio de tal monta que pareceria loucura atacá-las de forma aberta. A opinião pública estava firmemente convencida de que o despotismo tinha acabado e nunca poderia ser restaurado. Não era verdade que até o Czar da Rússia bárbara tinha sido obrigado a abolir a servidão, a estabelecer julgamento por júri, a conceder liberdade limitada à imprensa e a respeitar as leis?

Assim, os socialistas recorreram a um truque. Continuaram a discutir em seus círculos esotéricos a ditadura do proletariado por vir, ou seja, a ditadura das ideias próprias de cada autor socialista. Mas para o público em geral falavam de forma diferente. O socialismo, afirmavam, trará a verdadeira e plena liberdade e democracia. Dará fim a todos os tipos de compulsão e coerção. O Estado "definhará". Na comunidade socialista do futuro não haverá juízes nem policiais, tampouco prisões nem o cadafalso.

No entanto, os bolcheviques tiraram a máscara. Estavam plenamente convencidos de que havia chegado o dia de sua vitória final e inabalável. Mais dissimulação não era possível nem necessária. O evangelho de derramamento de sangue podia ser pregado às claras. Teve uma resposta entusiástica entre todos os literatos e intelectuais de salão corrompidos que há muitos anos saudavam com entusiasmo os escritos de Georges Sorel e de Friedrich Nietzsche (1844-1900). Os frutos da *"traição dos intelectuais"*[24] ganharam experiência com a maturidade. Os jovens que tinham se alimentado das ideias românticas de Thomas Carlyle (1795-1881) e John Ruskin (1819-1900) estavam prontos para tomar as rédeas.

Lenin não foi o primeiro usurpador. Muitos tiranos o precederam. Entretanto, seus antecessores estavam em conflito com as ideias defendidas pelos seus contemporâneos mais renomados. Eram rechaçados pela opinião pública porque os seus princípios de governo não atendiam aos princípios aceitos de correção e legalidade. Eram desprezados e detestados como usurpadores. Mas a usurpação de Lenin era vista a partir de uma ótica diferente. Ele era o super-homem brutal cuja vinda os pseudofilósofos esperavam com ansiedade. Era o salvador forjado que a história elegera para trazer a salvação por meio de derramamento de sangue. Não era ele o seguidor mais ortodoxo do socialismo marxista "científico"? Não era ele o homem destinado a concretizar os planos socialistas para cuja execução os estadistas fracos das democracias decadentes eram acanhados demais? Todas as pessoas bem-intencionadas pediam o socialismo; a ciência, por meio da fala dos professores imunes ao engano, o recomendava; as igrejas pregavam o socialismo cristão; os trabalhadores almejavam a eliminação do sistema de salários. Ali estava o homem que atenderia a todos estes desejos. Era consciencioso bastante

---

[24] BENDA, Julien. *La Trahison des Clercs*. Paris: Bernard Grasset, 1927. [O livro está disponível em português na seguinte edição: BENDA, Julien. *A Traição dos Intelectuais*. Intr. André Lwoff; pref. René Étiemble; trad. Paulo Neves. São Paulo: Editora Peixoto Neto, 2014. (N. E.)].

para saber que não se pode fazer uma omelete sem quebrar os ovos.

Há meio século todos os povos civilizados censuraram Otto von Bismarck quando ele declarou que os grandes problemas da história deveriam ser resolvidos por meio de sangue e ferro. Agora, a maioria de homens quase civilizados curvou-se ao ditador que estava preparado para derramar ainda mais sangue do que Bismarck jamais fizera.

Esse foi o verdadeiro significado da revolução de Lenin. Todas as ideias tradicionais de direito e legalidade foram derrubadas. A regra de violência desenfreada e usurpação substituiu o Estado de Direito. Foi abandonado o *"horizonte estreito da legalidade burguesa"*, conforme denominava Marx. A partir de então nenhuma lei podia mais limitar o poder dos eleitos. Estavam livres para matar sem restrições. Irromperam os impulsos inatos do homem para o extermínio violento de todos aqueles de quem não gosta, reprimidos por uma evolução longa e desgastante. Os demônios corriam à solta. Era o início de uma nova era, a era dos usurpadores. Os bandidos foram convocados à ação, e atenderam à Voz.

Naturalmente, não era isso que Lenin pretendia. Ele não estava disposto a conceder a outras pessoas as prerrogativas que reivindicava para si. Não pretendia delegar a outros homens o privilégio de aniquilar seus adversários. A história havia escolhido e delegado o poder ditatorial só a ele e a mais ninguém. Ele foi o único ditador "legítimo" porque uma voz interior havia lhe dito isso. Lenin não era inteligente o bastante para prever que outras pessoas, imbuídas de outras crenças, poderiam ter ousadia suficiente para fingir que também haviam sido chamadas por uma voz interior. No entanto, também, dentro de poucos anos, esses homens, Mussolini e Hitler, tornaram-se bastante proeminentes.

É importante perceber que o fascismo e o nazismo foram ditaduras socialistas. Os comunistas, tanto os afiliados registrados dos partidos comunistas quanto os companheiros de viagem estigmatizavam o fascismo e o nazismo como o capitalismo em seu estágio mais alto, derradeiro e mais depravado. Essa denominação está em perfeito acordo com o hábito de denominar todos os partidos que não se rendem incondicionalmente aos ditames de Moscou — até mesmo os socialdemocratas alemães, o partido clássico do marxismo — mercenários do capitalismo.

Tem consequências muito maiores o fato de os comunistas conseguirem mudar a conotação semântica do termo fascismo. O fascismo, como será demonstrado adiante, foi uma variedade de socialismo italiano. Ajustou-se às condições específicas das massas na Itália superpopulosa. Não foi uma criação da mente de Benito Mussolini e sobreviverá à queda de Mussolini. As políticas externas do fascismo e do nazismo, desde seus primórdios, eram bastante antagônicas. O fato de que os nazistas e os fascistas tenham atuado em estreita colaboração após a guerra da Etiópia e tenham sido aliados na Segunda Guerra Mundial não erradicou as diferenças entre esses dois princípios, assim como a aliança entre a Rússia e os Estados Unidos da América também não erradicou as diferenças entre o regime soviético e o sistema econômico norte-americano. O fascismo e o nazismo eram ambos comprometidos com a doutrina soviética de ditadura e violenta opressão de dissidentes. Se alguém quiser alocar o fascismo e o nazismo na mesma classe de sistemas políticos, deve-se denominá-la regime ditatorial e não se pode deixar de colocar os soviéticos na mesma classe.

Nos últimos anos, as inovações semânticas dos comunistas avançaram ainda mais. Chamam de fascista todos de quem não gostam, todo defensor do sistema de livre iniciativa. O bolchevismo, dizem eles, é o único sistema verdadeiramente democrático. Todos os países e partidos não comunistas são essencialmente antidemocráticos e fascistas.

É verdade que às vezes, também, os não socialistas – os últimos remanescentes da antiga aristocracia – brincavam com a ideia de uma revolução aristocrática modelada pelo padrão de ditadura soviética. Lenin lhes havia aberto os olhos. "Que tolos temos sido!" – lamentavam. Deixamo-nos iludir pelas falsas palavras de ordem da burguesia liberal. Acreditávamos que não era admissível desviar-se do Estado de Direito e esmagar sem piedade aqueles que desafiavam nossos direitos. Como foram bobos esses Romanov ao conceder a seus inimigos mortais os benefícios de um julgamento justo dentro da lei! Se alguém desperta a suspeita de Lenin, está liquidado. Lenin não hesita em exterminar, sem qualquer julgamento, não só todos os suspeitos, mas também todos os seus parentes e amigos. Porém, os czares tinham um medo supersticioso de infringir as regras estabelecidas por essas folhas de papel chamadas leis. Quando Alexandre Ulyanov (1866-1887) conspirou contra a vida do czar Alexandre III (1845-1894), só ele foi executado, enquanto o seu irmão Vladimir Ulyanov, conhecido como Lenin, foi poupado. Assim, o próprio Alexandre III poupou a vida de Lenin, o homem que, sem misericórdia, exterminou seu filho Nicolau II, sua nora Alexandra Feodorovna (1872-1918) e os filhos deles, e com eles, todos os outros membros da família que conseguiu pegar. Não seria essa a mais parva e suicida das políticas?

No entanto, nenhuma ação poderia resultar das quimeras desses antigos *tories*. Eram um pequeno grupo de débeis descontentes. Não foram apoiadas por quaisquer forças ideológicas e não tiveram seguidores.

A ideia de uma revolução tão aristocrática motivou os *capacetes de aço* da Alemanha (*Stahlhelm*), adeptos da monarquia, e os *encapuzados* (*Cagoulards*) franceses, adeptos de organização fascista[25]. Os *capacetes de aço* foram simplesmente dispersados por ordem de Hitler. O governo francês conseguiu prender os *encapuzados* com facilidade, antes que tivessem qualquer oportunidade de fazer algum mal.

A abordagem mais próxima de uma ditadura aristocrática é o regime de Francisco Franco (1892-1975), na Espanha. No entanto, Franco não passava de uma marionete de Benito Mussolini e Adolf Hitler, que queriam garantir a ajuda espanhola para a iminente guerra contra a França ou, pelo menos, a "amigável" neutralidade espanhola. Sem seus protetores,

---

[25] Stahlhelm foi uma associação de veteranos alemães da Primeira Guerra Mundial, criada em 1918. Os Cagoulards eram membros de uma organização terrorista francesa, secreta, de extrema direita, denominada Cagoule. Foram responsáveis por vários assassinatos de socialistas e antifascistas italianos e colaboraram com os nazistas e com o governo francês de Vichy durante a Segunda Guerra Mundial. (Nota do editor norte-americano)

Franco terá que adotar métodos ocidentais de governo ou enfrentar sua saída.

A ditadura e a opressão violenta de todos os dissidentes são hoje exclusivamente instituições socialistas. Essa situação torna-se clara à medida que olharmos mais de perto o fascismo e o nazismo.

CAPÍTULO 7

Quando a guerra eclodiu em 1914, o partido socialista italiano foi dividido quanto à política a ser adotada. Um grupo se ateve aos princípios rígidos do marxismo. Essa guerra, argumentavam, é uma guerra dos capitalistas. Não é apropriado os proletários ficarem ao lado de qualquer uma das partes beligerantes. Os proletários devem aguardar a grande revolução, a guerra civil dos socialistas unidos contra os exploradores unidos. Devem dar apoio à neutralidade italiana.

O segundo grupo foi profundamente afetado pelo ódio tradicional à Áustria. Na opinião deles, a primeira tarefa dos italianos era libertar seus irmãos condenados. Só então chegaria o dia da revolução socialista.

Fascismo

Neste conflito, Benito Mussolini, o homem excepcional dentro do socialismo italiano, escolheu a princípio a posição marxista ortodoxa. Ninguém poderia superar Mussolini em seu entusiasmo marxista. Foi o defensor intransigente do credo puro, o imbatível defensor dos direitos dos proletários explorados, o profeta eloquente da bem-aventurança socialista do porvir. Era adversário inflexível do patriotismo, nacionalismo, imperialismo, regime monarquista e todas as crenças religiosas. Em 1911, quando a Itália promoveu a grande série de guerras por causa de um ameaçador ataque à Turquia, Mussolini organizou manifestações violentas contra a saída de tropas para a Líbia. Agora, em 1914, ele rotula a guerra contra a Alemanha e a Áustria de "guerra imperialista". Ainda estava nessa ocasião sob a influência dominadora de Angelica Balabanoff (1878-1965), filha de um fazendeiro rico da Rússia. A senhorita Balabanoff o havia iniciado nas sutilezas do marxismo. Aos olhos dela, a derrota dos Romanov contara mais do que a derrota dos Habsburgo. Ela não tinha nenhuma simpatia pelos ideais do *Risorgimento*.

No entanto, os intelectuais italianos foram os primeiros entre todos os nacionalistas. Como em todos os outros países europeus, a maioria dos marxistas ansiava por guerras e conquistas. Mussolini não estava preparado para perder a sua popularidade. A coisa que ele mais odiava era não estar no lado da facção vitoriosa. Mudou de ideia e se tornou o defensor mais fanático de ataque da Itália à Áustria. Com ajuda financeira francesa fundou um jornal para lutar pela causa da guerra.

Os antifascistas culpam Mussolini por essa deserção dos ensinamentos do marxismo rígido. Foi subornado pelos franceses, dizem eles. Ora, até mesmo essas pessoas deveriam saber que a publicação de um jornal demanda recursos financeiros. Eles mesmos não falam de suborno se um americano rico prover a um homem o dinheiro necessário para a publicação de um jornal companheiro de viagem, ou se os fundos fluírem misteriosamente para as editoras comunistas. É fato que Mussolini entrou na cena da política mundial como aliado das democracias, enquanto Lenin o fez como aliado virtual da Alemanha imperial.

Mais do que ninguém, Benito Mussolini foi fundamental para concretizar a entrada da Itália na Primeira Guerra Mundial. Sua propaganda jornalística possibilitou ao governo declarar guerra à Áustria. Somente aquelas poucas pessoas que percebem que a desintegração do Império Austro-Húngaro lançou a desgraça da Europa têm o direito de encontrar defeito na atitude dele nos anos entre 1914 e

1918. Somente têm liberdade para culpar Mussolini esses italianos que começam a compreender que o único meio de proteger as minorias de língua italiana nos distritos litorais da Áustria contra a aniquilação ameaçadora pelas maiorias eslavas era preservar a integridade do Estado austríaco, cuja constituição garantia a igualdade de direitos a todos os grupos linguísticos. Mussolini foi uma das figuras mais nefastas da história. Mas permanece o fato de que seu primeiro feito político ainda conta com a aprovação de todos os seus compatriotas e da imensa maioria de seus detratores estrangeiros.

Quando a Primeira Guerra Mundial chegou ao fim, a popularidade de Benito Mussolini diminuiu. Os comunistas, cobertos de popularidade pelos eventos na Rússia, foram em frente. Mas a grande aventura comunista, a ocupação das fábricas em 1920, terminou em retumbante fracasso, e as massas decepcionadas lembraram-se do ex-líder do partido socialista. Filiaram-se ao novo partido de Mussolini, os fascistas. A juventude saudou com desordenado entusiasmo o assim denominado "sucessor dos Césares". Mussolini gabava-se em anos posteriores que tinha salvado a Itália do perigo do comunismo. Seus inimigos contestam essas afirmações de forma apaixonada. O comunismo, dizem eles, já não era mais um fator real na Itália quando Mussolini tomou o poder. A verdade é que a frustração do comunismo engrossava as fileiras dos fascistas e lhes possibilitou destruir todos os outros partidos. A esmagadora vitória dos fascistas não foi a causa, mas sim a consequência, do fiasco comunista.

O programa dos fascistas, tal como foi redigido em 1919, era anticapitalista com veemência[26]. Os adeptos mais radicais do *New Deal* e até mesmo os comunistas concordariam a esse respeito. Quando os fascistas chegaram ao poder, tinham esquecido esses pontos de seu programa que se referia à liberdade de pensamento e de imprensa e o direito à reunião. Nesse aspecto, eram discípulos conscienciosos de Nikolai Bukharin (1888-1938) e de Vladimir Lenin. Além disso, não reprimiram, como haviam prometido, as corporações industriais e financeiras. A Itália precisava muito de créditos externos para o desenvolvimento de suas indústrias. O principal problema para o fascismo, nos primeiros anos de seu governo, era ganhar a confiança dos banqueiros estrangeiros. Teria sido um suicídio destruir as corporações italianas.

A política econômica fascista não diferia em essência – no início – da política econômica de todas as outras nações ocidentais. Era uma política de intervencionismo. Com o passar dos anos, se aproximou cada vez mais do padrão nazista de socialismo. Após a derrota da França, quando a Itália entrou na Segunda Guerra Mundial, sua economia já era em grande parte moldada de acordo com o padrão nazista. A principal diferença era que os fascistas eram menos eficientes e ainda mais corruptos do que os nazistas.

No entanto, Benito Mussolini não podia permanecer muito tempo sem uma filosofia econômica inventada por ele mesmo.

---

[26] Este programa está reimpresso em inglês no seguinte livro: SFORZA, Carlo. *Contemporary Italy: Its Intellectual and Moral Origins*. Trad. Drake de Kay e Denise de Kay. New York: E. P. Dutton & Co., 1944. p. 295-96.

O fascismo posou como uma nova filosofia, inédita e antes desconhecida por todas as outras nações. Clamava ser o evangelho que o espírito ressuscitado da Roma antiga trazia aos povos democráticos decadentes cujos ancestrais bárbaros haviam destruído o império romano no passado. Era a consumação do *Rinascimento* e também do *Risorgimento* em todos os aspectos, a libertação final da índole latina do jugo de ideologias estrangeiras. O brilhante líder, o inigualável Duce, foi convocado a encontrar a solução definitiva para os problemas candentes da organização econômica da sociedade e da justiça social.

A partir da montanha de poeira de utopias socialistas descartadas, os estudiosos fascistas recuperaram o regime do socialismo de guilda. O socialismo de guilda era muito popular entre os socialistas britânicos nos últimos anos da Primeira Guerra Mundial e nos primeiros anos depois do armistício. Era tão impraticável que desapareceu logo da literatura socialista. Nenhum estadista sério jamais deu atenção a planos contraditórios e confusos do socialismo de guilda. Estava quase esquecido quando os fascistas lhe atribuíram um novo rótulo, e de forma ostentosa proclamaram o *corporativismo* como a nova panaceia social. O público dentro e fora da Itália foi conquistado. Inúmeros livros, panfletos e artigos foram escritos em louvor ao *stato corporativo*. Os governos da Áustria e Portugal logo em seguida declararam que estavam comprometidos com os nobres princípios do corporativismo. A carta encíclica *Quadragesimo Anno*, promulgada em 15 de maio de 1931 pelo Papa Pio XI (1857-1939), continha alguns parágrafos que poderiam ser interpretados — embora não necessariamente o fossem — como uma aprovação do corporativismo. Na França, essas ideias encontraram muitos adeptos eloquentes.

Não passou de conversa fiada. Os fascistas nunca fizeram qualquer tentativa de realizar o programa corporativista, o autogoverno industrial. Trocaram o nome das câmaras de comércio para conselhos corporativos. Denominaram *corporazione* as organizações obrigatórias dos vários segmentos da indústria que se constituíam unidades administrativas para a execução do padrão alemão do socialismo que tinham adotado. Mas não havia nenhuma questão de autogoverno da *corporazione*. O gabinete fascista não tolerava a interferência de ninguém, com controle autoritário absoluto da produção. Todos os planos para o estabelecimento do sistema corporativo ficaram como letra morta.

O principal problema da Itália é a superpopulação comparativa. Nessa época de barreiras ao comércio e migração, os italianos estão condenados a subsistir de forma definitiva em um padrão de vida mais baixo do que o dos habitantes dos países mais favorecidos pela natureza. Os fascistas viam apenas um meio para remediar esta situação lamentável: a conquista. Eram muito tacanhos para compreender que a solução que recomendavam era forjada e pior do que o mal. Além disso, eram tão completamente cegos de vaidade e vã ostentação que não conseguiram perceber que seus discursos provocativos eram ridículos em grau máximo. Os estrangeiros a quem desafiavam de maneira insolente sabiam muito bem até que ponto eram insignificantes as forças militares da Itália.

O fascismo não era, como se vangloriavam seus defensores, um produto original da mente italiana. Começou com uma separação nas fileiras do socialismo marxista, que, sem dúvida, era uma doutrina importada. Seu programa econômico fora tomado de empréstimo do socialismo alemão não marxista e sua violência também foi copiada dos alemães, os *All-deutsche* ou pangermanistas precursores dos nazistas. Sua condução dos assuntos governamentais era uma réplica da ditadura de Lenin. O corporativismo, o adorno ideológico muito anunciado, era de origem britânica. O único ingrediente doméstico do fascismo era o estilo teatral de suas procissões, shows e festivais.

O episódio fascista de breve existência terminou em sangue, miséria e ignomínia, mas as forças que geraram o fascismo não estão mortas. O nacionalismo fanático é uma característica comum a todos os italianos atuais. Os comunistas com certeza não estão dispostos a renunciar ao princípio de opressão ditatorial de todos os dissidentes. Os partidos católicos tampouco defendem a liberdade de pensamento, de imprensa ou da religião. Há na Itália somente muito poucas pessoas que compreendem de fato que o pré-requisito indispensável da democracia e dos direitos do homem é a liberdade econômica.

Pode acontecer que o fascismo seja ressuscitado com um novo rótulo e com novos slogans e símbolos. No entanto, se isso acontecer, as consequências serão prejudiciais. Porque o fascismo não é como alardeiam os fascistas uma *"nova forma de vida"*[27] – é um caminho um tanto ou quanto antigo para a destruição e a morte.

---

[27] PALMIERI, Mario. *The Philosophy of Fascism*. Chicago: Dante Alighieri Society, 1936. p. 248.

CAPÍTULO 8

A filosofia dos nazistas, o Partido Nacional-Socialista dos Trabalhadores Alemães, é a manifestação mais pura e mais firme do espírito anticapitalista e socialista de nossa era. Suas ideias essenciais não são alemãs ou "arianas" em sua origem, nem são peculiares dos alemães dos dias de hoje. Na árvore genealógica da doutrina nazista, latinos tais como Jean de Sismondi (1773-1842) e Georges Sorel, e anglo-saxões tais como Thomas Carlyle, John Ruskin e Houston Stewart Chamberlain (1855-1927) eram mais visíveis do que qualquer alemão. Mesmo o aparato ideológico mais conhecido do nazismo, a fábula da superioridade da raça ariana, não era de procedência alemã, visto que seu autor era um francês, Arthur de Gobineau (1816-1882). Os alemães de ascendência judaica, como Ferdinand Lassalle, Adolf Lasson (1832-1917), Friedrich Julius Stahl (1802-1861) e Walter

Nazismo

Rathenau (1867-1922), contribuíram mais para os princípios essenciais do nazismo do que homens como Werner Sombart (1863-1941), Othmar Spann (1878-1950) e Ferdinand Fried (1898-1967). O *slogan* no qual os nazistas condensaram sua filosofia econômica, a saber, *Gemeinnutz geht vor Eigennutz* (ou seja, as alas do bem-estar social acima do lucro privado), é semelhante à ideia subjacente ao *New Deal* norte-americano e à gestão soviética de assuntos econômicos. Implica que negócios com fins lucrativos prejudicam os interesses vitais da imensa maioria, e que é dever sagrado do governo popular evitar a ocorrência de lucros por meio de controle público da produção e distribuição.

O único ingrediente especificamente alemão no nazismo foi a luta após a conquista de espaço vital (*Lebensraum*). E isso, também, foi resultado de acordo entre eles e as ideias que norteiam as políticas dos partidos políticos mais influentes de todos os outros países. Esses partidos proclamam a igualdade de renda como o ponto principal.

Os nazistas fazem o mesmo. O que caracteriza os nazistas é o fato de não estarem preparados para concordar com um estado de coisas em que os alemães fiquem eternamente condenados à "prisão", como dizem, em uma área relativamente pequena e superpovoada em que a produtividade do trabalho tem de ser menor do que nos países relativamente pouco povoados, mais bem-dotados de recursos naturais e bens de capital. Almejam uma distribuição mais justa dos recursos naturais da terra. Na condição de nação "sem-nada", contemplam a riqueza das nações mais ricas com os mesmos sentimentos com que muitas pessoas nos países ocidentais olham para os rendimentos mais elevados de alguns de seus compatriotas. Os "progressistas" nos países anglo-saxões sustentam que para aqueles que sofrem da escassez comparativa de seus rendimentos "não vale a pena ter liberdade". Os nazistas dizem o mesmo no que diz respeito às relações internacionais. Na opinião deles, a única liberdade que importa é *Nahrungsfreiheit* (ou seja, a liberdade de importar alimentos). Ambicionam a aquisição de um território tão grande e rico em recursos naturais que poderiam viver com autossuficiência econômica em nível não inferior ao de qualquer outra nação. Consideram-se revolucionários lutando por seus direitos naturais inalienáveis contra os grupos de interesse de uma série de nações reacionárias.

É fácil para os economistas destruir as falácias em torno das doutrinas nazistas. Porém, aqueles que desprezam a economia como "ortodoxa e reacionária" e apoiam com fanatismo as falsas crenças do socialismo e do nacionalismo econômico estavam sem meios de combatê-los. Porque o nazismo não era nada, mas sim a aplicação lógica de seus próprios princípios às condições específicas da Alemanha comparativamente superpovoada.

Durante mais de setenta anos os professores alemães de ciência política, história, direito, geografia e filosofia entusiasticamente inoculavam em seus discípulos um ódio histérico ao capitalismo, e pregavam a guerra de "libertação" contra o capitalismo ocidental. Os "socialistas de poltrona" alemães, muito admirados em todos os países estrangeiros, foram os maestros das duas Guerras Mundiais. Na virada do século, a imensa maioria dos alemães já era partidária radical do socialismo e do nacionalismo violento. Já estavam, nessa ocasião, firmemente comprometidos com os princípios do nazismo. O que faltava e foi acrescentado mais tarde era somente um novo termo para designar a doutrina deles.

Quando as políticas soviéticas de extermínio em massa de todos os dissidentes e da violência implacável suspenderam as inibições contra o assassinato por atacado, que ainda incomodava alguns dos alemães, nada mais poderia deter o avanço do nazismo. Os nazistas foram rápidos em adotar os métodos soviéticos. Importaram da Rússia: o sistema de partido único e a supremacia desse partido na vida política; a missão dominante atribuída à polícia secreta; os campos de concentração; a execução administrativa ou a prisão de todos os adversários; o extermínio das famílias de suspeitos e exilados; os métodos de propaganda política; a organização de partidos e filiações no exterior e a utilização deles para combater os governos nacionais e espionagem e sabotagem; o uso do serviço diplomático e consular para fomentar a revolução;

e muitas outras coisas mais. Em lugar nenhum havia discípulos mais dóceis de Lenin, Trotsky e Stalin do que os nazistas.

Hitler não foi o fundador do nazismo; era produto dele. Era, como a maioria de seus colaboradores, um *gangster* sádico. Era inculto e ignorante; havia sido reprovado até mesmo nos níveis mais baixos do ensino médio. Nunca teve qualquer trabalho honesto. É uma fábula que algum dia tivesse trabalhado como operário na aplicação de papel de paredes. Sua carreira militar na Primeira Guerra Mundial foi bastante medíocre. A Cruz de Ferro de Primeira Classe lhe foi conferida após o fim da guerra como prêmio por atividades como agente político. Era um maníaco obcecado pela megalomania. Apesar disso, sábios professores alimentavam-lhe a vaidade. Werner Sombart, que já havia em uma ocasião se gabado de que sua vida era dedicada à tarefa de lutar pelas ideias de Karl Marx[28]. Sombart, a quem a American Economic Association [Associação Econômica Norte-Americana] elegera membro honorário e muitas universidades não alemãs haviam outorgado títulos honoríficos, fez uma cândida declaração segundo a qual *Führertum* significa uma revelação permanente e que o Führer recebia suas ordens diretamente de Deus, o Führer supremo do Universo[29].

O plano nazista foi mais abrangente e, portanto, mais pernicioso do que o dos marxistas. Pretendia abolir o *laissez-faire* não só na produção de bens materiais, mas também

---

[28] SOMBART, Werner. *Das Lebenswerk von Karl Marx*. Jena: Gustav Fischer Verlag, 1909. p. 3.
[29] SOMBART, Werner. *A New Social Philosophy*. Trad. Karl F. Geiser. Princeton / Oxford: Princeton University Press / Oxford University Press, 1937. p. 194.

na produção de homens. O Führer não era apenas o gerente geral de todas as atividades; também era o gerente geral da empreitada de fazenda de procriação com vistas ao desenvolvimento de homens superiores e eliminação de estirpes inferiores. Um esquema grandioso de eugenia seria implantado de acordo com princípios "científicos".

É inútil os adeptos da eugenia protestarem que não tinham intenções de fazer o que os nazistas executavam. A eugenia visa colocar alguns homens, apoiados pelo poder de polícia, no controle completo da reprodução humana. Propõe que os métodos utilizados para animais domésticos sejam aplicados aos homens. Isso foi precisamente o que os nazistas tentaram fazer. A única objeção que um eugenista confiável pode levantar é que seu próprio plano difere daquele dos estudiosos nazistas e que pretende criar outro tipo de homens diferente do que querem os nazistas. Como todo adepto do planejamento econômico só visa à execução de seu próprio plano, assim também cada defensor do planejamento eugênico visa à execução de seu próprio plano e quer agir, ele mesmo, como criador da raça humana.

Os eugenistas fingem que querem eliminar os indivíduos criminosos. Não obstante, a qualificação de um homem como criminoso depende das leis vigentes do país e varia de acordo com a mudança de ideologias sociais e políticas. Jan Hus (1369-1415), Giordano Bruno (1548-1600) e Galileu Galilei (1564-1642) foram criminosos a partir do ponto de vista das leis que seus juízes aplicaram. Quando Josef Stalin roubou vários milhões de rublos do Banco Estatal Russo cometeu um crime. Hoje, na Rússia, é um crime discordar de Stalin. Na

Alemanha nazista era crime a relação sexual entre "arianos" e os membros de uma raça "inferior". A quem os eugenistas querem eliminar, Marco Júnio Bruto (85-42 a.C.) ou Júlio César (100-44 a.C.)? Ambos violaram as leis de seu país. Se os eugenistas do século XVIII tivessem impedido os alcoólatras de gerar filhos, o planejamento teria excluído Ludwig van Beethoven (1770-1827).

É importante enfatizar mais uma vez: não existe tal coisa de conclusão científica. Que homens são superiores e quais são inferiores é uma questão que só pode ser decidida por juízos de valores pessoais, não passíveis de confirmação ou falsificação. Os eugenistas iludem-se ao assumir que eles próprios serão convocados para decidir que qualidades devem ser conservadas na estirpe humana. São parvos demais para levar em conta a possibilidade de que outras pessoas possam fazer a escolha de acordo com os seus próprios juízos de valor[30]. Aos olhos dos nazistas, o assassino brutal, a "besta de cabelos louros", é o espécime mais perfeito da humanidade.

Os assassinatos em massa cometidos nos campos de terror nazistas são horríveis demais para ser adequadamente descrito por palavras. Mas eram a aplicação lógica e coerente de doutrinas e políticas que se mostravam como ciência aplicada e eram comprovadas por alguns homens que, em um setor das ciências naturais, demonstram perspicácia e habilidade técnica em pesquisas de laboratório.

---

[30] Para uma devastadora crítica à eugenia, ver: JENNINGS, H. S. *The Biological Basis of Human Nature*. New York: W. W. Norton and Co., 1930. p. 223-52.

Muitas pessoas no mundo inteiro afirmam que uma "experiência" soviética apresentou provas conclusivas em favor do socialismo e refutou todas, ou pelo menos a maioria das objeções formuladas contra ele. Os fatos – eles afirmam – falam por si. Não é mais admissível dar qualquer atenção ao raciocínio apriorístico equivocado dos economistas de poltrona criticando os planos socialistas. Um experimento crucial destruiu suas falácias.

Primeiramente é necessário compreender que no campo das ações humanas e relações sociais intencionais nenhum experimento pode ser feito e nenhum experimento jamais foi levado a cabo. O método experimental ao qual as ciências naturais devem todas as suas realizações é inaplicável nas ciências sociais. As ciências naturais estão em posição de observar as consequências de uma mudança isolada em um único

Os Ensinamentos da Experiência Soviética

elemento, enquanto os outros elementos permanecem inalterados. A observação experimental das ciências naturais refere-se, em última análise, a certos elementos isoláveis na experiência sensorial. O que as ciências naturais chamam de fatos são as relações causais que aparecem em tais experimentos. Suas teorias e hipóteses devem estar de acordo com esses fatos.

Mas a experiência com a qual as ciências da ação humana têm de lidar é essencialmente diferente. É a experiência histórica. É uma experiência de fenômenos complexos, dos efeitos conjuntos provocada pela cooperação de uma multiplicidade de elementos. As ciências sociais nunca estão em condições de controlar as condições de mudança e para isolá-las umas das outras na forma como o experimentador procede ao organizar seus experimentos. Nunca aproveitam a vantagem de observar as consequências de uma mudança de apenas um elemento, em igualdade de condições. Jamais são confrontados com fatos no sentido em que as ciências naturais empregam esse termo. Todos os fatos e toda a experiência com a qual as ciências sociais têm de lidar são abertos a várias interpretações. Os fatos históricos e a experiência histórica não podem nunca comprovar ou refutar uma afirmação na forma em que um experimento comprova ou desmente.

A experiência histórica nunca comenta sobre si mesma. Deve ser interpretada do ponto de vista das teorias construídas sem a ajuda de observações experimentais. Não há necessidade de entrar em uma análise epistemológica dos problemas lógicos e filosóficos em torno da questão. Basta a referência ao fato de que ninguém — quer seja cientista ou leigo — jamais procede de outra forma quando lida com a experiência histórica. Toda discussão sobre a relevância e o significado dos fatos históricos recai logo em seguida em uma discussão de princípios gerais abstratos, logicamente antecedentes aos fatos a ser elucidados e interpretados. A referência à experiência histórica não pode nunca resolver nenhum problema, nem responder a nenhuma pergunta. Os mesmos eventos históricos e os mesmos dados estatísticos são tomados como confirmações de teorias contraditórias.

Se a história pode comprovar e nos ensinar algo, seria que a propriedade privada dos meios de produção é um requisito necessário da civilização e do bem-estar material. Todas as civilizações têm até agora sido baseadas na propriedade privada. Somente as nações comprometidas com o princípio da propriedade privada elevaram-se acima da penúria e produziram ciência, arte e literatura. Não existe experiência que demonstre que qualquer outro sistema social poderia dar à humanidade qualquer uma das conquistas da civilização. Contudo, poucas pessoas apenas consideram isso uma refutação suficiente e incontestável do programa socialista.

Pelo contrário, existem ainda pessoas que argumentam o contrário. Afirma-se com frequência que o sistema de propriedade privada está liquidado precisamente porque era o sistema que os homens aplicavam no passado. Não importa que um sistema social possa ter sido benéfico no passado, dizem eles, não pode ser assim também no futuro; uma nova era exige um novo modo de organização social. A humanidade atingiu a maturidade; seria pernicioso que se prendesse aos princípios a que recorreu nos primeiros estágios de evolução. Esse é certamente o abandono mais radical do experimentalismo. O método experimental pode afirmar: porque a produziu o resultado b no passado, também o produzirá no futuro. Nunca deve afirmar: porque a produziu o resultado b no passado, está provado que não pode mais produzi-lo.

Embora a humanidade não tenha tido nenhuma experiência com o modo de produção socialista, os escritores socialistas desenvolveram vários esquemas de sistemas socialistas com base no raciocínio apriorístico. Não obstante, assim que alguém se atreve a analisar esses projetos e analisá-los quanto à viabilidade e capacidade de avançar em bem-estar humano, os socialistas objetam com veemência. Estas análises, dizem eles, são apenas especulações apriorísticas irresponsáveis. Não podem refutar a precisão de nossas afirmações e o pragmatismo de nossos planos. Não são experimentais. Deve-se tentar o socialismo e, em seguida, os resultados falarão por si.

O que esses socialistas convocam é um absurdo. Levado às suas últimas consequências lógicas, sua ideia implica que os homens não são livres para refutar por meio de raciocínio qualquer esquema, não importa quão sem sentido, autocontraditório e impraticável, que qualquer reformador tenha o prazer de apresentar. De acordo com sua visão, o único método permitido para a contestação de um plano – necessariamente abstrato e apriorístico – é testá-lo por meio da reorganização de toda a sociedade de acordo com seus projetos. Assim que um homem esboça o plano para uma ordem social melhor, todas as nações são obrigadas a experimentá-lo e ver o que vai acontecer.

Mesmo os socialistas mais teimosos não podem deixar de admitir que existem vários planos para a construção da futura utopia, incompatíveis entre si. Existe o padrão soviético de socialização completa de todas as empresas e de toda sua gestão burocrática; existe o modelo alemão de *Zwangswirtschaft*, direção essa que os países anglo-saxões de forma manifesta tendem a adotar completamente; existe o socialismo de guilda, sob o nome de corporativismo, ainda muito popular em alguns países católicos. Existem muitas outras variedades. Os partidários da maioria desses sistemas concorrentes afirmam que os resultados benéficos a se esperar do esquema de cada um deles aparecerão somente quando todas as nações o tiverem adotado; negam que o socialismo em um só país já possa trazer as bênçãos que atribuem ao socialismo. Os marxistas declaram que a bem-aventurança do socialismo surgirá apenas em sua *"fase superior"*, que, como sugerem, aparecerá somente depois que a classe trabalhadora tenha passado *"por longas lutas, através de toda uma série de processos históricos, transformando completamente tanto as circunstâncias quanto os homens*"[31]. A conclusão de tudo isso é que se deve implantar o socialismo e aguardar quietos durante muito tempo até que cheguem os benefícios prometidos. Nenhuma experiência desagradável no período de transição, não importa quanto tempo dure esse período, pode refutar a afirmação de que o socialismo seja o melhor de todos os modos possíveis de organização social. Aquele que crê será salvo.

Mas qual dos vários planos socialistas, contraditórios entre si, deve ser adotado? Cada seita socialista proclama com paixão que só sua própria facção é o socialismo genuíno e que todas as outras seitas defendem medidas inteiramente perniciosas e falsas. Ao lutar entre si, as várias facções socialistas recorrem aos mesmos métodos de raciocínio abstrato que estigmatizam como vão apriorismo sempre que são aplicados contra a acurácia de suas próprias declarações e a viabilidade e praticidade de seus próprios esquemas. Obviamente não há nenhum outro método disponível. As falácias implícitas em um sistema de raciocínio abstrato – como é o socialismo – só podem ser destruídas por meio de raciocínio abstrato.

A objeção fundamental lançada contra a viabilidade do socialismo refere-se à impossibilidade do cálculo econômico. Foi demonstrado de forma irrefutável que uma comunidade socialista não estaria em condições de aplicar o cálculo econômico. Onde não existem preços de mercado para os fatores de produção porque não são nem comprados nem vendidos,

---

[31] MARX. *Der Bürgerkrieg in Frankreich*. Op. cit., p. 54.

é impossível recorrer ao cálculo no planejamento de ação futura e na determinação do resultado da ação passada. A gestão de produção socialista simplesmente não saberia se o que planeja e executa seria ou não o meio mais apropriado para atingir os fins pretendidos. Realizará suas operações como se estivesse no escuro. Desperdiçará os escassos fatores de produção tanto materiais como humanos (mão de obra). O resultado inevitável será o caos e a pobreza para todos.

Todos os socialistas anteriores tinham pouca visão para perceber este ponto essencial. Os economistas antecedentes tampouco concebiam toda a sua importância. Quando este escritor, em 1920, mostrou a impossibilidade do cálculo econômico sob o regime de socialismo, os defensores do socialismo embarcaram na busca de um método de cálculo aplicável a um sistema socialista. Fracassaram por completo nesses esforços. A futilidade dos esquemas que produziam podia ser demonstrada com facilidade. Aqueles comunistas que não ficaram totalmente intimidados pelo medo dos carrascos soviéticos, entre eles Trotsky, por exemplo, admitiram de maneira espontânea que a contabilidade econômica é impensável sem relações de mercado[32]. A falência intelectual da doutrina socialista já não pode ser disfarçada. Apesar de sua popularidade sem precedentes, o socialismo está liquidado. Nenhum economista pode mais levantar dúvidas sobre sua inviabilidade. A adesão a ideias socialistas hoje é a prova de completa ignorância dos problemas básicos da economia. As

---

[32] HAYEK, F. A. *Individualism and the Economic Order*. Chicago: Chicago University Press, 1948. p. 89-91.

premissas dos socialistas são tão fantasiosas quanto as dos astrólogos e magos.

No que tange a esse problema essencial do socialismo, ou seja, o cálculo econômico, o "experimento" russo não tem nenhuma utilidade. Os soviéticos estão operando dentro de um mundo cuja maior parte ainda se apega a uma economia de mercado. Baseiam os cálculos em que fundamentam suas decisões em preços estabelecidos no estrangeiro. Sem a ajuda desses preços, suas ações não teriam nem rumo nem plano. Somente à medida que se referem a esse sistema de preços estrangeiro têm condições de calcular, manter livros e preparar planos. A esse respeito pode-se concordar com a afirmação de vários autores socialistas e comunistas segundo a qual o socialismo em só um ou em poucos países ainda não é o verdadeiro socialismo. Claro, esses autores atribuem um significado completamente diferente à afirmação. Querem dizer que as plenas bênçãos do socialismo só podem ser colhidas em uma comunidade socialista de âmbito mundial. Aqueles que têm familiaridade com os ensinamentos da economia devem, ao contrário, reconhecer que o socialismo redundará em pleno caos precisamente se for aplicado na maior parte do mundo.

A segunda principal objeção levantada contra o socialismo é que se trata de um modo menos eficiente de produção do que o capitalismo e que prejudicará a produtividade do trabalho. Como consequência, em uma comunidade socialista o padrão de vida das massas será baixo quando comparado às condições prevalecentes sob o regime capitalista. Não há dúvida de que essa objeção não foi desmentida pela experiência soviética. A única certeza sobre as questões russas sob o regime soviético em relação às quais todas as pessoas concordam é que o padrão de vida das massas russas é muito mais baixo do que o das massas no país que é universalmente considerado o paradigma do capitalismo, os Estados Unidos da América. Se fosse o caso de considerar o regime soviético uma experiência, teríamos de dizer que a experiência demonstrou de forma clara a superioridade do capitalismo e a inferioridade do socialismo.

É verdade que os defensores do socialismo estão decididos a interpretar o baixo nível do padrão de vida russo de maneira diferente. Da forma como veem as coisas, não foi causado pelo socialismo, mas foi – a despeito do socialismo – causado por outros agentes. Referem-se a vários fatores como, por exemplo, a pobreza da Rússia sob o regime czarista, os efeitos desastrosos das guerras, a suposta hostilidade das nações democráticas capitalistas, a suposta sabotagem dos remanescentes da aristocracia e da burguesia russas e dos *Kulaks*. Não há necessidade de aprofundar a análise dessas questões. Porque não tomamos como argumento que qualquer experiência histórica possa provar ou refutar uma declaração teórica considerando que a interferência de uma experiência crucial possa confirmar ou falsificar uma afirmação sobre eventos naturais. Não são os críticos do socialismo, mas sim seus fanáticos defensores os que afirmam que a "experiência" soviética prova algo que concerne os efeitos do socialismo. No entanto, o que de fato estão fazendo para lidar com os fatos óbvios e indiscutíveis da experiência russa é empurrá--los de lado por meio de truques inadmissíveis e silogismos falaciosos. Negam os fatos inconfundíveis comentando-os, de modo a refutar sua importância e relação com a questão a ser respondida.

Em favor da argumentação, deixe-nos supor que a interpretação deles esteja correta. Mas, então, ainda seria absurdo afirmar que a experiência soviética provou a superioridade do socialismo. Tudo o que se poderia dizer é: o fato de ser baixo o padrão de vida das massas na Rússia não apresenta prova conclusiva de que o socialismo é inferior ao capitalismo.

Uma comparação com a experimentação no campo das ciências naturais pode esclarecer a questão. Um biólogo quer testar um novo alimento a ser patenteado. Serve-o como alimento a várias cobaias. Todas perdem peso e, por fim, morrem. O pesquisador acredita que o declínio e morte dos animais não foram causados pelo alimento a ser patenteado, mas por meras dificuldades acidentais causadas por pneumonia. Contudo, seria absurdo que anunciasse que seu experimento comprovara o valor nutritivo da substância, uma vez que o resultado desfavorável deve ser atribuído a ocorrências acidentais, não relacionadas por meio de causa e efeito com o procedimento experimental. O melhor argumento que o biólogo poderia apresentar é que o resultado do experimento não foi conclusivo, que não prova nada contra o valor nutritivo dos alimentos no ensaio. As coisas ficam, poderia afirmar, como se nenhum experimento tivesse sido realizado.

Mesmo que o padrão de vida das massas russas fosse muito mais elevado do que o dos países capitalistas, ainda assim esse fato não seria prova conclusiva da superioridade do socialismo. Pode-se admitir que o fato incontestável de que o padrão de vida na Rússia é mais baixo do que no Ocidente capitalista não prova de forma conclusiva a inferioridade do socialismo. Mas chega às raias da idiotice anunciar que a experiência da Rússia demonstrou a superioridade do controle público da produção.

Nem sequer o fato de que os exércitos russos, depois de terem sofrido muitas derrotas, por fim – com armamentos fabricados por grandes empresas americanas e doados a eles pelos contribuintes americanos – pode ajudar os americanos na conquista da Alemanha prova a ascendência do comunismo. Quando as forças britânicas tiveram de sustentar um revés temporário no norte da África, o professor Harold J. Laski, o defensor mais radical do socialismo, apressou-se em anunciar o fracasso final do capitalismo. Não foi coerente o bastante para interpretar a conquista alemã da Ucrânia como o fracasso final do comunismo russo. Tampouco se retratou de sua condenação do sistema britânico quando seu país saiu vitorioso na guerra. Se os eventos militares tiverem de ser considerados como prova da excelência de qualquer sistema social, o testemunho é em favor do sistema americano em detrimento do russo.

Nada do que aconteceu na Rússia desde 1917 contradiz qualquer das declarações dos críticos do socialismo e do comunismo. Mesmo que se baseie o julgamento exclusivamente nos escritos de comunistas e companheiros de viagem, não se pode descobrir qualquer característica nas condições russas que favoreça o sistema social e político da União Soviética. Todos os avanços tecnológicos das últimas décadas originaram-se em países capitalistas. É verdade que os russos tentaram copiar algumas dessas inovações. Mas todos os povos orientais atrasados tentaram o mesmo.

Alguns comunistas estão ansiosos para nos convencer de que a opressão cruel de dissidentes e o cerceamento radical da liberdade de pensamento, de expressão e de imprensa não são marcas inerentes do controle público dos negócios. Não passam, argumentam eles, de fenômenos acidentais do comunismo, sua marca em um país que — como era o caso com a Rússia — nunca gozara de liberdade de pensamento e de consciência. No entanto, esses defensores do despotismo totalitário não têm como explicar como os direitos do homem poderiam ser salvaguardados sob a onipotência do governo.

A liberdade de pensamento e de consciência é uma farsa em um país em que as autoridades têm liberdade de mandar para o exílio no Ártico ou no deserto aqueles de quem não gostam, e condená-los a penas perpétuas de duro trabalho forçado. O autocrata pode sempre tentar justificar tais atos arbitrários fingindo que a motivação exclusiva para isso são considerações de bem-estar público e pragmatismo econômico. Ele é o único árbitro supremo para decidir todas as questões referentes à execução do plano. A liberdade de imprensa é ilusória quando o governo tem a propriedade e comanda o funcionamento de todas as fábricas de papel, tipografias e editoras, e, em última análise, decide o que deve e o que não deve ser impresso. O direito de reunião não tem valor algum se o governo é dono de todas as salas de reunião e determina para que fins devam ser utilizadas. E assim se sucede também com todas as outras liberdades. Em um de seus momentos lúcidos, Trotsky — é claro que o Trotsky caçado em exílio, e não o brutal comandante do exército vermelho — viu as coisas de forma realista e declarou:

Em um país em que o único empregador é o Estado, a oposição significa morte por meio de lenta inanição. O antigo princípio: quem não trabalha não come foi substituído por um novo; quem não obedece não come[33].

Essa confissão resolve o problema.

O que a experiência russa mostra é um nível muito baixo do padrão de vida das massas e despotismo ditatorial sem limites. Os defensores do comunismo estão decididos a explicar esses fatos não contestados unicamente como acidentais; são, dizem eles, não o fruto do comunismo, mas ocorreram a despeito do comunismo. Porém, mesmo que se fossem aceitar essas desculpas em benefício da controvérsia, seria absurdo afirmar que a "experiência" soviética tenha demonstrado alguma coisa em favor do comunismo e do socialismo.

---

[33] Citado em: HAYEK, F. A. *The Road to Serfdom*. London: George Routledge and Sons, 1944. p. 119.

CAPÍTULO 10

Muitas pessoas acreditam que a chegada do totalitarismo é inevitável. A *"onda do futuro"*, afirmam, *"inexoravelmente leva a humanidade a um sistema em que todos os assuntos humanos são geridos por ditadores onipotentes. É inútil lutar contra os insondáveis decretos da história"*.

A verdade é que faltam à maioria das pessoas a capacidade intelectual e a coragem para resistir a um movimento popular, ainda que seja pernicioso e irrefletido em alto grau. Otto von Bismarck uma vez lamentou a falta do que denominou "coragem civil", ou seja, bravura no trato de questões cívicas, por parte de seus compatriotas. Não obstante, os cidadãos de outras nações tampouco exibem mais coragem e sensatez, quando confrontados pela ameaça de ditadura comunista. Cedem em silêncio ou, de forma tímida, levantam algumas objeções insignificantes.

A Suposta Fatalidade do Socialismo

Não se combate o socialismo criticando apenas algumas características acidentais de seus métodos. Ao atacar a posição de muitos socialistas sobre o divórcio e controle de natalidade, ou suas ideias sobre arte e literatura, não se contesta o socialismo. Não é suficiente desaprovar as afirmações marxistas segundo as quais a teoria da relatividade ou a filosofia de Henri Bergson (1859-1941) ou a psicanálise são bobagens "burguesas". Aqueles que criticam o bolchevismo e o nazismo somente pelas tendências anticristãs de forma implícita endossam todo o restante desses regimes sangrentos.

Por outro lado, é pura estupidez elogiar os regimes totalitários por supostas realizações que não tenham nenhuma referência de nenhum tipo aos seus princípios políticos e econômicos. É questionável se estavam corretas ou não as observações segundo as quais na Itália fascista os trens funcionavam dentro do horário, e a população de insetos das camas dos hotéis de segunda categoria de hotel estava diminuindo; mas, em todo o caso, não tem nenhuma importância para o problema do fascismo. Os companheiros de viagem ficam em êxtase com os filmes russos, música russa e caviar russo. No entanto, músicos de maior importância viveram em outros países, sob outros sistemas sociais; produziram-se bons filmes em outros países também; e com certeza não é mérito do generalíssimo Josef Stalin que o sabor do caviar seja delicioso. Nem a beleza de bailarinos russos ou a construção de uma grande usina de energia no Dnieper é desculpa para o massacre em massa dos *Kulaks*.

Os leitores de revistas ilustradas e os fãs de cinema sentem falta do charme. Sentem-se da mesma forma a respeito dos concursos de ópera dos fascistas e nazistas e o desfile dos batalhões de moças do Exército Vermelho. É mais divertido ouvir os discursos de rádio de um ditador do que estudar tratados econômicos. Os empresários e tecnólogos que abrem caminho para a melhoria econômica trabalham em reclusão; o trabalho deles não é apropriado para aparecer na tela. No entanto, os ditadores, decididos a difundir a morte e a destruição, ficam em espetáculo, à vista do público. Vestido em trajes militares, aos olhos dos cinéfilos, eclipsam os burgueses incolores à paisana.

Os problemas de organização econômica da sociedade não são adequados para conversas amenas em coquetéis elegantes. Tampouco podem ser tratados de forma apropriada por demagogos discursando em assembleias de massa. São coisas sérias. Exigem estudo cuidadoso. Não devem ser levados de modo frívolo.

A propaganda socialista nunca se deparou com uma oposição resoluta. A crítica devastadora por meio da qual os economistas exploraram a futilidade e a impraticabilidade dos regimes e doutrinas socialistas não atingiu os formadores de opinião pública. As universidades ficaram majoritariamente dominadas por pedantes ou intervencionistas socialistas não só na Europa continental, onde eram propriedade dos governos e administrados por eles, mas acontecia o mesmo até nos países anglo-saxões. Os políticos e os estadistas, ansiosos para não perder popularidade, ficavam mornos na defesa da liberdade. A política de apaziguamento, muito criticada quando aplicada no caso de nazistas e fascistas, foi praticada universalmente por muitas décadas no que diz respeito a todos os outros tipos de socialismo. Foi esse derrotismo que fez a nova geração acreditar que a vitória do socialismo é inevitável.

Não é verdade que as massas estejam clamando com veemência pelo socialismo e que não haja meios de resistir-lhes. As massas favorecem o socialismo porque confiam na propaganda socialista dos intelectuais. Os intelectuais, e não a população, formam a opinião pública. É uma desculpa esfarrapada dos intelectuais afirmar que se rendem às massas. Eles próprios geraram as ideias socialistas e as usaram para doutrinar as massas. Nenhum proletário ou filho de proletário contribuiu para a elaboração dos programas intervencionistas e socialistas. Seus autores eram todos de origem burguesa. Os escritos esotéricos do materialismo dialético, de Georg Wilhelm Friedrich Hegel (1770-1831), o pai não só do marxismo e do violento nacionalismo alemão, os livros de Georges Sorel, de Giovanni Gentile (1875-1944) e de Oswald Spengler (1880-1936) não foram lidos pelo cidadão comum;

não moveram as massas de forma direta. Foram os intelectuais que os popularizaram.

Os guias intelectuais dos povos produziram e propagaram as falácias que estão a ponto de destruir a liberdade e a civilização ocidental. Os intelectuais são os únicos responsáveis pelos assassinatos em massa que são a marca característica de nosso século. Só eles podem inverter a tendência e abrir o caminho para uma ressurreição da liberdade.

Não são as "forças produtivas materiais" e sim a razão e as ideias que determinam o curso dos assuntos humanos. O que é necessário para estacar a tendência em direção ao socialismo e ao despotismo são bom senso e coragem moral.

POSFÁCIO À EDIÇÃO BRASILEIRA

Ninguém admirou e respeitou Ludwig von Mises (1881-1973) mais do que Murray N. Rothbard (1926-1995), que dedicou sua *magnum opus* em teoria econômica, *Man, Economy, and State*[1] [*O Homem, a Economia e o Estado*] a seu grande mentor. Ainda assim, Rothbard não se absteve de criticar Mises quando acreditava que era pertinente. Assim, em *The Ethics of Liberty* [*A Ética da Liberdade*], Rothbard sujeita o liberalismo utilitarista de Mises a uma minuciosa crítica, concluindo que é, em última análise, incapaz de servir como fundamento intelectual para uma sociedade livre[2].

---

[1] ROTHBARD, Murray. *Man, Economy and State: A Treatise on Economic Principles*. Auburn: Ludwig von Mises Institute, 3ª ed, 1993. [Uma tradução para o português deste tratado será lançada em 2018 pela LVM Editora (N. E.)].

[2] ROTHBARD, Murray N. *The Ethics of Liberty*. Atlantic Highlands: Humanities Press, 1982.

Mises Sobre o Fascismo, a Democracia e Outras Questões

Ralph Raico

É neste espírito rothbardiano de engajamento respeitoso com o pensamento de Ludwig von Mises que ofereço este ensaio, que lida com alguns aspectos cruciais da política suscitados pela obra *Liberalismus*³ [*Liberalismo*] desse autor.

p. 201-14. [Em língua portuguesa, ver: ROTHBARD, Murray N. *A Ética da Liberdade*. Intr. Hans-Hermann Hoppe; trad. Fernando Fiori Chiocca. São Paulo: Instituto Ludwig von Mises Brasil, 2010. p. 275-90. (N. E.)]

³ Publicado originalmente em alemão como: MISES. Ludwig von. *Liberalismus*. Jena: Gustav Fischer, 1927. a primeira edição em inglês, intitulada segundo a sugestão de Mises, foi lançada como: MISES. Ludwig von. *The Free and Prosperous Commonwealth*. Ed. Arthur Goddard; trad. Ralph Raico. Princeton: Van Nostrans, 1962. Em sua segunda edição, a versão inglesa foi publicada como: MISES. Ludwig von. *Liberalism: A Socio-Economic Exposition*. Pref. Louis M. Spadaro; trad. Ralph Raico. Kansas City: Sheed, Andrews and McMeel, 1978. A terceira edição apareceu como: MISES. Ludwig von. *Liberalism: In the Classical Tradition*. Pref. Bettina Bien Greaves; trad. Ralph Raico. Irvington-on-Hudson / San Francisco: Foundation for Economic Education / Cobden Press, 1985. As citações neste texto são da edição de 1978. [O livro se encontra em língua portuguesa na seguinte edição: MISES, Ludwig von. *Liberalismo*:

I - Introdução

A exposição que Ludwig von Mises proporciona da filosofia liberal social e política, na obra *Liberalismo*, é digna de atenção por diversas razões. Em primeiro lugar, não há dúvidas de que Mises foi o principal pensador liberal do século XX[4]. Em segundo lugar, *Liberalismo* é a tentativa mais sistemática de Mises "para apresentar um panorama conciso do significado essencial" de sua filosofia social, bem como para reformular o liberalismo para o mundo contemporâneo[5]. Ademais, conforme veremos, a apresentação de Mises levanta

---

Segundo a Tradição Clássica. Preâmbulo de Louis M. Spadaro; Prefs. Thomas Woods & Bettina Bien Greaves; trad. Haydn Coutinho Pimenta. São Paulo: Instituto Ludwig von Mises Brasil, 2ª Ed., 2010. (N. E.)].

4 Friedrich August von Hayek (1899-1992), por exemplo, observou que já com a publicação do livro *Socialism: An Economic and Sociological Analysis* [*Socialismo: Uma Análise Econômica e Sociológica*], lançado originalmente em alemão no ano de 1922 como *Die Gemeinwirtschaft: Untersuchungen über den Sozialismus* [*A Economia Coletiva: Estudos sobre o Socialismo*], Mises foi reconhecido como *"o principal intérprete e defensor do sistema de livre iniciativa"* (HAYEK, F. A. *The Fortunes of Liberalism: Essays on Austrian Economics and the Ideal of Freedom – The Collected Works of F. A. Hayek: Volume 4*. Ed. Peter Klein. Chicago: University of Chicago Press, 1992. p. 127). Milton Friedman (1912-2006) afirmou que *"Ludwig von Mises fez mais para difundir as ideias fundamentais acerca do livre mercado do que qualquer outro indivíduo"* (FRIEDMAN, Milton. "Say 'No' to Intolerance". *Liberty*, Volume 4, Number 6 (July 1991), p. 18). Isto ocorreu, contudo, durante uma crítica da "intolerância" de Mises.

[5] MISES. *Liberalism. Op. cit.*, p. 3. F. A. Hayek caracterizou o livro como *"escrito um pouco apressadamente"* e também afirmou que teve "menos sucesso" do que *Socialism*, o que dificilmente é uma crítica pertinente. (HAYEK. *The Fortunes of Liberalism. Op. cit.*, p. 145).

uma série de problemas muito importantes com respeito à sua versão da doutrina liberal.

O ponto de partida de Mises já é, em si mesmo, bastante notável:

> O programa do liberalismo, portanto, se condensado em uma única palavra, deveria ser lido como: *propriedade*, isto é, a propriedade privada dos meios de produção [...]. Todas as outras demandas do liberalismo resultam desta exigência fundamental[6].

Aqui, a posição de Ludwig von Mises se encontra em nítido contraste com um tratamento do assunto que é muito mais famoso, o livro *History of European Liberalism* [*A História do Liberalismo Europeu*], publicado dois anos antes, pelo filósofo italiano Guido de Ruggiero (1888-1948). No que se tornou uma obra chave, Ruggiero optou por tratar o liberalismo de maneira "idealista", limitando o tratamento de seus aspectos econômicos a umas poucas observações hostis e pedestres[7].

Nos países anglófonos, a abordagem de Ludwig von Mises se encontra em oposição à venerável tradição rastreável

---

[6] MISES. *Liberalism. Op. cit.*, p. 19. Ênfase no original.
[7] RUGGIERO, Guido de. *The History of European Liberalism*. Trad. R. G. Collingwood. Gloucester: Peter Smith, 1981. A edição italiana original data de 1925. A atitude consistentemente antagônica de Ruggiero para com o liberalismo econômico se reflete em seu ataque contra Frédéric Bastiat (1801-1850). De acordo com Ruggiero, as obras do liberal francês *"tornaram-se, adequadamente, um alvo para a sátira dos socialistas"*, dado que nelas *"a hostilidade para com o Estado que marca o início do liberalismo encontra [...] uma expressão singularmente crua e grotesca"* (p. 187).

até *On Liberty* [*Sobre a Liberdade*] de John Stuart Mill (1806-1873). Nessa obra, talvez intitulada com presunção, longe de expandir o campo da ação livre, Mill fundamentalmente a restringe à liberdade de opinião e às "experiências de viver". Algumas áreas que são de preocupação mais urgente para a maior parte da humanidade – tais como a liberdade para praticar as tradições e os costumes da própria comunidade sem interferência de uma burocracia estatal que pretende introduzir "melhorias" – são tratadas com desdém. Outras, tais como a liberdade econômica, são deliberadamente classificadas como situadas fora dos limites da discussão. Por exemplo, *"o princípio da liberdade individual não se encontra envolvido com o livre comércio"*[8]. Mais do que qualquer outro, foi o "confuso Mill", tal como Murray Rothbard o chamava com perspicácia[9], que produziu o atoleiro conceitual da atualidade, devido à sua grande influência e por sua supressão de qualquer distinção entre liberais e sociais democratas.

---

[8] MILL, John Stuart. *On Liberty*. Ed. Gertrude Himmelfarb. London: Penguin, 1985. p. 164.

[9] Ver o tratamento agradavelmente irreverente a respeito do "vacilante" Mill em: ROTHBARD, Murray N. *An Austrian Perspective on the History of Economic Thought – Volume 2: Classical Economics*. Aldershot: Edward Elgar, 1995. p. 277-95. Rothbard, em particular, zomba da celebrada capacidade de Mill para a "síntese" intelectual por produzir *"mais propriamente uma grande quantidade de restos de cozinha de posições diversas e contraditórias"* (p. 277). Um bom exemplo desta característica em Mill é sua afirmação sobre a grande desejabilidade de *"possuir permanentemente um corpo habilidoso e eficiente de funcionários – acima de tudo, um corpo capaz de ser original e disposto a adotar melhorias"* (MILL. *On Liberty. Op. cit.*, p. 185) – isto após várias páginas advertindo a respeito dos diversos perigos da burocracia estatal.

Seguindo os passos de John Stuart Mill, diversos expositores do ideário liberal consideraram possível discutir o assunto ignorando amplamente os direitos de propriedade. Viam isto como um caminho mais alto, mais eticamente elevado, uma escolha que apresenta a vantagem de não atolar o aspirante a liberal em uma defesa embaraçosa dos direitos dos detentores de propriedade. Isso é o que ocorre, por exemplo, com o liberal inglês contemporâneo mais famoso, Isaiah Berlin (1909-1997). Um crítico do liberalismo observou astutamente como, em sua elogiosa defesa de Benjamin Constant (1767-1830), Berlin se concentra em sua defesa da liberdade intelectual e privacidade pessoal, *"ignorando discretamente, ou minimizando o firme compromisso de Constant com o poder da propriedade* [sic] *e com um mercado totalmente desregulado"*[10]. Assim como inúmeros escritores, Berlin prefere conduzir sua discussão sobre o liberalismo em termos da *"neutralidade de valor da política do Estado"* e das *"necessidades da personalidade humana"*. Neste lado do Atlântico, o mais aclamado autor liberal da atualidade, John Rawls (1921-2002), afirma em sua principal obra que: *"Por toda parte a escolha entre uma economia baseada na propriedade privada e o socialismo é deixada em aberto [...] "*[11].

---

[10] ARBLASTER, Anthony. *The Rise and Decline of Western Liberalism*. Oxford: Basil Blackwell, 1984. p. 234, p. 317 n. 29.

[11] RAWLS, John. *A Theory of Justice*. Cambridge: Harvard University Press, 1971. p. 258. As implicações assustadoramente anti-individualistas do sistema de Rawls são demonstradas de maneira convincente em: FLEW, Antony. "Annihilating the Individual". *In: Equality in Liberty and Justice*. London: Routledge, 1989. p. 144-64.

II - Mises e o Fascismo

Por mais estranho que possa parecer, praticamente o único contexto no qual a obra *Liberalismo* de Ludwig von Mises foi mencionada recentemente na literatura geral foi no que diz respeito ao breve capítulo sobre "O Argumento do Fascismo". Aqui, Mises declara:

> Não pode ser negado que o fascismo [italiano] e movimentos similares que tentaram o estabelecimento de ditaduras estão repletos de boas intenções e que sua intervenção, no presente momento, salvou a civilização europeia. O mérito que o fascismo conquistou para si viverá eternamente na história[12].

Esta e umas poucas passagens semelhantes nos escritos de Mises deram espaço para duras críticas por parte de alguns autores marxistas. Em um artigo de 1934, republicado em 1968, Herbert Marcuse (1898-1979) citou essa passagem em uma tentativa de evidenciar a congruência fundamental entre o liberalismo e o fascismo[13]. Recentemente, Perry Anderson fez alusão a esse primeiro posicionamento de Mises a respeito do fascismo em uma discussão sobre o "Direito Intransigente" no pensamento político do século XX. De acordo com Anderson:

---

[12] MISES. *Liberalism. Op. cit.*, p. 51.
[13] MARCUSE, Herbert. *Negations: Essays in Critical Theory*. Trad. Jeremy J. Shapiro. Boston: Beacon Press, 1968. p. 10.

Não houve defensor mais franco do liberalismo clássico no mundo germanófono dos anos 1920 [do que Mises]. A despeito disso, o cenário político austríaco, dominado como estava pelo conflito entre uma Esquerda social-democrata e uma Direita clerical, deixou pouco espaço para esta perspectiva. Aqui, Mises não hesitou; na luta contra o movimento trabalhista, uma posição autoritária pode muito bem ser necessária. Olhando para além da fronteira, pôde ver as virtudes de Benito Mussolini. Os Camisas-Negras salvaram, momentaneamente, a civilização europeia para o princípio da propriedade privada: *"o mérito que o fascismo conquistou para si viverá eternamente na história"*. Conselheiro do monsenhor Ignaz Seipel (1876-1932), o prelado que governou a Áustria no final dos anos 1920, Mises aprovou o esmagamento de Engelbert Dollfuss (1892-1934) do movimento trabalhista e da democracia nos anos 1930, jogando a culpa pela repressão de 1934 que instalou uma ditadura clerical na loucura dos social-democratas que contestaram a aliança com a Itália[14].

---

[14] ANDERSON, Perry. "The Intransigent Right at the End of the Century". *London Review of Books*. Volume 14, Number 18 (September 24, 1992), p. 8. Traduzido e reimpresso com notas de rodapé em: ANDERSON, Perry. "Die eiserne Rechte am Ende des Jahrhunderts. Über Michael Oakeshott, Carl Schmitt, Leo Strauss und Friedrich von Hayek". *Freibeuter*, Number 55 (1993): 17-18 (sou grato ao professor Anderson por esta referência). Anderson prossegue afirmando que Mises também tentou uma *"exculpação da Áustria"*, incriminando somente a Alemanha pelos atos dos nazistas. Anderson cita a partir de: MISES, Ludwig von. *Erinnerungen*. Pref. Margit von Mises; intr. Friedrich August von Hayek. Stuttgart: Gustav Fischer, 1978. p. 91, ênfase no original. Nessa obra, Mises escreve a respeito dos austríacos que eram *"o único povo do continente europeu que – nos dias do Heimwehr – resistiram seriamente a Hitler"* (MISES, Ludwig von. *Notes and Recollections*. Pref. Margit von Mises; trad. Hans F. Sennholtz. South

A este respeito, o crítico mais agressivo de Mises foi um autor alemão especialista no pensamento econômico do século XX, Claus-Dieter Krohn. Em uma obra recém traduzida para o inglês, Krohn afirma que a simpatia de Mises pelo fascismo italiano pode ser atribuída a seu medo a respeito *"das demandas das massas por participação na sociedade industrial e a necessidade de regulação coletiva dos conflitos sociais potenciais"*. Ao citar a passagem de *Liberalismo* mencionada no início desta seção, Krohn coloca que *"já em 1927 Mises identificou, no fascismo italiano, um baluarte bem-vindo contra o avanço do coletivismo"*, sugerindo, enganosamente, que Mises teria continuado a apoiar o fascismo depois disso[15].

Krohn apresentou uma crítica mais detalhada e virulenta de Mises em uma obra anterior[16]. Nela, afirmou que Mises posteriormente atingiu o ponto mais alto de sua influência

---

Holland: Libertarian Press, 1978. p. 142). A respeito deste ponto bastante trivial, Mises talvez possa ser desculpado pelo seu patriotismo austríaco. Sobre seu apoio implícito ao governo austríaco pela supressão dos social-democratas, deve ser observado que Mises tinha para si, corretamente, que Benito Mussolini (1883-1945) mantinha *"o único governo disposto a apoiar a Áustria em sua luta contra o controle dos nazistas"* em 1934 (MISES. *Notes and Recollections. Op. cit.*, p. 140) e que a violenta oposição dos social-democratas à aliança com Mussolini ameaçou levar a uma absorção da Áustria pelos nazistas (MISES. *Notes and Recollections. Op. cit.*, p. 140-41).

[15] KROHN, Claus Dieter. *Intellectuals in Exile: Refugee Scholars and the New School for Social Research*. Pref. Arthur J. Vidich; trad. Rita Kimber e Robert Kimber. Amherst: University of Massachusetts Press, 1993. p. 47. Em todo caso, a afirmação de Krohn é – caracteristicamente – enganosa, dado que as observações de Mises pertencem ao período 1919-1922, antes do estabelecimento de um regime fascista.

[16] KROHN, Claus Dieter. *Wirtschaftstheorien als politische Interessen: Die akademische Nationalökonomie in Deutschland 1918-1933*. Frankfurt a. M.: Campus Verlag, 1981. Esp. p. 33-38, 111-17.

nos Estados Unidos da América, "na fase da Guerra Fria", quando participou do grupo que promoveu "a assim chamada teoria do totalitarismo", que era "menos uma teoria analítica do que uma contra-ideologia irracional [*Abwehrideologie*]". Mises, na visão de Krohn, situava-se sempre menos na tradição liberal do que na linha da burguesia alemã que, com medo da *"'República Vermelha', frequentemente buscou proteção sob as amplas asas do Estado autoritário"*:

> Suas concepções a respeito da ordem social se reduziram a uma defesa da propriedade privada que exigia necessariamente, para sua realização, um complemento autoritário. Assim como os grandes grupos de interesse, a partir do final dos anos 1930, revelaram um interesse crescente no corporativismo italiano, Mises também demonstrou, neste período, simpatias não meramente latentes pelo fascismo[17].

Diferentemente de Marcuse e Anderson, Krohn reconhece que a gratidão de Mises para com o fascismo se baseava em sua oposição à ameaça comunista da época. Prossegue, então, descaracterizando a posição de Mises em uma paráfrase, afirmando que o autor acreditava:

> [Que] os movimentos fascistas na Alemanha[18] e Itália são a força progressiva do futuro, pois somente eles encontraram o

---

[17] Idem. *Ibidem*, p. 37.
[18] Este é um de muitos exemplos da desonestidade absoluta de Krohn. O entendimento usual a respeito do "fascismo alemão", na atualidade, especialmente na Alemanha, é o nacional-socialismo, ou nazismo. Mises, obviamente, sempre rejeitou o nazismo em

entusiasmo, na exigência extrema da situação, para se libertar dos limites tradicionais da justiça e da moralidade, e para se prepararem para *"contra-ações sangrentas"*. Mesmo se do ponto de vista do liberal alguns excessos devem ser condenados, há, em todo caso, apenas *"ações reflexas"* momentâneas, cometidas no calor das paixões. Assim que a raiva inicial desvanecesse, a política fascista *"adotaria um rumo mais moderado e provavelmente isso ocorreria cada vez mais com o passar do tempo"*, dado que não se pode negar *"que o fascismo e movimentos similares, que tentaram o estabelecimento de ditaduras, estão repletos de boas intenções e que sua intervenção, no presente momento, salvou a civilização europeia. O mérito que o fascismo conquistou para si viverá eternamente na história"*[19].

---

todos os aspectos. Quando Mises se referiu ao movimento alemão que era semelhante ao fascismo italiano em sua oposição violenta ao comunismo, tinha em mente os *"militaristas e nacionalistas"* (MISES. *Liberalism. Op. cit.*, p. 48) dos primeiros anos que se seguiram à Primeira Guerra Mundial na Alemanha, em particular os *Freikorps*. Da maneira como Mises apresenta a situação em *Omnipotent Government* (New Haven: Yale University Press, 1944. p. 198-201; 206-07), a ameaça de uma conquista bolchevique da Alemanha, em janeiro de 1919, era muito real. Os bolcheviques alemães se levantaram em uma revolta armada e controlavam a maior parte de Berlim, além de outros centros. *"No entanto, para as gangues e tropas nacionalistas e para os remanescentes do antigo exército, poderiam ter tomado o poder em toda a Alemanha. Havia apenas um fator que poderia parar seu avanço e que realmente o freou: as forças armadas da Direita"* (p. 200-01). Ver, também, seu elogio, bem como suas críticas aos bandos de *Freikorps*, nas p. 206-07. A interpretação de Mises acerca do papel das forças da direita para impedir a ascensão comunista em 1919 é apoiada por: SCHULZE, Hagen. *Weimar Deutschland 1917-1933*. Berlin: Siedler, 1982. p. 180-82.
[19] KROHN. *Wirtschaftstheorien als politische Interessen. Op. cit.*, p. 37-38. Tipicamente, Krohn distorce o que Mises queria dizer mesmo quando não há aparentemente nenhuma vantagem polêmica a ser obtida. No texto de Mises, não há conexão entre as afirmações a respeito da moderação futura do fascismo e seu mérito eterno, que aparecem em páginas diferentes (p. 49, 51).

Deve ser apontado de uma vez que a suposta referência de Mises a respeito dos movimentos fascistas alemão e italiano como *"a força progressiva do futuro"* não passa de invenção por parte de Krohn.

Também é necessário esclarecer que a passagem citada de Mises ocorre no contexto de um *ataque* ao fascismo. Mises criticou e rejeitou o fascismo por seu programa econômico antiliberal e intervencionista, bem com por sua política externa baseada na força, que *"não pode senão dar origem a uma série interminável de guerras"* e, mais fundamentalmente, por sua *"fé total no poder decisivo da violência"*, ao invés do argumento racional para chegar, em última análise, à vitória[20].

Quanto à aprovação de Mises pelos fascistas em uma conjuntura histórica específica, as circunstâncias que a ocasionaram – e justificaram – estão, atualmente, há muito esquecidas. Por esta razão, dado que levanta questões de importância fundamental para a teoria liberal, o assunto merece uma discussão mais extensa.

Embora Krohn finalmente faça alusão ao raciocínio de Mises, ao se referir à sua crença na ameaça comunista da época, obviamente não faz justiça ao argumento de Mises.

Mises começa apontando alguns fatos que hoje, talvez, não sejam tão conhecidos tal como merecem. O fascismo italiano (e, em certa medida, movimentos semelhantes em outros países, tais como os *Freikorps* na Alemanha) ganharam

---

[20] MISES. *Liberalism. Op. cit.*, p. 49-51. Para uma defesa de Mises contra Marcuse nesta questão, ver também: ROTHBARD, Murray N. "The Laissez-Faire Radical: A Quest for the Historical Mises". *Journal of Libertarian Studies*. Volume 5, Number 3 (Summer, 1981). p. 251, n. 3.

importância em resposta a um desafio em particular. Em 1919, Vladimir Lenin (1870-1924) formou a Terceira Internacional, ou Internacional Comunista (geralmente conhecida como Comintern), formada pelos partidos comunistas ao redor do mundo, com o objetivo da revolução mundial. Tal como Mises corretamente coloca, os partidos da Comintern não se esquivaram *"da adoção aberta de uma política de aniquilação dos oponentes"*[21].

> Em dezembro de 1917, Lenin lançou uma campanha de incitamento ao terror, encorajando as massas a fazerem justiça com as próprias mãos, a "roubarem dos ladrões" (ou seja, a despojarem os proprietários de terras e a burguesia), a perpetrarem a "justiça das ruas" (praticamente linchamentos) contra "especuladores" (isto é, quem operava no mercado negro) e, em geral, para se engajarem em uma luta de classes fratricida nas cidades e aldeias[22].

Grigory Zinoviev (1883-1936), o principal líder do Comintern, declarou, em 1918, que, caso fosse necessário, os bolcheviques exterminariam dez milhões de pessoas na Rússia[23] (no fim das contas, o total foi consideravelmente maior). A criação da Cheka em 1918 – a primeira encarnação da polícia secreta soviética – começou a transformação do Terror Vermelho em

---

[21] MISES. *Liberalism*. Op. cit., p. 47.
[22] LEGGETT, George. *The Cheka: Lenin's Political Police*. Oxford: Clarendon Press, 1981. p. 54.
[23] NOLTE, Ernst. *Der europäische Bürgerkrieg, 1917-1945: Nationalsozialismus und Bolschewismus*. Frankfurt a. M. / Berlin: Propyläen, 1987. p. 558-59, n. 41.

um sistema. Isto, ao lado das transformações econômicas que arruinaram a economia e produziram fome em massa, era o que o Comintern prometia – e esperava – proporcionar a todas as nações da Europa, e a seguir do mundo[24].

Repúblicas soviéticas foram criadas, brevemente, na Baváría e Hungria. Em 1920, Lenin transformou a guerra Polaco-Soviética em uma campanha para a conquista e comunização da Polônia, como prelúdio para uma expansão maior[25]. Conclamou o *"massacre sem piedade dos proprietários de terras e dos* kulaks*"* e sugeriu pagar recompensas àqueles que assassinassem inimigos de classe[26]. Os poloneses, entretanto, permaneceram firmes e pararam o Exército Vermelho nos portões de Varsóvia.

III - A Ameaça da Revolução Socialista na Itália

Lenin e os demais líderes bolcheviques consideravam a Itália como uma área particularmente promissora para a revolução. O Partido Socialista Italiano (PSI) estava sob controle dos "maximalistas", que se consideravam leninistas e que recorriam ao Comintern para fins de orientação ideológica.

---

[24] No verão de 1919, Zinoviev declarou que: *"O movimento avança com uma velocidade tão estonteante que podemos dizer com confiança: em um ano [...] toda a Europa será comunista. E a luta pelo comunismo será transferida para a América, e talvez para a Ásia e para outras partes do mundo".* (PIPES, Richard. *Russia Under the Bolshevik Regime.* New York: Knopf, 1993. p. 174-75).
[25] PIPES. *Russia Under the Bolshevik Regime. Op. cit.*, p. 177-83, 187-93.
[26] Idem. *Ibidem*, p. 188.

No programa adotado no décimo-sexto congresso do partido, que ocorreu em Bolonha em outubro de 1919, o PSI proclamou o início de *"um período de lutas revolucionárias, para conseguir a supressão da burguesia pela força em um curto período de tempo"* e conclamou à *"insurreição armada das massas e dos soldados proletários"*, para o estabelecimento da ditadura do proletariado[27]. Os socialistas declararam que "o proletariado precisa ter acesso ao uso da violência para a conquista do poder sobre a burguesia [...] precisamos utilizar organizações novas e proletárias tais como os sovietes de trabalhadores e precisamos aderir à Terceira Internacional"[28].

Nas eleições gerais de 1919, o PSI se tornou, por ampla margem, o maior partido no parlamento, bem como o mais organizado[29]. Seus porta-vozes e agitadores anunciaram a revolução socialista vindoura e o PSI trabalhou ativamente para desestabilizar as instituições do Estado, inclusive o parlamento, como um prelúdio[30]. O periódico do partido, *Avanti!*, foi

---

[27] PETERSEN, Jan. "Violence in Italian Fascism, 1919-25". *In*: MOMMSEN, Wolfgang J. & HIRSCHFELD, Gerhard (Eds.). *Social Protest, Violence and Terror in Nineteenth- and Twentieth-Century Europe*. New York: St. Martin's, 1982. p. 279. Petersen enfatiza, entretanto, que *"de fato nada ocorreu para dar a esta retórica de revolução e violência uma base firme sobre a qual planejar e agir"*. Ver também: SALVATORELLI, Luigi & MIRA, Giovanni. *Storia d'Italia nel periodo fascista*. Rome: Guilio Einaudi, 1964. p. 103-04.

[28] SMITH, Denis Mack. *Italy. A Modern History*. Ann Arbor: University of Michigan Press, 1959. p. 327-28.

[29] Idem. *Ibidem*, p. 327. É pertinente notar que, na Rússia, os bolcheviques obtiveram somente em torno de 25 por cento dos votos para a Assembleia Constituinte que se reuniu em janeiro de 1918.

[30] MORGAN, Philip. *Italian Fascism, 1919-1945*. New York: St. Martin's, 1995, p. 11. Morgan também observa que na ala esquerda do Partido Católico

longe a ponto de declarar que "em breve, todos os partidos serão eliminados"[31]. Quando o esquerdista Francesco Nitti (1868-1953) ascendeu ao cargo de primeiro ministro, Antonio Gramsci (1891-1937) o exaltou como o Alexandre Kerensky (1881-1970) da iminente revolução comunista italiana[32]. Na atualidade, afirma-se com frequência que grande parte disso tudo não passava de blefe e de postura revolucionária, *"muitos latidos e nenhuma mordida"*[33]. Esta não era, entretanto, a percepção de contemporâneos proeminentes[34].

A violência socialista era uma característica da vida pública na Itália. Dirigida contra a propriedade dos empregadores e, especialmente, contra trabalhadores que não aderiam

---

(PPI), houve aqueles que se juntaram à luta em nome do *"proletariado cristão"* (p. 19).

[31] SETTEMBRINI, Domenico. *Fascismo: controrivoluzione imperfetta*. Florence: Sansoni, 1978. p. 125-26, 125 n. 5.

[32] SMITH. *Italy*. Op. cit., p. 330.

[33] Idem. *Ibidem*, p. 328. Em uma obra mais recente, *Mussolini* (New York: Knopf, 1982, p. 41), Smith continua a sustentar que deveria ter sido óbvio que os *"sindicalistas do comércio italianos e os socialistas não eram do tipo de Lenin e nunca tomariam o controle do Estado: eram revolucionários somente no nome e ficariam indefesos caso os esquadrões armados fascistas entrassem em ação contra eles"*. Smith acrescenta, a respeito do amplo apoio do público para a tomada do poder por Mussolini em 1922: *"O medo do comunismo pode ter sido apenas um motivo menor, já que não havia ameaça comunista"* (p. 55). Este é um *non sequitur* surpreendente para ser cometido por um historiador tão ilustre. Deixando de lado a questão da realidade de uma ameaça comunista, o que é mais óbvio do que isso são as percepções do povo e as estimativas subjetivas que condicionam suas ações, e não a situação "objetiva".

[34] SETTEMBRINI. *Fascismo*. Op. cit., p. 125-29. O autor afirma que o único contemporâneo que entendeu a verdadeira posição dos socialistas na Itália era Benito Mussolini, o ex-socialista, que compôs uma sofisticada análise das realidades políticas confrontando seus antigos camaradas.

às greves, foi praticada sistematicamente pelos sindicatos durante as disputas industriais. Em 1906, Vilfredo Pareto (1848-1923) reclamou que o direito à greve tinha se transformado em *"liberdade, para os grevistas, de bater com força nas cabeças dos trabalhadores que desejam continuar a trabalhar e de incendiar as fábricas impunemente"*[35]. Uma década e meia depois, a situação não melhorou. Em um de seus últimos ensaios, Pareto protestou novamente que o direito de greve veio a ser entendido como algo que inclui *"a capacidade de constranger os outros e a punir fura-greves"*. Todos os tipos de pressão e violência eram permitidos aos grevistas dos sindicatos, e "justificados" como necessários *"para promover a greve, para estabelecer condições vantajosas para os trabalhadores, para facilitar a 'ascensão do proletariado', as transformações demandadas pela 'modernidade'"*[36]. Os únicos que restaram para defender a liberdade de trabalhar nos tempos atuais, escreveu Pareto, eram *"aqueles abomináveis manchesterianos"*[37].

Esta violência endêmica dos sindicatos – de forma alguma limitada à Itália – praticamente desapareceu na visão que geralmente se tem da ascensão do fascismo (bem como da história do século XX). A causa desse hiato "orwelliano" na consciência histórica deve ser buscada, em grande parte, na classe intelectual mediadora que produziu esse quadro

---

[35] PARETO, Vilfredo. *Manuale di economia politica*. Padua: Antonio Milani, 1974. p. 97-98.
[36] PARETO, Vilfredo. "Il fascismo" (1922). *In*: *Borghesia, Elites, Fascismo*. Ed. Marcello Veneziani. Rome: Volpe, 1981. p. 141.
[37] PARETO, Vilfredo. "Le péril socialiste" (1900). *In*: *Libre-échangisme, protectionnisme et socialisme*. Ed. Giovanni Busino. Geveva: Droz, 1992. p. 328.

e que sempre esteve profundamente comprometida com os mesmos preconceitos pró-sindicatos que Pareto condenava.

A violência sindicalista na Itália não se limitou aos centros industriais. Violência sistemática já tinha sido introduzida em grandes porções das áreas rurais pelos sindicatos agrícolas socialistas. Um autor simpático aos sindicatos escreveu, a respeito das terras do Vale do Pó, sujeitas a excedentes crônicos de trabalho:

> Por um notável *tour de force* [sic], as ligas de camponeses socialistas superaram esta dificuldade nas duas primeiras décadas do século. No entanto, suas realizações tiveram um preço. Ter que manter a coesão diante da ameaça constante de substituição dos trabalhadores grevistas por desempregados ou trabalhadores imigrantes levou à necessidade de empregar métodos de disciplina extremamente duros. O boicote e a intimidação violenta eram frequentes nas províncias "vermelhas".[38]

O período 1919-1920 é conhecido como o *Biennio Rosso* (Biênio Vermelho). Greves e manifestações foram realizadas em atmosfera de retórica selvagem e *"expectativas revolucionárias messiânicas"*.[39] A Itália foi castigada por uma verdadeira "grevemania" (*scioperomania*), uma série incessante de

---

[38] LYTTELTON, Adrian. "Fascism and Violence in Post-War Italy: Political Strategy and Social Conflict". *In*: MOMMSEN, Wolfgang J. & HIRSCHFELD, Gerhard (Eds.). *Social Protest, Violence and Terror. Op. cit.*, p. 258.

[39] MORGAN. *Italian Fascism. Op. cit.*, p. 21-34; LYTTELTON. *Fascism and Violence. Op. cit.*, p. 258.

greves de motivação política, que resultaram em diversas vítimas mortas e feridos[40]. Os excessos do socialismo nas áreas rurais e cidades do norte e do centro, bem como a falta de uma resposta adequada do governo, levou muitos a temerem um levantamento socialista iminente.

A adesão ao sindicato agrícola socialista, o *Federterra*, avançou; por volta de 1920, havia recrutado aproximadamente um milhão de membros. Seu objetivo último era coletivizar todas as terras das fazendas, que deveriam ser trabalhadas por cooperativas. Uma greve em julho de 1920, envolvendo a maior parte dos trabalhadores rurais da Toscana, terminou com um contrato que, de acordo com os proprietários de terras, "destruiu a própria viabilidade do sistema comercializado de parcerias". Os empregadores se ressentiram particularmente da "demanda da *Federterra* para controlar a oferta do trabalho e emprego". No fim, os empregadores foram forçados *"a reconhecer os escritórios de emprego operados pela* Federterra *como a fonte exclusiva de oferta de trabalho e [...] quotas anuais de emprego [foram impostas] a todos os fazendeiros, grandes e pequenos [...]"*[41]. Conforme um historiador escreveu recentemente:

> Um monopólio absoluto do trabalho era tão crucial, mas ao mesmo tempo tão precário na área rural superpovoada, que só poderia ser mantido mediante a disciplina e o controle da

---

[40] SALVATORELLI & MIRA. *Storia d'Italia*, p. 127-135, 148-149.
[41] MORGAN. *Italian Fascism. Op. cit.*, p. 25-26. Ver também: GRAND, Alexander De. *Italian Fascism: Its Origins and Development*. Lincoln: University of Nebraska Press, 1982. p. 28-29.

totalidade do setor agrícola, inclusive dos pequenos camponeses que precisavam ser impedidos de intercambiarem trabalho com o propósito de evitar as quotas. Para funcionar, o sistema precisava ser impermeável. Isso explicava os aspectos coercitivos das tentativas da liga para assegurar e reter o monopólio sobre o trabalho, valendo-se para isso de multas, boicotes e sabotagem das lavouras, bem como da pecuária e das propriedades dos agricultores que empregavam mão de obra não sindicalizada[42].

Outro historiador coloca que a violência contra os empregadores e os não-grevistas

[...] frequentemente se estendia à intolerância com relação a posições políticas ou religiosas dissidentes [...]. Mesmo onde as lideranças [socialistas] locais professavam princípios reformistas, seus métodos de controle dificilmente eram compatíveis com a ordem liberal burguesa[43].

---

[42] MORGAN. *Italian Fascism. Op. cit.*, p. 26. Ver também outro historiador simpático aos sindicatos socialistas: LUTTELTON, Adrian. *The Seizure of Power. Fascism in Italy, 1919-1929.* New York: Scribner's, 1973, p. 62-63: *"A disciplina das ligas [socialistas], para evitar os fura-greves, foi extremamente dura; e muitos trabalhadores individuais sofreram"*. Ver também: SETTEMBRINI. *Fascismo. Op. cit.*, p. 154: *"As ligas socialistas de fato baseavam seu poder no monopólio do trabalho manual, exercido por intermédio do abuso ou contra os proprietários de terras, grandes ou pequenos, e mesmo dos meeiros e arrendatários, ou dos próprios trabalhadores"*.
[43] LYTTELTON. *Fascism and Violence. Op. cit.*, p. 258-259. Ver também: JOES, Anthony James. *Mussolini.* New York: Franklin Watts, 1982. p. 168-70.

Em julho de 1920 representantes da Confederação Geral do Trabalho Italiana (CGL) assinaram um pacto em Moscou, aderindo aos objetivos da revolução social e da república universal dos sovietes[44]. Em setembro, trabalhadores em Milão, Turim e Gênova içaram a Bandeira Vermelha, tomaram o controle das fábricas e tentaram conduzi-las. *"Para proteger o experimento, os trabalhos foram colocados em estado de defesa, com Guardas Vermelhos e, em alguns casos, arame farpado e metralhadoras"*[45]. Os sindicatos socialistas exigiam o controle do emprego e recusavam que a produção fosse controlada pelos proprietários. Em Turim, conselhos de trabalhadores foram formados, algo que Antonio Gramsci e outros intelectuais comunistas agraciaram como a versão italiana dos sovietes russos[46].

As eleições locais de novembro de 1920 colocaram o controle de quase um terço dos conselhos comunais e metade de todos os conselhos das províncias nas mãos do PSI. Dado que a influência socialista no sul era mínima, isto significou praticamente a dominação socialista de muitos dos distritos centrais e do norte, especialmente na Toscana e na Emilia-Romagna. Às vezes declarando suas cidades como "repúblicas" revolucionárias, os socialistas locais *"anunciaram sua intenção de usar as comunas como pontos de lançamento para a revolução"*[47].

---

[44] SALVATORELLI & MIRA. *Storia d'Italia. Op. cit.*, p. 152.
[45] Idem. *Ibidem*.
[46] MORGAN. *Italian Fascism. Op. cit.*, p. 27-28.
[47] LYTTELTON. *Fascism and Violence*, p. 259.

Conselhos socialistas utilizaram seus poderes para elevar as taxas sobre a riqueza e propriedade, aumentar os gastos com serviços públicos, favorecer cooperativas de trabalhadores nos contratos municipais e subsidiar cooperativas de consumidores para minar os negócios privados de varejo e distribuição[48].

Milhões de pessoas das classes médias ficaram convencidas de que o bolchevismo estava a ponto de subjugar o país. Um historiador do fascismo italiano escreve:

> Em retrospecto, tais medos pareciam exagerados e muitos historiadores contestaram o "mito" de que o fascismo "salvou a Itália do bolchevismo". Entretanto, no final dos anos 1920, depois que as classes de proprietários sofreram derrotas econômicas e políticas desastrosas na Itália central e do norte, esta era exatamente a percepção produzida pelos eventos recentes. Nos níveis local e provincial, a revolução socialista estava sendo inaugurada; já estava em andamento[49].

---

[48] MORGAN. *Italian Fascism. Op. cit.*, p. 27. Maffeo Pantaleoni observa, em seu *Bolcevismo Italiano* (Bari: Laterza, 1992. p. xxxvi), que a administração socialista em Milão chegou a conseguir um empréstimo nos Estados Unidos da América *"para consumir até mesmo a receita futura dos contribuintes"*.

[49] MORGAN. *Italian Fascism. Op. cit.*, p. 27. O mesmo autor afirma: *"O socialismo proporcionou a plataforma para a contrarreação do fascismo. Criou os medos sobre os quais o fascismo cresceu, e quase literalmente preparou o cenário para o fascismo"* (p. 34). Ver: CARSTEN, Francis L. *The Rise of Fascism*. Berkeley: University of California Press, 1967. p. 55: *"É, portanto, de certo modo superficial considerar os medos das classes médias injustificados e exagerados. Em retrospecto certamente o eram, porém na época a existência das classes médias parecia estar em jogo e o perigo bolchevista parecia muito real"*. Ver também os argumentos de um fascista liberal, de que o fascismo evitou uma tomada de poder pelos

Nesse ínterim, o governo vacilou. Um decreto de 1919 permitiu a *"ocupação temporária das terras não cultivadas"*, com o efeito previsível de produzir mais ocupações. O governo assumiu oficialmente uma postura de *"neutralidade"* em disputas trabalhistas, o que significava escassa proteção para os direitos de propriedade ou para os trabalhadores não-grevistas. Na tomada das fábricas, o governo se recusou a usar a força para expulsar os trabalhadores e, na verdade, apoiou seu direito de participar na condução das instalações[50].

IV - A Reação Fascista

O *Biennio Rosso* proporcionou a ocasião para a ascensão meteórica do movimento fascista, que até então carecia de foco e de apoio. É surpreendente, porém sintomático que a torrente de violência socialista não seja mencionada em uma biografia de Mussolini escrita por Denis Mack Smith (1920-2017), do All Soul's College, em Oxford, decano dos historiadores anglófonos da Itália moderna[51].

---

comunistas, em: IRACE, Agostino. *Arpinati: L'oppositore di Mussolini*. Rome: Bulzoni, 1970. p. 41-45.

[50] LYTTELTON. *The Seizure of Power*. Op. cit., p. 38; SALVATORELLI & MIRA. *Storia d'Italia*. Op. cit., p. 40-41.

[51] Ver: SMITH. *Mussolini*. Op. cit., p. 35-56. Inclusive sua afirmação (p. 36) de que os socialistas eram *"essencialmente pacifistas"*. Entretanto, em um trabalho anterior, *Italy* (p. 348), afirmou: *"A contraviolência socialista nas áreas rurais foi igualmente horrível e indesculpável"*. Ver a conclusão de: PETERSEN. *Violence in Italian Fascism*. Op. cit., p. 278: *"o fato de que a violência da esquerda e da direita existia sucessiva e simultaneamente, e que suas causas e justificativas estão*

O grande aumento da adesão e influência do movimento fascista ocorreu inicialmente nas áreas rurais, onde os esquadrões fascistas (*squadri*) foram formados (este aspecto do movimento fascista é chamado de *squadrismo*)

> Os esquadrões [fascistas] eram gangues formadas principalmente por homens jovens das classes médias, muitos dos quais serviram como oficiais de baixa patente durante a guerra. Eram estudantes universitários e de escolas secundárias, filhos de profissionais, comerciantes locais, funcionários públicos, homens e negócios e fazendeiros que apoiavam ou simpatizavam com a empreitada do fascismo contra o socialismo[52].

O programa socialista alienou inclusive muitos meeiros e arrendatários que, juntamente com outros agricultores e homens de negócios locais, financiaram e equiparam os *squadri* fascistas. Especialmente no Vale do Pó, os *squadri* costumavam receber apoio e recrutavam "camponeses, arrendatários e meeiros" como medida defensiva contra a mobilização socialista dos trabalhadores diaristas e seu objetivo de longo alcance de coletivização das terras[53]. Fazendeiros e homens

---

inextricavelmente entrelaçadas, constitui uma característica muito singular que até agora não foi estudada adequadamente". Em um texto notavelmente desinformado no *New York Times Book Review*, Feb. 25, 1996, p. 14-15, John Gray trata o fascismo europeu sem mencionar a ameaça comunista; em vez disso, encontra espaço para discutir os seguidores de Herbert Spencer e de Albert Jay Nock (1870-1945) como ameaças à democracia contemporânea.

[52] MORGAN. *Fascism. Op. cit.*, p. 50.
[53] Ver: LYTTELTON. *Fascism and Violence. Op. cit.*, p. 267: "*Aqui, é impossível negligenciar a contribuição da violência socialista para a gênese do* squadrismo

de negócios locais reclamavam do fracasso do governo para proteger suas propriedades; para eles, apoiar os *squadri* era "um tipo de auto-ajuda da classe média"[54]. Em Carrara, onde as autoridades socialistas locais ameaçaram a desapropriação definitiva das pedreiras de mármore, os esquadrões interromperam esses planos de maneira enérgica. Em Gênova, os esquadrões, compostos em grande parte por trabalhadores não-sindicalizados, quebraram o monopólio sindical sobre as docas, ganhando o aplauso dos trabalhadores que haviam sido excluídos[55].

As contra-ações dos *squadri* não foram, de forma alguma, meramente defensivas em qualquer sentido estrito. Em vez disso, empreenderam uma campanha bem-sucedida de violência para extirpar a "infraestrutura" socialista. Aplicando força física que seus opositores não podiam equiparar, os fascistas destruíram prefeituras governadas por socialistas, sedes de sindicatos, jornais e "centros culturais".

Os fascistas podem, é evidente, ser criticados de forma contundente e legítima por diversas coisas, inclusive por seus excessos de violência e seu programa final. É estranho,

---

agrário. Em Ferrara, ao menos eram os pequenos arrendatários [antissocialistas] que se encontravam em situação de maior perigo contra suas vidas [...]". Os socialistas chegaram a atacar membros das organizações católicas de camponeses. De acordo com Salvatorelli e Mira (*Storia d'Italia*, p. 171), no Vale do Pó muitos proprietários de terras mais antigos, temendo os socialistas, venderam tudo para meeiros e arrendatários: "ao defender as posses que finalmente tinham adquirido, com os direitos e interesses associados, os novos proprietários mostraram uma combatividade desconhecida para seus antecessores".

[54] MORGAN. *Fascism*, p. 56; LYTTELTON. *The Seizure of Power*, p. 37; 60-61.
[55] LYTTELTON. *The Seizure of Power*, p. 70-71.

contudo, ler, em uma obra histórica convencional sobre sua ascensão ao poder, a respeito *"dos fatos sórdidos por trás do squadrismo"*, a saber, sua *"dependência da conivência da polícia oficial e dos fundos recebidos de industriais ou agrários"*[56]. É difícil ver exatamente o que havia de "sórdido" quanto aos proprietários recorrerem aos únicos meios disponíveis para salvaguardarem seus direitos. Tais desaprovações – que são rotineiras – trazem à mente o ditado francês:

> *Cet animal est trés méchant;* [Este animal é muito malicioso;]
> *Quando on l'attaque il se défend.* [Quando atacado, defende-se][57].

V - Os Economistas Italianos e o Fascismo

Como preservar princípios liberais diante de um movimento socialista radical que ameaçava os fundamentos da ordem social – acima de tudo, a propriedade privada – é uma

---

[56] Idem. *Ibidem*, p. 54.
[57] ROBERTS, Kate Louise (Ed.). *Hoyt's New Cyclopedia of Practical Quotations*. New York: Funk and Wagnalls, 1940. p. 30. Sou grato ao Dr. David Gordon por esta referência. Cf. SALVATORELLI & MIRA. *Storia d'Italia*. Op. cit., p. 177: *"grande parte da burguesia, em particular os jovens e os veteranos de guerra" passaram a acreditar que "a neutralidade do governo no conflito de classes [...] tornou-o incapaz de garantir o respeito pela lei e pela ordem constituída, e se voltaram para o fascismo".* Por volta de 1921, Pantaleoni (*Bolcevismo Italiano*. Op. cit., p. 108) exultava que o contra-ataque fascista demonstrou o quão *"desacreditada se encontra agora a teoria de que a burguesia [italiana], tal como a aristocracia francesa de 1789, iria subir voluntariamente às carroças que os levariam à guilhotina".*

questão que incomodou os liberais da Europa Central e da Europa Oriental no final do século XIX. Confrontado com um partido socialista ascendente em um Reich alemão onde o Reichstag era eleito por sufrágio universal masculino, John Prince-Smith (1809-1874), fundador do movimento de livre comércio alemão e seu líder por mais de três décadas, terminou como um defensor do Estado militarista autoritário[58]. Na Rússia, Boris Chicherin (1828-1904), filósofo social, historiador jurídico de renome e o principal liberal de sua época, declarou: *"diante deste movimento comunista, não resta nada ao liberal sincero a não ser apoiar o absolutismo [czarista]* [...] "[59]. Na crise produzida pelo socialismo radical na Itália, liberais – inclusive famosos tais como Benedetto Croce (1866-1952) e Luigi Albertini (1871-1941) – reagiram de maneira similar, dando as boas-vindas ao fascismo em algum grau[60]. Entre os

---

[58] PRINCE-SMITH, John. *Der Staat und der Volkshaushalt: Gesammelte Schriften*. Ed. Otto Michaelis. Berlin: Herbig, 1877. Vol. 1, p. 133-200. O primeiro pensador liberal importante a se tornar um apoiador de um Estado autoritário sob a percepção de ameaça do socialismo pode muito bem ter sido Charles Dunoyer (1786-1862). Ver: ALLIX, Edgard. "La déformation de l'économie politique libérale aprés J.-B. Say: Charles Dunoyer". *Revue d'histoire des doctrines économiques et sociales*, Volume 4, Number 2 (1911): 115-47.

59 LEONTOVITSCH, Victor. *Geschichte des Liberalismus in Russland*. Frankfurt a. M.: Klostermann, 1957. p. 142.

[60] BENEDETTI, Ulisse. *Benedetto Croce e il fascismo*. Rome: Volpe, 1967; CANNISTRARO, Philip V. (Ed.). *Historical Dictionary of Fascist Italy*. Westport: Greenwood, 1982. S. v. "Croce, Benedetto" e "Albertini, Luigi". SMITH. *Italy. Op. cit.*, p. 360-361. Smith professa ter ficado desconcertado por este apoio geral para o movimento fascista inicial por parte dos liberais italianos. Isso mostra, afirma, que *"colocavam as riquezas e o conforto acima da liberdade"*. Dado que os liberais acreditavam que a Itália podia muito bem estar à beira de uma revolução

apoiadores mais entusiastas do movimento fascista, encontravam-se os economistas liberais italianos.

Em sua *History of Economic Analysis* [*História da Análise Econômica*], Joseph Schumpeter (1883-1950) escreveu:

> Os observadores mais benevolentes não poderiam ter feito nenhum elogio à economia italiana no início dos anos 1870; os mais malevolentes não poderiam negar que foi inigualada por 1914[61].

A maior parte dos economistas italianos de destaque que Schumpeter tinha em mente eram, em termos políticos, liberais clássicos em economia, ou, na terminologia italiana, *liberisti*[62].

Um movimento econômico liberal pequeno, porém prestigiado e, de certa forma, influente, existiu na Itália durante o século XIX. Nas últimas décadas do século, os autores neste campo eram críticos ferozes tanto do Estado italiano intervencionista, com seu apoio corrupto de interesses particulares capitalistas às custas dos contribuintes e dos consumidores, quanto do movimento socialista incipiente.

---

leninista, é surpreendente que Smith mostre tão pouco *Verstehen* histórico com respeito às motivações dos liberais italianos em sua "análise" pueril.

[61] SCHUMPETER, Joseph. *History of Economic Analysis*. Ed. Elizabeth Boody Schumpeter. New York: Oxford University Press, 1954. p. 855.

[62] O italiano parece ser a única língua na qual uma distinção pode ser feita entre *liberale, liberalismo* (liberal, liberalismo), por um lado, e *liberista, liberismo* (liberal econômico, liberalismo econômico), por outro lado.

Com a virada leninista do PSI após a Primeira Guerra Mundial e a emergência do movimento fascista, os economistas liberais passaram a se alinhar abertamente ao lado destes últimos. Um membro particularmente distinto do grupo era Maffeo Pantaleoni (1857-1924), a respeito de quem Friedrich August von Hayek (1899-1992) escreveu que foi autor de *"uma das mais brilhantes sínteses da teoria econômica que já apareceu"*[63]. Pantaleoni, amigo de longa data de Vilfredo Pareto, a quem introduziu nas obras de Léon Walras (1834-1910), encontrava-se entre os primeiros e mais fervorosos apoiadores do fascismo. *"Se não fosse pelo fascismo"*, escreveu, *"a Itália teria sofrido não somente uma catástrofe econômica e política, mas sim o colapso de sua própria civilização"*[64].

---

[63] HAYEK, Friedrich A. "Hermann Heinrich Gossen". In: *The Trend of Economic Thinking. Essays on Political Economists and Economic History – The Collected Works of F. A. Hayek: Volume 3*. Eds. W. W. Bartley III e Stephen Kresge. Chicago: University of Chicago Press, 199. p. 360. Hayek tinha em mente o *Principii di economia pura* (1889) de Pantaleoni. Schumpeter também tinha esta obra em alta conta, assim como as contribuições de Pantaleoni em geral. Endossou a apreciação de Francis Edgeworth (1845-1926) de que o *Principii* era uma "joia" e escreveu que Pantaleoni *"entendia a 'teoria pura' como poucas pessoas jamais conseguiram"*. SCHUMPETER, Joseph. *History of Economic Analysis. Op. cit.*, p. 857, p. 857 n 4.

[64] Pantaleoni acrescenta: *"Digo: uma catástrofe do tipo da Rússia ou da Hungria, porque conosco teria sido até mais grave, devido à enorme densidade de nossa população"*. A Itália foi salva do *"furacão destrutivo"* do bolchevismo *"somente pelo fascismo e pelo heroísmo dos fascistas que morreram* pro libertate Patriae *nos embates da guerra civil"*. *Bolcevismo Italiano. Op. cit.*, p. vii-viii, xxxi (ênfase no original). A respeito da política de Pantaleoni, ver: *Enciclopedia Italiana*, s. v. "Pantaleoni, Maffeo"; RICCI, Umberto. *Tre economisti italiani. Pantaleoni, Pareto, Loria*. Bari: Laterza, 1939. p. 15-16; 25. Obra na qual Pantaleoni é mencionado como *"amigo de Mussolini e do fascismo"* (p. 15). Deve ser observado que a posição de Pantaleoni era essencialmente a mesma de Mises, por exemplo: *Bolcevismo Italiano. Op. cit.*, p. 131-32: *"Com respeito ao socialismo em ação, não há outro remédio além de se opor à força com a força. É*

O mais famoso (ou notório) apoiador liberal do fascismo, o próprio Pareto, não era de forma alguma o mais comprometido. Mesmo assim, no final, apoiou a tomada do poder dos fascistas e, um ano antes de sua morte, permitiu que Mussolini o indicasse para o Senado.

No início de sua carreira como economista, Pareto era, ideologicamente, um doutrinário liberal militante, uma versão italiana dos escritores do *Journal des Économistes* como Gustave de Molinari (1819-1912), com quem estava em contato próximo (e a quem se dirigia como *cher maître* – querido mestre). De fato, Pareto contribuía frequentemente para o jornal parisiense, a principal voz do ideário do *laissez-faire* na Europa, e mesmo ocasionalmente para o *Liberty*, o órgão do movimento anarquista individualista americano liderado por Benjamin Tucker (1854-1939). Pareto revelou seus motivos idealistas iniciais a seu amigo Pantaleoni:

> De que nos serve mesmo avançar na ciência econômica, se então ficamos sozinhos, os poucos de nós que conhecemos a verdade? Não é nosso dever dá-la ao conhecimento também de outros? Lutar para que a justiça vença a corrupção e a injustiça que nos oprime[65]?

---

aqui que, no presente estado de coisas, a obra do fascismo é o trabalho mais útil de todos para a salvação da civilização de nosso país. Quando a empreitada bolchevique – cuja preparação toleramos durante muitos anos – tiver sido parada, então nosso trabalho de educação, de propaganda e de vigilância poderá ser efetivo na formação de sentimentos distintos dos atuais e para aumentar a esfera de influência das ações lógicas".

[65] PARETO, Vilfredo. *Lettere a Maffeo Pantaleoni, 1890-1923*. Ed. Gabriele de Rosa. Rome: Edizioni di Storia e Letteratura, 1962. Vol. 1, p. 103 (carta de 6 de dezembro de 1891).

Sua principal animosidade estava reservada para o *establishment* intervencionista facínora, ao passo em que expressava admiração pela coragem e sinceridade dos jovens italianos que se convertiam ao socialismo. Durante a perseguição da esquerda pelo governo italiano no final dos anos 1980, ajudou pessoalmente refugiados socialistas em sua casa em Lausanne (tal como Pantaleoni fez em Genebra)[66].

Entretanto, Pareto rapidamente começou a ficar cético com respeito à boa fé dos socialistas. Mesmo enquanto o governo italiano estava oprimindo os socialistas, em Genebra trabalhadores liderados por socialistas, inclusive muitos italianos, atacavam fisicamente os trabalhadores que se recusavam a aderir a uma greve de pedreiros:

> Os cavalheiros socialistas na Itália pedem somente liberdade; aqui [na Suíça] eles a têm, e vejam como se tornam tiranos. Deixam de ser vítimas para se tornarem perseguidores [...] os atos violentos dos socialistas em Genebra, na França e assim por diante acabarão por justificar os governos italiano e alemão. Contra a força, não resta nada mais a opor além da força[67].

---

[66] PARETO. *Lettere a Maffeo Pantaleoni. Op. cit.*, p. 500 (carta de 23 de dezembro de 1896); Vol. 2, p. 197, n. 3; PARETO, Vilfredo. *The Other Pareto*. Ed. Placido Bucolo, trad. Placido e Gillian Bucolo. London: Scolar Press, 1980. p. 108. Esta obra é um excelente estudo a respeito do essencialmente liberal Pareto nas diversas fases de sua carreira.

[67] PARETO. *Lettere a Maffeo Pantaleoni. Op. cit.*, Vol. 2, p. 224-225 (carta de 20 de julho de 1898). Outro indício aqui da posição pró-fascista posterior de Pareto é sua sugestão de que o autor de um artigo no jornal socialista *Avanti!*, apoiando a violência dos grevistas, deveria ser colocado aos cuidados do general

Nos anos que se seguiram, Pareto se tornou amargurado e completamente desiludido. *"A espantosa popularidade do marxismo na Itália"* o levou a reformular suas perspectivas sociológicas para enfatizar a primazia do irracional nos assuntos humanos[68]. Teorias econômicas são empregadas em lutas políticas não em virtude de seu *"valor objetivo"*, mas *"em vez disso, principalmente pela capacidade que possam apresentar para evocar emoções"*[69].

Pareto estava particularmente desgostoso com o crescente "humanitarismo" da burguesia, que se expressava por intermédio de simpatia para com os excessos dos trabalhadores sindicalizados e mesmo de "paixão sentimental" para com os elementos criminosos. A burguesia exibia sua decadência ao apoiar educadores que ensinavam que o capitalismo se baseava no roubo e escritores que enlameavam todo valor social de decência e que minavam os próprios alicerces da sociedade[70]. Ao invés de lutar com hombridade por seus direitos, a burguesia se rendia de maneira vil a seus inimigos socialistas. Pareto gostava de citar o provérbio genovês: *"Aquele que faz o papel de ovelha termina por encontrar o açougueiro"*[71].

Bava Beccaris (1831-1924), que tinha acabado de supervisionar um massacre de manifestantes socialistas em Milão.

[68] FINER, Samuel E. *Introduction to Vilfredo Pareto, Sociological Writings*. Trad. Derick Mirfin. Totowa: Rowman and Littlefield, 1966. p. 11. Ver também o importante artigo: FINER, Samuel E. "Pareto and Pluto-Democracy: The Retreat to Galapagos". *American Political Science Review*, Volume 62, Number 2 (June, 1968): 440-50. Ver a breve, porém brilhante análise em: ROTHBARD. *Classical Economics. Op. cit.*, p. 455-59.

[69] PARETO. *Manuale di economia politica. Op. cit.*, p. 98.

[70] PARETO, Vilfredo. "I sistemi socialisti (1902)". *In*: PARETO. *Borghesia, Elites, Fascismo. Op. cit.*, p. 90-95.

[71] Ver a afirmação de Pareto: *"Carecer da coragem necessária para defender-se, abandonar qualquer resistência, submeter-se à generosidade dos vitoriosos e, mais*

A decadência da burguesia italiana pode ser identificada, de acordo com Pareto, na transformação de sua expressão política, o Partido Liberal.

Na época do conde de Cavour (1810-1861), o partido que se intitulava a si mesmo como liberal tinha por objetivo respeitar a liberdade dos indivíduos para disporem dos próprios bens, então passou a limitá-la cada vez mais, finalmente permitindo a ocupação das terras e das fábricas, assim como os atos infinitos de insolência demagógica do *Biennio* 1919-1920[72].

De fato, Pareto chegou a considerar que o liberalismo preparou o terreno para a *"opressão demagógica"* de sua própria época. Os liberais que exigiam igualdade de tributação em favor dos pobres, por exemplo, *"não imaginavam que obteriam tributação progressiva em detrimentos dos mais ricos, e que terminariam em uma situação na qual os impostos seriam votados por aqueles que não os pagam"*[73].

O fascismo, sustentava Pareto, era uma reação saudável às crises do corpo político italiano:

Uma das principais finalidades de todo governo é a proteção das pessoas e da propriedade; caso negligencie isto, então do

---

ainda, levar a covardia ao ponto de ajudá-lo e de facilitar sua vitória, é a característica dos homens fracos e degenerados. Um indivíduo assim não merece nada além de escárnio e, para o bem da sociedade, é útil que desapareça o mais rápido possível".
PARETO. "I sistemi socialisti". *Op. cit.*, p. 93.

[72] PARETO, Vilfredo. "Libertà" (1923). *In*: PARETO. *Borghesia, Elites, Fascismo*. *Op. cit.*, p. 157.

[73] PARETO. *Manuale di economia politica*. *Op. cit.*, p. 97-98.

seio do povo surgem forças capazes de remediar a deficiência [...]. O fascismo surgiu como uma reação espontânea e de certo modo anárquica de uma parte da população contra a "tirania vermelha", que o governo permitia que aumentasse de maneira desenfreada, restando aos indivíduos privados que se defendessem por si mesmos[74].

O fascismo era um sinal positivo de que à burguesia italiana restava, ao menos, uma certa coragem física. Entretanto, em um de seus últimos artigos, Pareto advertiu os líderes fascistas a respeito dos perigos dos abusos do poder e de se emaranhar em aventuras no exterior. Para evitar tais erros, exortou à necessidade de *"uma ampla liberdade de imprensa"*[75].

Outro economista proeminente voltado para o livre comércio era Antonio De Viti de Marco (1858-1943). Analisando em retrospecto após uma década, De Viti de Marco descreveu o *"terrível período de completa anarquia"* do *Biennio Rosso*, quando a autoridade do direito deu lugar "à vontade arbitrária de grupos particulares, inclusive ao instinto destrutivo dos segmentos mais miseráveis e aos homens violentos de cada grupo específico". Trabalhadores das ferrovias e do telégrafo se consideravam os chefes dos serviços públicos, greves eram convocadas para intimidar o público, os sem-teto ocupavam as casas de cidadãos privados, lojas eram saqueadas sob o olhar da polícia, operários

---

[74] PARETO, Vilfredo. "Il fenomeno del fascismo" (1923). *In*: PARETO. *Borghesia, Elites, Fascismo. Op. cit.*, p. 148.
[75] PARETO. "Libertà". *Op. cit.*, p. 160.

tomavam as fábricas e trabalhadores rurais ocupavam as terras[76].

> Contra esse caos, então, surgiu o Fascismo, a organização privada da resistência, sem dúvida um sinal de vitalidade na nação. Com o *squadrismo*, teve-se um fenômeno típico de uma guerra civil. O partido vitorioso restabeleceu a ordem pública e ocupou o lugar do Estado que tinha praticamente desaparecido; então, moldou-o, pouco a pouco, à sua imagem[77].

De todos os economistas italianos do livre comércio, Luigi Einaudi (1874-1961) veio a se tornar o mais representativo e a conquistar a maior influência política. Após a Segunda Guerra Mundial, Einaudi se tornou o primeiro presidente da República Italiana e, provavelmente, o liberal econômico mais conhecido da Europa. Compartilhava das visões da escola dos *liberisti*, tanto com relação à malignidade fundamental do sistema político e econômico italiano, quanto com respeito aos perigos do socialismo para seu país. A aliança sinistra entre o parasitismo dos industrialistas e dos trabalhadores sindicalizados era um alvo especial de seus ataques. Juntamente com outros economistas, Einaudi saudou a emergência do movimento fascista e a ascensão de Mussolini ao poder. Revoltado com os socialistas, que estavam preocupados em *"obter fundos, empréstimos, trabalhos*

---

[76] DE VITI DE MARCO, Antonio. *Un trentennio di lotte politiche, 1894-1922*. Rome: Meridionale, 1929. p. viii-ix.

[77] Idem. *Ibidem.*, p. ix.

e favores para suas cooperativas, bem como influência sobre os assuntos econômicos para seus organizadores, mesmo ao custo de arruinar a indústria com seus controles"[78], Einaudi exaltou os Camisas Negras como *"esses ardentes jovens que convocaram os italianos à resistência contra o bolchevismo"*. Quanto à luta entre fascistas e socialistas, caracterizou-a como um conflito entre *"o espírito da liberdade e o espírito da opressão"*[79].

Assim, conforme veremos, Mises dificilmente estava sozinho entre os pensadores liberais que louvaram o fascismo em um estágio inicial desse movimento. De fato, reiterava as visões daqueles que, na Itália, encontravam-se na melhor posição para saber.

---

[78] DECLEVA, Enrico. "Il Corriere della Sera". *In*: VIGEZZI, Brunello (Ed.). *Politica e Stampa in Italia: Dopoguerra e Fascismo, 1919-1925*. Bari: Laterza, 1965. p. 218.

[79] VIVARELLI, Roberto. *Il fallimento del liberalismo: studi sulle origini del fascismo*. Bologna: Il Mulino, 1981. p. 309-10. A maior parte dos liberais, inclusive Einaudi e os outros economistas, romperam com o regime fascista, na maior parte dos casos com celeridade. Ficaram desiludidos por causa dos métodos ditatoriais dos fascistas e, juntamente com os economistas, devido à continuidade e mesmo intensificação do intervencionismo parasitário sob o novo regime. De Viti De Marco, em *Un trentennio di lotte politiche*, p. ex, claramente distinguiu as duas fases da reação dos *liberisti* ao fascismo: *"Houve duas fases distintas: na primeira, o fascismo confrontou o socialismo que degenerou no bolchevismo; na segunda, opôs-se àqueles que fundaram o Estado com base nas liberdades dos indivíduos. Temos em comum com o fascismo um ponto de partida: a crítica e luta contra o antigo regime"*.

VI - O IMPASSE DO ESTADO BUSCADOR DE RENDA

A condenação do Estado "liberal" italiano pelos economistas liberais decorreu de sua filosofia social fundamental. Com base na rica tradição liberal de análise social do século XIX, inclusive o pensamento de Herbert Spencer (1820-1903), os *liberisti* enfatizavam que a sociedade prospera e progride por intermédio da produção humana criativa e das trocas. Ainda assim, em termos históricos, grande parte deste avanço foi nulificado pelo processo de *espoliação*, ou pilhagem, por parte de bandos de bárbaros errantes, por criminosos ou por aqueles que se utilizavam do poder estatal. As décadas recentes na Itália, acreditavam, testemunharam a criação de um sistema multifacetado de pilhagem, organizado pela classe governante para o benefício de diversas categorias de parasitas da população[80].

---

[80] Ver: VIVARELLI. *Il fallimento del liberalismo. Op. cit.*, p. 241-53 *et passim*. Não foi por acaso, obviamente, que vários desses economistas liberais estivessem entre os pioneiros da *Scienza delle finanze*, que influenciou a orientação da escolha pública de James M. Buchanan (1919-2013). Ver: BUCHANAN, James M. "'La Scienza delle Finanze': The Italian Tradition in Fiscal Theory". *In: Fiscal Theory and Political Economy: Selected Essays*. Chapel Hill: University of North Carolina Press, 1960. p. 24-74. Discutindo "a teoria da classe dominante" dos economistas italianos (p. 32-33), no entanto, Buchanan, neste primeiro ensaio, negligencia a derivação real dessa abordagem, que é de Charles Dunoyer e Charles Comte (1782-1837), via Frédéric Bastiat e Francesco Ferrara (1810-1900); aqui, o conceito crucial era "espoliação" ou pilhagem. Buchanan também confunde o assunto ao sugerir que a tomada de decisões democráticas poderia, na teoria italiana, proporcionar uma solução para os problemas do governo da classe dominante. Pantaleoni, por exemplo, foi um amargo opositor do sufrágio universal, precisamente por causa do panorama que abria à "espoliação", por parte das classes mais baixas, dos bem-

A dominação da política italiana por interesses especiais era evidente desde o começo da monarquia constitucional italiana. Sob o regime "liberal" de Giovanni Giolitti (1842-1928), a Câmara de Deputados foi transformada em um carnaval permanente de buscadores de renda descarados e seus agentes. Conforme delineado por De Viti:

> O avanço das ideias democráticas e liberais [na Itália] consistiu na extensão gradativa dos favores legislativos, passando dos grupos maiores aos menores, dos estabelecidos há mais tempo para os mais novos, dos proprietários de terras para os industriais, para os funcionários do Estado, para as cooperativas de trabalhadores, para as organizações proletárias. Existia uma hierarquia dos privilégios grandes, médios e pequenos. O parlamento se tornou, logicamente, o mercado onde se barganhava pelos pequenos e grandes favores do Estado, cujos custos eram pagos pela grande massa de consumidores e contribuintes. A defesa destes últimos foi banida da arena parlamentar[81].

Como era típico entre os economistas liberais italianos, Pareto era um opositor feroz e mesmo fanático da "plutocracia" ou "pluto-democracia" que reinava na Itália. Tarifas, licitações, gastos navais e militares, indústrias nacionalizadas, políticas fiscais, bem-estar social e privilégios legais

---

sucedidos economicamente. Ver: RAICO, Ralph. "Classical Liberal Roots of the Marxist Doctrine of Classes". *In*: MALTSEV, Yuri N. (Ed.). *Requiem for Marx*. Auburn: Ludwig von Mises Institute, 1993. p. 189-220.

[81] DE VITI DE MARCO DE MARCO. *Un trentennio di lotte politiche. Op. cit.*, p. vii.

dos sindicatos estavam entre os meios à disposição da classe governante para explorar amplamente o público e para beneficiar suas várias clientelas. Conforme observado por um estudioso das obras de Pareto, na sua visão:

> O parlamento é uma parte necessária para este arranjo, dado que age como fórum no qual tais transações e arranjos entre as diversas clientelas [...] são "agregados" e também age como plataforma por meio da qual as massas são persuadidas a concordar com isso[82].

Assim, liberais como Pareto não tinham um apreço especial pela "democracia parlamentar".

Durante um tempo, Mussolini deu a impressão de que pretendia empreender uma limpeza dos estábulos de Aúgias do Estado buscador de renda italiano. Falou a respeito de privatizar os serviços públicos, inclusive a educação secundária, de cortar os gastos, os impostos e a burocracia, e até mesmo de reduzir o Estado para, em suas palavras, a "concepção manchesteriana". Havia indícios de uma revolução "paretiana" em seu início, com Mussolini pedindo por um novo contingente de "produtores" para combater os "parasitas" da classe política e a burocracia socialista[83]. O

---

[82] FINER. "Pareto and Pluto-Democracy". *Op. cit.*, p. 447-48.
[83] MORGAN. *Fascism. Op. cit.*, p. 48, 51; LYTTELTON. *Seizure of Power. Op. cit.*, p. 76. O principal pronunciamento de Mussolini nesta direção foi seu discurso de 21 de junho de 1921 na Câmara, que Pantaleoni, de forma não surpreendente, louvou com entusiasmo. De modo interessante, apoiou a demanda de Mussolini de que o Estado deixasse de agir como *"o monopolista e censor do pensamento com*

programa econômico fascista de julho de 1922, elaborato por Ottavio Corgini (1889-1968) e Massimo Rocca (1884-1973), dois liberais em termos de economia, parecia anunciar essa revolução[84]. Einaudi aprovou o programa com entusiasmo, descrevendo-o como um retorno *"às tradições liberais antigas [...] às fontes primevas do Estado moderno"*[85]. A indicação de Mussolini do *liberista* Alberto De Stefani (1879-1969) como Ministro das Finanças também foi recebida a contento[86].

Edoardo Giretti (1864-1940) pode ser considerado o Richard Cobden (1804-1865) italiano. Durante décadas, foi defensor incansável do livre comércio, um dos principais participantes do movimento pacifista italiano, além de duro opositor dos gastos militares e das aventuras coloniais, em particular a guerra da Líbia de 1911[87]. Giretti apreciava o *"lema sublime"* de Guilherme (1533-1584), o Taciturno: *"Não há necessidade de esperança para empreender, nem de sucesso para perseverar"*. Em um obituário, seu amigo Luigi

---

[seu controle] dos correios e das escolas". PANTALEONI. *Bolcevismo italiano. Op. cit.*, p. 212. Em um discurso de 8 de novembro de 1921, Mussolini afirmou: *"Em assuntos econômicos, somos liberais no sentido mais clássico da palavra"*. PANTALEONI. *Bolcevismo Italiano. Op. cit.*, p. 249.

[84] PAPA, Antonio. "Edoardo Giretti". *Belfagor*. Volume 15, Number 1 (January, 1970), p. 66.

[85] DECLEVA. *Il Corriere della Sera. Op. cit.*, p. 228.

[86] Interesses industriais forçaram De Stefani a deixar o cargo em 1925, devido à sua oposição às tarifas e subsídios. Ver: CANNISTRARO (Ed.). *Historical Dictionary of Fascist Italy*, s. v. "De Stefani, Alberto".

[87] COOPER, Sandi E. "Patriotic Pacifism: The Political Vision of Italian Peace Movements, 1867-1915". *In*: COPPA, Frank J. (Ed.). *Studies in Modern Italian History from the Risorgimento to the Republic*. New York: Peter Lang, 1986. p. 210-11.

Einaudi disse que esse lema se aplicava perfeitamente à vida de Giretti[88].

O apoio inicial de Giretti ao movimento fascista é altamente esclarecedor:

> Mais do que nunca, estou convencido de que, sem a liberdade economica, o liberalismo não passa de uma abstração desprovida de qualquer conteúdo real, senão mera impostura e hipocrisia eleitoral. Se Mussolini, com sua ditadura política, dar-nos-á um regime com maior liberdade econômica do que aquele que tivemos com as máfias parlamentares dominantes pelos últimos cem anos, a soma dos benefícios que o país poderá obter com seu governo ultrapassará em muito a dos males[89].

Assim, neste ponto inicial, Edoardo Giretti, assim como os demais *liberisti*, compartilhava da interpretação do fascismo que um estudioso atribuiu a Luigi Albertini, editor do influente *Corriere della Sera*, de que se tratava de "um movimento ao mesmo tempo anti-bolchevista (em nome da autoridade do Estado) e economicamente liberal, capaz, isto é, de proporcionar um novo vigor" às ideias liberais na Itália[90].

---

[88] EINAUDI, Luigi. "Edoardo Giretti". *Rivista di Storia Economica*. Volume 6, Number 1 (March, 1941), p. 67. Ver também: *Dictionary of Modern Peace Leaders*. Westport: Greenwood, 1985, s.v. "Giretti, Edoardo".

[89] PAPA. *Edoardo Giretti. Op. cit.*, p. 67. O termo utilizado por Giretti que aqui é traduzido como "mafias" era "camorre" e se refere à versão napolitana da máfia siciliana.

[90] DECLEVA. *Il Corriere della Sera. Op. cit.*, p. 233.

Uma das principais figuras do início do fascismo e que também era um liberal em termos de economia foi Leandro Arpinati (1892-1945), líder dos *squadristi* da Bolonha. Mais tarde, Arpinati rompeu com Mussolini quando este intensificou suas políticas intervencionistas. Foi assassinado em 1945, durante a liberação, por uma gangue partidária[91].

VII - Problemas da Teoria Democrática

O episódio do fascismo e o apoio que angariou de parte dos economistas liberais sugere certos problemas para a teoria democrática, em particular por aquela estabelecida por Ludwig von Mises.

De acordo com Mises, um Estado liberal *"deve ser capaz não somente de proteger a propriedade privada; também precisa ser constituído de tal maneira que o curso suave e pacífico de seu desenvolvimento não seja interrompido jamais por guerras civis, revoluções ou insurreições"*[92]. Mises não era partidário do ideal "republicano clássico" ou do "humanismo cívico". Diferentemente de Benjamin Constant e de Alexis de Tocqueville (1805-1859), por exemplo, não menciona o valor da participação democrática para elevar e ajudar a aperfeiçoar o caráter dos cidadãos. Em sua análise, a justificativa essencial da democracia é que, em todo caso,

---

[91] IRACI. *Arpinati. Op. cit.*
[92] MISES. *Liberalism. Op. cit.*, p. 39.

a maioria terá o poder de realizar seus desejos por intermédio da força [...]. A democracia é a forma de constituição política que torna possível a adaptação do governo aos desejos dos governados sem lutas violentas [...] nenhuma guerra civil é necessária para colocar no cargo aqueles que estão dispostos a trabalhar para satisfazer a vontade da maioria[93].

É verdade que na Itália, durante o *Biennio Rosso*, os socialistas nunca desfrutaram de maioria parlamentar[94]. Sem embargo, obtiveram maiorias em diversas cidades e eleições distritais. Pareto descreve como os socialistas se comportavam:

> A conquista das municipalidades foi [para os socialistas] meramente a ocasião para a pilhagem, para dividirem entre si o produto das arrecadações, aumentando-as para além de qualquer medida, e desperdiçando as doações das instituições de caridade e dos hospitais. Houve um momento durante o qual Milão e Bolonha se tornaram pequenos estados independentes do poder central[95].

Algumas questões despontam: com que fundamento um liberal deve se submeter à "vontade da maioria" nesses casos?

---

[93] Idem. *Ibidem*, p. 41-42.
[94] Na Alemanha, em 1919, é certo que os comunistas não contavam com o apoio da maioria da população.
[95] PARETO. *Il fenomeno del fascismo. Op. cit.*, p. 150. Pareto sustentava que, ao invés de prosseguirem para tomar o poder na Itália, os socialistas se ocuparam com a divisão dos espólios de suas vitórias imediatas.

É possível que os rumos adotados pelos *squadri* fascistas, de romper com as administrações socialistas democraticamente eleitas, seria preferível a permitir que saqueassem as propriedades conforme sua vontade? Suponha que os socialistas italianos *tivessem* conquistado a maioria por todo o país e procedessem a implementar um programa leninista valendo-se de meios parlamentares: seus opositores seriam obrigados a consentir com isto?

Mises admite que *"se homens sensatos veem sua nação [...] no caminho da destruição"*, podem muito bem ser tentados a usar a força *"para salvar a todos do desastre"*[96]. Entretanto, esta minoria iluminada não será capaz, sustenta, de se manter no poder – a menos que convença a maioria. Ocorre, entretanto, necessariamente assim[97]?

Questões semelhantes emergem com respeito à segunda consideração que ocupava as mentes dos economistas italianos: a possibilidade de utilizar o fascismo para romper o impasse do Estado buscador de renda. Na realidade, isso não ocorreu. Entretanto, isto não parece ser necessariamente o caso em outras circunstâncias. O golpe de Estado de Augusto Pinochet (1915-2006) e dos outros generais contra o governo democraticamente eleito de Salvador Allende (1908-1973)

---

[96] MISES. *Liberalism. Op. cit.*, p. 45.
[97] Mises cita os bolcheviques como um exemplo da futilidade das tentativas de implementar um governo da minoria: foram forçados, contra sua vontade, a conceder propriedade privada da terra por causa das demandas esmagadoras dos camponeses (MISES. *Liberalism. Op. cit.*, p. 45-46). Mises estava escrevendo em 1927; poucos anos mais tarde, os comunistas reverteram por completo sua política sobre essa questão da terra e governaram por mais sessenta anos.

aparentemente conduziu ao desmantelamento de grande parte da estrutura política de busca de renda no Chile.

Parece, portanto, que um liberal da escola de Mises se vê obrigado a responder à proposta de Pareto, estabelecida após a ascensão de Mussolini ao poder: *"um golpe de Estado pode ser útil ou prejudicial ao país, dependendo da utilização que se faz do poder obtido. Por enquanto parece que, na Itália, estamos no caminho certo"*[98].

VIII - O Problema da Manutenção de uma Ordem Liberal

Em suas memórias, Mises escreveu acerca das grandes questões da política:

> As pessoas precisam decidir. É verdade que os economistas têm o dever de informar seus concidadãos. Entretanto, o que acontece se esses economistas não se encontram à altura do desafio dialético e são deixados de lado em favor dos demagogos? Ou se as massas carecem da inteligência para entender os ensinamentos dos economistas? Será que a tentativa de guiar as pessoas pelo caminho certo não é desprovida de esperanças, particularmente quando reconhecemos que homens tais como John Maynard Keynes (1883-1946), Bertrand Russell (1872-1970), Harold Laski (1893-1950) e Albert Einstein

---

[98] PARETO. "Paragoni". *In*: PARETO. *Borghesia, Elites, Fascismo. Op. cit.*, p. 154.

(1879-1955) não foram capazes de compreender os problemas econômicos[99]?

Esse é um exemplo do sentimento pessimista que assolou Mises na época da Primeira Guerra Mundial. Como fazer com que as massas das sociedades democráticas aceitassem os princípios da propriedade privada e do livre mercado? Era um problema que ocupava as mentes dos liberais pelo menos desde a época de Jean-Baptiste Say (1767-1832) e dos *Idéologues* [Ideólogos]. Richard Cobden e o líder liberal alemão Eugen Richter (1838-1906) se encontravam entre aqueles que seguiram esses autores franceses na proposta de utilizar o sistema de educação pública para "ensinar" às massas os princípios da boa economia[100]. Com mais frequência, no entanto, recorria-se a uma tarefa geral de "esclarecimento público" – que supostamente correspondia a todos os liberais verdadeiros – para impedir a aceitação popular de políticas econômicas e sociais desastrosas. Mises considera esta opção:

> Tem sido dito que o problema reside na educação pública e na informação. Entretanto, estamos muito enganados ao acreditar que mais escolas e palestras, ou a popularização de livros e

---

[99] MISES. *Notes and Recollections. Op. cit.*, p. 68.
[100] Este curso naufragou, entre outras razões, porque a direção da educação pública nos países ocidentais foi eventualmente assumida por forças opostas às ideias liberais. Benjamin Constant, no início do séc. XIX, já tinha advertido contra a utilização do poder estatal – inclusive do sistema educacional – para promover uma ideologia desejável pela própria razão de que seria, neste sentido, uma faca de dois gumes.

periódicos, poderia conduzir a doutrina correta à vitória. Na verdade, as doutrinas falsas podem recrutar seus seguidores da mesma maneira. *O mal consiste precisamente nas desqualificações intelectuais das pessoas para escolherem os meios que levam aos objetivos desejados.* O fato de que decisões fáceis podem ser impostas às pessoas demonstra que são incapazes de empreender juízos independentes. Este é, precisamente, o grande perigo[101].

Ingenuamente, Mises admite a implicação lógica desta visão, no que lhe dizia respeito em termos pessoais: *"Assim, cheguei a este pessimismo sem esperanças que, desde há muito tempo, assola as melhores mentes da Europa".* Que saída pode haver para este pessimismo? Conta-nos que, em sua época de estudante secundário, escolheu como lema um verso de Virgílio (70-19 a.C.): *Tu ne cede malis, sed contra audentior ito* [Não cedas ao mal, oponha-se a ele sempre com coragem][102]. Decidiu *"fazer tudo o que um economista poderia fazer. Não me cansaria de professar o que sabia que era certo".* Optou, então,

---

[101] MISES. *Notes and Recollections. Op. cit.*, p. 69. Ênfase acrescentada.

[102] VIRGÍLIO. *Eneida.* VI, 95. O trecho foi vertido para o português por Carlos Alberto Nunes (1897-1990) com as seguintes palavras: *"Porém não cedas; com mais decisão para a frente prossigas".* Ver: VIRGÍLIO. *Eneida.* Org., apres. e notas João Angelo Oliva Neto; trad. Carlos Alberto Nunes. São Paulo: Editora 34, 2014. Na versão de Manuel Odorico Mendes (1799-1864) os versos foram expressos do seguinte modo: *"Tu não fraqueies; mais que a sorte ousada, resiste aos males".* Ver: VIRGÍLIO. *Eneida Brasileira.* Org. Paulo Sérgio de Vasconcellos; trad. Manuel Odorico Mendes. Campinas: Editora UNICAMP, 2008. No lugar de utilizar alguma dessas clássicas traduções brasileira, optamos por uma versão literal. (N. E.)

por prosseguir com seu plano de escrever uma grande obra a respeito do socialismo[103].

Mises finaliza *Liberalismo* falando do futuro da ideologia, e do que deve fazer para poder prevalecer. O liberalismo, defende, encontra-se em uma posição radicalmente distinta da de seus rivais:

> Nenhuma seita e nenhum partido político acreditou que poderia se dar ao luxo de renunciar ao avanço de sua causa apelando aos sentimentos dos homens. A retórica é bombástica, a música e as canções ressoam, as bandeiras ondulam, flores e cores servem como símbolos e os líderes buscam conectar seus seguidores às suas próprias pessoas. O liberalismo não tem nada a ver com tudo isto. Não tem uma flor ou cor do partido, nenhuma música ou ídolos partidários, não tem símbolos nem lemas. Possui a substância e os argumentos. Isso deveria levá-lo à vitória[104].

Assim, tendo superado seu pessimismo pessoal com uma espécie de salto de fé com respeito à força dos argumentos racionais na luta ideológica, Mises atribui esta posição austera ao liberalismo como um todo. Isto não parece, no entanto, ser satisfatório.

Em *Capitalism, Socialism and Democracy* [*Capitalismo, Socialismo e Democracia*], Joseph Schumpeter enfrentou a mesma questão que temos aqui:

---

[103] MISES. *Notes and Recollections*. Op. cit., p. 69-70.
[104] MISES. *Liberalism*. Op. cit., p. 193.

Por que a ordem capitalista precisaria de qualquer proteção de poderes extra-capitalistas ou lealdades extra-racionais? Não pode vencer facilmente o julgamento? Nossos próprios argumentos anteriores não são suficientes para mostrar que está repleto de credenciais utilitárias para apresentar? Um argumento perfeito não pode ser elaborado para ele?

Sua resposta schumpeteriana para essas questões é: *"Sim – certamente, porém tudo isso é completamente irrelevante"*[105]. Fornece uma série de razões para esta resposta negativa, inclusive o fato de que as massas simplesmente tomam seus altos padrões de vida sem precedentes sob o capitalismo como dados e que os ressentimentos mesquinhos inevitáveis que surgem da vida cotidiana via de regra se direcionam contra o sistema capitalista porque *"a conexão emocional com a ordem social"* é algo que o capitalismo é *"constitucionalmente incapaz de produzir"*[106].

Duas das razões de Schumpeter, entretanto, poderiam ser endossadas por Mises. Primeiramente, o ataque contra o capitalismo geralmente parte de bases *"extra-racionais"* e a *"razão utilitarista"* não está *"à altura para os determinantes extra-racionais da ação"*. O próprio Mises admitiu isto na seção de *Liberalismo* a respeito das "Raízes Psicológicas do Antiliberalismo", onde discorre sobre o *"complexo de Fourier"* – a atribuição "neurótica" à ordem do mercado da

---

[105] SCHUMPETER, Joseph. *Capitalism, Socialism and Democracy*. New York: Harper and Bros., 3rd ed. 1950. p. 144.
[106] Idem. *Ibidem*, p. 145. Ênfase no original.

dor e do sofrimento decorrentes, na verdade, de fracassos pessoais. A psicanálise não ajuda aqui, pois *"a quantidade dos que são afligidos por* [este complexo] *é demasiado grande"*. Novamente, a solução que Mises propõe é hiperracionalista: *"Por intermédio do autoconhecimento* [o indivíduo afligido] *deve aprender a suportar seu destino na vida sem procurar por um bode expiatório sobre o qual jogar toda a culpa e deve se esforçar para compreender as leis fundamentais da cooperação social"*[107].

Schumpeter, talvez de maneira mais realista, não vê solução: é neste contexto que emite seu famoso juízo de que *"o capitalismo é julgado por juízes que têm a sentença de morte em seus bolsos"*. De fato, o *ethos* promovido pela economia de mercado, sustenta, exacerba o problema, porque faz com que os impulsos antirracionais e anticapitalistas saiam de controle devido à remoção da tradição sagrada ou semissagrada[108].

A segunda maior razão de Schumpeter é que a defesa do capitalismo *"nunca poderia ser feita de maneira simples"*. Aqui, ecoa Mises em seu momento de maior pessimismo:

> As pessoas em geral teriam de possuir uma perspicácia e uma capacidade de análise que estão completamente fora de seu alcance. Afinal de contas, praticamente toda afirmação sem sentido que já foi dita a respeito do capitalismo foi defendida por algum economista professo[109].

---

[107] MISES. *Liberalism. Op. cit.*, p. 17.
[108] SCHUMPETER. *Capitalism, Socialism and Democracy. Op. cit.*, p 144.
[109] Idem. *Ibidem*, p. 144.

Ligado a isto, tem-se o fato de que

> qualquer argumento em favor do capitalismo deve se basear em considerações de longo prazo [...] os desempregados da atualidade teriam que esquecer completamente de seus destinos particulares e os políticos teriam que abandonar suas ambições pessoais [...] para as massas, o que conta é a visão de curto prazo [...] da perspectiva do utilitarismo individualista, são, claro, perfeitamente racionais caso se sintam assim[110].

IX - A Crítica de Sulzbach de Mises

Pontos semelhantes já foram levantados na resenha mais extensa da obra *Liberalismo* de Ludwig von Mises pelo escritor econômico austríaco simpático às suas ideias, Walter Sulzbach (1889-1969). Sulzbach expressa sua concordância com Mises em uma ampla gama de pontos importantes, tais como a propriedade privada com a demanda fundamental do liberalismo, o caráter de neutralidade de classes do liberalismo e a natureza do Estado. *"O fato é que as mais importantes dentre das teses fundamentais do liberalismo permanecem irrefutadas"*. A despeito do sucesso evidente do liberalismo, no entanto, passa por um momento difícil: *"o liberalismo já reinou e foi abandonado voluntariamente"*. De acordo com Sulzbach,

---

[110] Idem. *Ibidem*, p. 144-45. Schumpeter levanta o ponto auxiliar, porém extremamente significativo: *"Os interesses de longo prazo da sociedade se encontram tão inteiramente alojados nos estratos superiores da sociedade burguesa que é perfeitamente natural que as pessoas os vejam como interesses somente dessa classe"*.

há várias razões para isto, porém uma das que apresenta impugna severamente o sistema de Mises. Indaga: *"Os interesses de todos os indivíduos são realmente idênticos em última análise? Esta é a questão central do liberalismo"*[111].

A resposta afirmativa de Mises a esta questão é o tema que perpassa a obra *Liberalismo*. Chega a afirmar que:

> Atacamos a servidão involuntária, não a despeito do fato de que é vantajosa para os 'mestres', mas porque estamos convencidos de que, em última análise, é prejudicial aos interesses de todos os membros da sociedade humana, inclusive dos 'mestres'[112].

O mesmo vale para todos aqueles que desfrutam de privilégios especiais: trabalhadores sindicalizados, trabalhadores protegidos contra imigrantes estrangeiros, industriais resguardados e assim por diante. Ainda assim, é impossível negar que esses diversos privilégios beneficiam seus receptores. Mises afirma que a renúncia a esses benefícios é apenas "provisória", e que será "muito rapidamente compensada por ganhos maiores e mais duradouros". Porém isto não funciona, de acordo com Sulzbach:

> Para que um grupo específico se comporte de maneira útil para o "todo", o que se requer é um apelo à sua consciência,

---

[111] SULZBACH, Walter. "Liberalismus". *Archiv für Sozialwissenschaft und Sozialpolitik*. Volume 59, Number 2 (1928): 382-95.

[112] MISES. *Liberalism. Op. cit.*, p. 22.

e não a iluminação, como o racionalismo orientado racionalmente no fim das contas sempre acreditou [...] o problema não é tanto o de um sacrifício presente em favor do futuro, mas sim de um sacrifício pessoal em favor do agrupamento social mais amplo, e portanto se trata menos de uma questão de entendimento iluminado do que de propensão para a renúncia pessoal. [...] Na melhor das hipóteses, o liberalismo poderia mostrar, de maneira logicamente convincente que, para salvaguardar os interesses da humanidade, a livre concorrência é o caminho certo para este objetivo. Entretanto, de onde vem o postulado de que o indivíduo ou o pequeno grupo deve se sacrificar pela humanidade – esta justificativa não deveria ser encontrada na esfera religiosa ou na metafísica[113]?

Assim, de acordo com Sulzbach, o suposto embasamento científico do liberalismo que Mises defende não passa de uma miragem; na realidade, *"o que reside em todo o esclarecimento liberal e democrático é a antiga doutrina teológica cristã da eleição especial da alma humana e que, por ter se esquecido de sua origem, considera-se resultado da 'ciência'"*[114].

X - O Problema da Imigração

Problemas sérios e correlatos aparecem com respeito ao posicionamento de Mises na questão da imigração

---

[113] SULZBACH. "Liberalismus". *Op. cit.*, p. 390.
[114] Idem. *Ibidem*, p. 391.

internacional ilimitada. O autor afirma que o livre comércio, juntamente com a divisão internacional do trabalho, seria somente o ponto de partida para o liberalismo; o ideal liberal último seria um mundo no qual não somente os bens, mas também o capital e, em particular, o trabalho, seriam livres para fluir para as áreas de sua maior produtividade[115]. A demanda liberal é *"que toda pessoa tenha o direito de viver onde quer que deseje"*[116].

Mises leva em consideração o argumento dos "interesses nacionais", acreditando que, com as fronteiras abertas, os imigrantes "inundariam" a Austrália e os Estados Unidos da América, por exemplo: *"virão em quantidades tão grandes que não seria mais possível assimilá-los"*. No caso dos Estados Unidos da América, afirma que tais temores *"talvez sejam exagerados"* (supostamente o equivalente de *"possivelmente justificados"*); *"com relação à Austrália, com certeza não o são"*. *"Se a Austrália ficasse totalmente aberta à imigração, pode-se supor com grande probabilidade que sua população, em poucos anos, consistiria em sua maioria de japoneses, chineses e malaios"*. Não é apenas uma questão dos sindicatos trabalhistas: *"a nação inteira [...] é unânime em temer a invasão por parte*

---

[115] MISES. *Liberalism. Op. cit.*, p. 130-34.

[116] Idem. *Ibidem*, p. 137. Ao afirmar isto, Mises sem dúvida não tinha em mente a situação corrente em cada país ocidental, onde uma panóplia de leis de "direitos civis" tinha abolido o direito à discriminação racial e étnica. Sobre as questões da imigração e da teoria liberal como um todo, ver: HOPPE, Hans-Hermann. "Free Immigration or Forced Integration". *Chronicles*. Volume 19, Number 2 (July, 1995): 25-27.

de forasteiros". Há uma óbvia "aversão" contra membros de outras nações e especialmente de outras raças[117].

Ainda assim, Mises parece jogar toda a culpa desse problema sobre o Estado intervencionista:

> Não se pode negar que tais temores são justificados. Devido ao enorme poder que hoje reside sob o comando o Estado, uma minoria nacional deve esperar o pior de uma maioria de nacionalidade distinta. Enquanto o Estado puder dispor dos vastos poderes que detém na atualidade, que a opinião pública considera como de seu direito, a ideia de ter de viver em um Estado cujo governo se encontra nas mãos de membros de uma nacionalidade estrangeira é positivamente aterradora[118].

A solução de Mises é *"a adoção do programa liberal"*, no qual o problema da imigração *"desapareceria por completo"*. *"Em uma Austrália governada de acordo com os princípios liberais, que dificuldades poderiam surgir do fato de que em algumas partes do continente a maioria seria de japoneses e, em outras partes, seria de ingleses?"*[119].

Esta questão retórica parece ser construída de maneira peculiar. Dado que Mises não tem nenhuma teoria a respeito de que forças tendem a criar e a manter uma sociedade liberal – além da incessante argumentação econômica racional –, não possui razão para supor que uma Austrália governada em

---

[117] MISES. *Liberalism*. Op. cit., p. 139-41.
[118] Idem. *Ibidem*, p. 142.
[119] Idem. *Ibidem*, p. 142.

um certo ponto de acordo com princípios liberais continuaria a ser governada dessa maneira. Entretanto, se a Austrália, por alguma razão, escorregasse de volta para o intervencionismo, então a *"minoria nacional* [agora australianos de ascendência europeia] *deve esperar pelo pior"* da maioria de japoneses, malaios etc. Mises não considera o que, dinamicamente, poderia ocorrer com a criação de uma maioria política em um país dotado de livre imigração. Reconhece que *"a manutenção de barreiras migratórias contra nações totalitárias que desejam a conquista do mundo é indispensável para a defesa política e militar"*[120]. Mas o que dizer, então, a respeito dos casos nos quais a ordem social liberal é ameaçada pelo influxo de imigrantes que, devido à sua história e cultura, provavelmente não serão propensos a respeitar tal ordem?

A livre imigração aparentemente se encontraria em uma categoria diferente de outras decisões políticas, dado que suas consequências alteram radical e permanentemente a própria composição do corpo político democrático que toma essas decisões. De fato, a ordem liberal, onde quer que ela exista e no grau em que existir, é produto de um desenvolvimento cultural altamente complexo. Podemos nos perguntar, por exemplo, o que aconteceria com a sociedade liberal da Suíça sob um regime de "fronteiras abertas".

---

[120] MISES. *Omnipotent Government. Op. cit.*, p. 244.

XI - Mises Era um Anti-Imperialista?

Em *Liberalismo*, Ludwig von Mises reserva palavras duras contra as práticas das potências coloniais europeias: *"nenhum capítulo da história é mais banhado em sangue do que a história do colonialismo"*[121]. Entretanto, não sugere que as potências coloniais da época deveriam simplesmente abdicar de suas possessões:

> A economia da Europa de hoje se baseia, em grande medida, na inclusão da África e de grandes partes da Ásia na economia mundial como fornecedoras de matérias-primas de todos os tipos [...]. Oficiais europeus, tropas e policiais devem permanecer nessas áreas na medida em que sua presença é necessária para manter as condições legais e políticas necessárias para assegurar a participação dos territórios coloniais no comércio internacional[122].

Mises, de fato, expressou-se com ainda mais força em favor da ordem imperialista anteriormente. Em seu tratado sobre o socialismo, professa louvores extravagantes a respeito do imperialismo britânico:

> As guerras travadas pela Inglaterra durante a era do Liberalismo para ampliar seu império colonial e para abrir territórios que se recusavam a aceitar o comércio estrangeiro

---

[121] MISES. *Liberalism. Op. cit.*, p. 125.
[122] Idem. *Ibidem*, p. 127-28.

estabeleceram as fundações da economia mundial moderna. Para mensurar a verdadeira importância dessas guerras, basta imaginar o que teria acontecido caso a Índia, a China e suas áreas do interior tivessem permanecido fechadas ao comércio mundial[123].

Mises insiste que:

> O liberalismo tem a pretensão de abrir todas as portas fechadas ao comércio. [...] Seu antagonismo se limita àqueles governos que, ao imporem proibições e outras restrições ao comércio, excluem seus indivíduos das vantagens de participarem do comércio mundial. A política liberal não tem nada em comum com o Imperialismo[124].

Entretanto, a posição que Mises defende, aqui, é próxima do que se conhece como *"imperialismo de livre comércio"*[125]. Nesta concepção, o *"império informal"* é contrastado com o *"império formal"* que implica controle político e militar direto. O elemento operativo no império é visto como a aplicação das capacidades políticas, militares e diplomáticas para abrir áreas para a importação de bens e capital da metrópole, sem

---

[123] MISES, Ludwig von. *Socialism: An Economic and Sociological Analysis*. Pref. F. A. Hayek; trad. J. Kahane. Indianapolis: Liberty Fund, 1992. p. 207.

[124] Idem. *Ibidem*, p. 208.

[125] Ver o artigo clássico: GALLAGHER, John & ROBINSON, Ronald. "The Imperialism of Free Trade". *Economic History Review*. 2nd. Serie, Volume 6, Number 1 (1953): 1-15. Ver, também: MACDONAGH, Oliver. "The Anti-Imperialism of Free Trade". *Economic History Review*. 2nd. Serie, Volume 14, Number 4 (1962): 489-501.

a necessidade de incorporação formal dessas áreas a uma estrutura política. O "anti-imperialismo" de Mises parece se inclinar nesta direção. Entretanto, de forma estranha, também permite o imperialismo *formal*, desde que a intenção seja criar um sistema de livre comércio.

Mises afirma que esta era, historicamente, a posição do liberalismo clássico. Contudo, os defensores ingleses do livre comércio mais famosos – Richard Cobden e John Bright (1811-1889), líderes da Escola de Manchester – eram opositores ferozes de *qualquer* utilização do poder estatal para ampliar o comércio. É irônico que Mises defenda as Guerras do Ópio contra a China[126], que foram amargamente atacadas por Cobden como exemplos do pior tipo de imperialismo. Acima de tudo, deve ser dito que as perspectivas de Mises a respeito dessas questões se encontram em nítido contraste com a perspectiva liberal tradicional representada por Cobden e sua escola, que sustentava que qualquer envolvimento governamental no comércio internacional seria ilegítimo[127].

Pode ser que, na raiz do problema que Mises enfrenta aqui, resida sua concepção antisséptica do Estado: para o autor, o Estado é simplesmente *"o aparato de compulsão e coerção"*. Rejeita desdenhosamente a afirmação de Friedrich Nietzsche (1844-1900) de que *"o Estado é o mais frio de todos os monstros frios"*: *"O Estado não é nem frio, nem quente"*. *"Toda atividade estatal é atividade humana"* e seu objetivo é

---

[126] MISES. *Socialism. Op. cit.*, p. 207, n. 2.
[127] Ver: HOBSON, John A. *Richard Cobden: The International Man* (1919). New York: Barnes and Noble, 1968; DAWSON, William Harbutt. *Richard Cobden and Foreign Policy*. New York: Frank-Maurice, 1927.

"a preservação da sociedade"[128]. Que o aparato estatal possa apresentar um dinamismo próprio – que, por exemplo, o imperialismo e as burocracias militar e civil de que precisa possam levar a atividades do Estado que transcendem a mera garantia do livre comércio – não parece ter entrado nos cálculos econômicos de Mises. O autor tampouco considera o efeito histórico do imperialismo britânico como modelo e ímpeto para os empreendimentos imperialistas de outras nações, sobretudo a Alemanha.

---

[128] MISES. *Liberalism. Op. cit.*, p. 57.

Índice Remissivo e Onomástico

A

Abwehrideologie, 239

Ação Humana: Um Tratado de Economia ver *Human Action: A Treatise on Economics*

Achtzehnte Brumaire des Louis Bonaparte, Der [*18 Brumário de Luís Bonaparte, O*], de Karl Marx, 141

Acordos de Munique, 157

África, 97, 156-57, 220, 256

Akademisches Gymnasium, 24-25

Albertini, Luigi (1871-1941), 256, 270

Alemanha, 14, 18, 26-27, 29, 33, 39, 42-43, 46-47, 62, 74, 79, 82, 100, 102, 120, 136, 156-63, 169, 178, 188, 193, 205, 220, 237, 239-41, 272, 289

Alemanha Ocidental, 145

Allende, Salvador (1908-1973), 273

All-deutsche (pangermanistas), 199

All Soul's College, 252

Alexandre III (1845-1894), czar russo, 187-88

Aliados, 159-61, 186

Anderson, Perry (1938-), 236-37, 239

América do Norte, 51

American Economic Association [Associação Econômica Norte-Americana], 206

Anschluss, 46-47, 50, 155

Ancien régime, 36

Antissemitismo, 14, 22, 26-28, 30-31, 34, 41, 46, 54

Aristocracia, 187, 218, 255

Aristocracia agrária, 26

Arpinati, Leandro (1892-1945), 271

Arquivos de Moscou, 17

Ártico, 221

Ásia, 153, 157, 167, 243, 286

Assembleia Constituinte, 141, 244

Associação dos Jornalistas de Viena, 23

Attack on Leviathan: Regionalism and Nationalism in the United States, The [*Ataque do Leviatã: Regionalismo e Nacionalismo nos Estados Unidos, O*], de Donald Davidson, 96-97

Atlântico, 156-57, 235

Austrália, 153, 283-85

Áustria, 12, 15, 18-19, 22, 24, 26-27, 29, 31-34, 43, 46-47, 50-51, 169, 192-95, 197, 237

Áustria-Hungria, 39

Avanti!, 244, 260

B

Balabanoff, Angelica (1878-1965), 193

Balcãs, 161
Banco Creditanstalt, 16
Banco de Poupança de Lemberg, 16
Banco Estatal Russo, 207
Banco Nacional da Áustria, 16
Bar mitzvah, 17
Bastiat, Frédéric (1801-1850), 233, 266
Batalha do Atlântico, 156
Bavária, 243
Beccaris, Bava (1831-1924), 261
Beethoven, Ludwig van (1770-1827), 208
Bergson, Henri (1859-1941), 225
Berlim, 39, 156, 169, 240
Berlin, Isaiah (1909-1997), 235
Bertels, Adolf (1862-1945), 30
Bessarábia, 157
Betriebsführer, 104
Bettauer, Hugo (1872-1925), 34
Boettke, Peter J. (1960-), 75
Biennio Rosso (Biênio Vermelho), 247, 252, 262-63, 272
Bismarck, Otto von (1815-1898), 83, 177, 185, 224
Böhm-Bawerk, Eugen von (1851-1914), 82
Bolchevismo, 137, 158, 162, 170, 225, 251, 258, 265
Bolchevique, 140-42, 150, 159, 166, 169, 178, 183, 187, 240, 242-44, 259, 273
Bolchevista, 137, 139, 251
Bolonha, 244, 271-72
Bonaparte Luís Napoleão (1808-1873), 141
Bonaparte, Napoleão (1769-1821), 140-41, 158
Boulanger, Georges (1837-1891), 173
Bourbon, Dom Carlos de (1788-1855), Conde de Molina, 173

Brancos (exército russo), 159-60
Brasil, 31
Bright, John (1811-1889), 288
Brody, 15-18
Browne, Martha Steffy (1898-1990), 51
Bruto, Marco Júnio (85-42 a.C.), 208
Buchanan, James M. (1919-2013), 266
Budapeste, 21
Bukharin, Nikolai (1888-1938), 67, 196
Bulgária, 157

C

Cagoule, 188
Cagoulards, 188
Câmara de Comércio da Baixa Áustria, 19
Câmara de Comércio de Lemberg, 16
Caminho da Servidão, O ver *Road to Serfdom, The*
Camisas Negras, 237, 265
Capacetes de aço da Alemanha *ver* Stahlhelm
Capitalism, Socialism and Democracy [*Capitalismo, Socialismo e Democracia*], de Joseph Schumpeter, 277-79
Capitalismo, 27, 33, 57, 73, 80, 91, 94, 100-03, 105, 107, 109, 112, 119, 124, 126, 128-29, 134-38, 147, 149, 155, 163-64, 173-74, 182, 186, 205, 216-20, 261, 278-80
Capitalista, 30, 32, 94-95, 100, 105, 107-09, 116-17, 127, 133, 136-38, 143, 146-49, 155, 158, 163-64, 182, 192, 217-20, 257, 278
Carlyle, Thomas (1795-1881), 184, 202
Carpato-Rússia, 157
Carrara, 254
Cavour, Camilo Benso (1810-1861), Conde de, 262

César, Júlio (100-44 a.C.), 208
Chamberlain, Houston Stewart (1855-1927), 202
Charles I (1600-1649), rei da Inglaterra, 124
Chassídicos (judeus), 17
Cheka, 242
Chicherin, Boris (1828-1904), 256
China, 157, 287-88
Cidade do México, 167
Cobden, Richard (1804-1865), 269, 275, 288
Comte, Charles (1782-1837), 266
Comuna de Paris, 134
Committee on Social Thought [Comitê sobre o Pensamento Social], 82
Congresso dos Estados Unidos, 88-89, 96
Confederação Geral do Trabalho Italiana (CGL), 250
Conselho da Comunidade Israelita, 18
Conservadorismo, 32, 97
Constant, Benjamin (1767-1830), 235, 271, 275
Constituição austríaca de 1867, 18-20
Constituição de 1920 da República da Áustria, 24
Constitution of Liberty, The [*Constituição da Liberdade, A*], de F. A. Hayek, 83
Coreia, 157
Corgini, Ottavio (1889-1968), 269
Corriere della Sera, 265, 269-70
Crítica ao Programa de Gotha ver *Kritik des Gothaer Programms*
Croce, Benedetto (1866-1952), 256
Cromwell, Oliver (1599-1658), 140
Crowther, J. G. [James Gerald] (1899-1983), 125
Cruz de Ferro de Primeira Classe, 206

D

Danúbio, 21
Davidson, Donald (1893-1968), 96-97
Democracia, 38, 62, 66, 98, 116-18, 120, 124, 143, 157-58, 160-62, 182-84, 194, 199, 231, 237, 253, 268, 271-72
De Stefani, Alberto (1879-1969), 269
De Viti de Marco, Antonio (1858-1943), 263-65, 267
Dezoito Brumário, 141
Dinamarca, 158
Distrito restrito, 15
Ditador, 94, 97, 117, 120, 122, 124, 129, 140, 143, 149, 155, 164, 166, 172, 182, 185, 224, 226
Dnieper, 226
Dollfuss, Engelbert (1892-1934), 237
Dresden, 33
Duce, 197
Dunoyer, Charles (1786-1862), 256, 266

E

Edgeworth, Francis (1845-1926), 258
Einaudi, Luigi (1874-1961), 264-65, 269-70
Einstein, Albert (1879-1955), 274
Empresa ferroviária Lemberg-Czernowitz, 16
Encapuzados franceses ver Cagolulards
Engels, Friedrich (1820-1895), 132, 155, 169, 173
Era Progressiva, 87
Escola Austríaca, 51, 60, 62, 67, 75, 82, 89
Escola Histórica Prussiana, 108
Escola de Manchester, 288
Espanha, 97, 145, 173, 188

Estado de Bem-Estar (*Wohlfahrtsstaat*), 76, 83, 127, 181-82, 203, 213, 267

Estado de Direito (*Rechtsstaat*), 36, 91, 179-83, 185, 187

Estados Unidos da América, 13-14, 49, 52, 82, 84, 86-89, 95, 97, 119, 144-46, 153, 157, 159-63, 186, 218, 239, 251, 283

Estatismo, 59-60, 96

Estônia, 158

Estrada de Ferro Nacional Prussiana, 177

Ethics of Liberty, The [*Ética da Liberdade, A*], de Murray N. Rothbard, 230

Etiópia, 186

Europa, 12-14, 18, 29, 51-52, 54, 89, 142, 153, 156-58, 162, 167-68, 194, 227, 243, 259, 264, 276, 286

Europa Central, 20, 28, 38, 44-45, 137, 177, 256

Europa Ocidental, 146, 161, 168, 177

Europa Oriental, 18, 20, 28, 38, 44-45, 137, 145, 168, 256

Exército Vermelho, 221, 226, 243

Extremo Oriente, 157

F

Fair Deal [Acordo Justo], 88, 126

Federterra, 248

Felipe II (1527-1598), rei da Espanha, 125

Feodorovna, Alexandra (1872-1918), 188

Ferrara, Francesco (1810-1900), 254, 266

Ferrovia Carl-Ludwig, 16

Finlândia, 157

Fisher, Irving (1867-1947), 87

Foundation for Economic Education (FEE), 8, 10, 89

Fourier, Charles (1772-1837), 173

França, 132, 141, 145-46, 159, 161-63, 169, 173, 188, 196, 198, 260

Francisco José (1830-1916), Imperador austro-húngaro, 15

Franco, Francisco (1892-1975), 188-89

Freikorps, 240-41

Fried, Ferdinand (1898-1967), 202

Friedman, Milton (1912-2006), 232

Führer, 206-07

Führertum, 206

Fundamentos da Liberdade, Os ver *Constitution of Liberty, The*

G

Galicia, 15-17, 19-21, 33

Galileu Galilei (1564-1642), 207

Gemeinnutz geht vor Eigennutz, 203

Gemeinwirtschaft: Untersuchungen über den Sozialismus, Die [*Economia Coletiva: Estudos sobre o Socialismo, A*], de Ludwig von Mises, 8, 13, 35, 83, 232

Genebra, 32, 49, 52, 260

Gênova, 250, 254

Gentile, Giovanni (1875-1944), 227

George III (1738-1820), rei da Inglaterra, 124

Geórgia, 96, 168

Giretti, Edoardo (1864-1940), 269-70

G. I. Bill, 88

Giordano Bruno (1548-1600), 207

Gobineau, Arthur de (1816-1882), 202

Gömbös, Gyula (1886-1936), 169

Governo de propriedade privada, 66, 68-70

Governo de propriedade pública, 66-70

ÍNDICE REMISSIVO E ONOMÁSTICO 295

Governo Onipotente ver *Omnipotent Government*
G.P.U. (Diretório Político do Estado), 164
Graduate Institute of International Studies [Instituto Universitário de Altos Estudos Internacionais], 52
Grã-Bretanha, 123, 145, 157, 159, 161-63
Grande Depressão, 77, 96
Gramsci, Antonio (1891-1937), 245, 250
Gray, John (1948-), 253
Guerra Civil Russa, 81, 134, 144, 159-60
Guerra de 1866, 18
Guerra Franco-Prussiana, 19, 188
Guerra Fria, 86, 90, 239
Guerra Hispano-Americana, 87
Guerras do Ópio, 288
Guerra Polaco-Soviética, 243
Guilherme II (1859-1941), Kaiser da Alemanha, 158, 160
Gymnasium, 23-25

History of Economic Analysis [*História da Análise Econômica*] de Joseph Schumpeter, 257-58
History of European Liberalism [*A História do Liberalismo Europeu*] de Guido de Ruggiero, 233
Hitler, Adolf (1889-1945), 21, 45, 47, 74, 123, 146, 149, 154, 158, 161-62, 186, 188, 206
Hoelz, Max (1889-1933), 169
Holocausto, 51
Hoover, Herbert (1874-1964), 88
Hopkins, Harry (1890-1946), 88
Hoppe, Hans-Hermann (1949-), 60-62, 64-66, 70-71, 79
Horthy, Miklós (1868-1957), 169
Human Action: A Treatise on Economics [*Ação Humana: Um Tratado de Economia*], de Ludwig von Mises, 35, 90
Hungria, 45, 157, 161, 169, 243, 258
Hus, Jan (1369-1415), 207

H

Haberler, Gottfried (1900-1995), 51
Habsburgo (dinastia), 12, 22, 26, 162, 194
Halberstamm, Hirsch, 15, 17
Harcourt, Sir William (1827-1904), 102
Harvard University, 16
Hayek, F. A. [Friedrich August von] (1899-1992), 14, 51, 82, 232, 258
Hazlitt, Henry (1894-1993), 89
Hegel, Georg Wilhelm Friedrich (1770-1831), 227
Heimwehr, 237
Heine, Heinrich (1797-1856), 30
Hirohito (1901-1989), imperador do Japão, 154

I

Idéologues [Ideólogos], 275
Igreja Católica, 14, 26
Iluminismo, 21
Império Austro-Húngaro, 18-19, 22, 28, 39, 194
Império Habsburgo, 162
Índia, 287
Inquisição, 125
Intervencionismo, 40, 42-43, 56-57, 59-60, 79, 82, 84, 93, 101-03, 105-07, 109, 112-13, 116, 125-29, 136, 196, 265, 285
Intervencionismo econômico, 35
Institucionalistas Norte-Americanos, 108

Itália, 91, 100, 132, 145, 161, 169, 186, 193-99, 225, 237, 239, 243-47, 251-52, 256-61, 265-67, 270, 272, 274
Iugoslávia, 157
Ivan IV (1530-1584), *o Terrível*, 140

J

Journal des Économistes, 259
Judaísmo, 13-14, 19, 32

K

Kallir, Mayer (1789-1875), 16
Kallir, Moses (1806-1889), 16
Kaufmann, Felix (1895-1949), 51
Kautsky, Karl (1854-1938), 143
Kelsen, Hans (1881-1973), 24, 32
Kerensky, Alexander (1881-1970), 140-41, 1569, 245
Keynes, John Maynard (1883-1946), 274
Kirk, Russell (1918-1994), 97
Kolkhoz, 172
Kristallnacht, 49
Kritik des Gothaer Programms [*Crítica ao Programa de Gotha*], de Karl Marx, 133
Krohn, Claus-Dieter (1941-), 238-41
Kulaks, 172, 218, 223, 243

L

Landau, Adele (1858-1937), 16
Laissez-faire, 128, 206, 259
Laski, Harold J. (1893-1950), 124-25, 220, 274
Lassalle, Ferdinand (1825-1864), 108, 202
Lasson, Adolf (1832-1917), 202
Lausanne, 260
Lebensraum, 152-53, 203
Lehmann, Emil (1829-1898), 33

Lei de Empréstimo e Arrendamento (Lei *Lend-Lease*), 156
Lei de Habitação de 1949, 89
Lei Taft-Hartley, 88
Lemberg, 15-17
Leningrado, 156
Letônia, 158
Liberty, 259
Liberalismo, 12, 27, 32-33, 35, 37, 43, 54, 59, 138, 230, 232-33, 235-37, 257, 262, 270, 277, 280, 282-83, 287-88
Liberalismus [*Liberalismo*], de Ludwig von Mises, 231, 256
Liberty, On [*Sobre a Liberdade*], de John Stuart Mill, 125, 234
Líbia, 193, 269
Liebknecht, Karl (1871-1919), 169
Linz, 21
Lituânia, 45
Livre mercado, 33, 37, 39, 80, 232, 275
Locke, John (1632-1704), 61
Ludendorff, Erich (1865-1937), 159
Lueger, Karl (1844-1910), 30
Luís XIV (1638-1715), 158
Luxemburgo, 158
Luxemburgo, Rosa (1871-1919), 169

M

Machlup, Fritz (1902-1983), 51
Manifesto do Partido Comunista, de Karl Marx e Friedrich Engels, 132, 135
Maomé (571-632), 147
Maria Theresa Academy of Knights, 25
Marcuse, Herbert (1898-1979), 236, 239, 241
Marx, Karl (1818-1883), 132-37, 139, 141, 145, 148, 155, 163-64, 167-70, 185, 206

Marxismo, 132, 135, 138, 143, 163-64, 171, 186, 192-94, 227
Marxistas, 50, 68, 83, 104, 129, 132, 134-35, 137-39, 143, 145, 163, 167-68, 170-72, 182, 184, 193, 199, 206, 214, 225, 236
Marshall, John (1755-1835), 44
Meca, 147
Mein Kampf [*Minha Luta*], de Adolf Hitler, 21, 161
Mendelssohn, Moses (1729-1786), 20
Menger, Carl (1840-1921), 82
México, 8
Milão, 250-51, 261, 272
Mill, John Stuart (1806-1873), 87, 125, 234-35
Mintz, Ilse (1904-1978), 51
Mises, Abraham Oscar (1800-1891), 16
Mises, Adele *ver* Adele, Landau
Mises, Arthur Edler von (1854-1903), 16-18
Mises, Efraim Fische (†1842), 15
Mises, Karl von (1800-1891), 16
Mises, Ludwig von (1881-1973), 8, 13, 15-17, 19-20, 22, 24-25, 28, 32, 34, 38, 42, 49, 51, 53, 56, 60, 63, 82, 89, 91, 230-33, 236, 271, 280, 286
Mises, Mayer Rachmiel (1800-1891), 15-17
Mises, Richard von (1883-1953), 16
Mitchell, Wesley C. (1874-1948), 122-23
Molinari, Gustave de (1819-1912), 259
Monarquia Dual Áustro-Húngara, 18
Morgenstern, Oskar (1902-1977), 51
Moscou, 17, 143, 146-47, 156, 186, 250
Munique, 157, 169

Mussolini, Benito (1883-1945), 154, 186, 188, 193-96, 237-38, 245, 252, 258-59, 264, 268-71, 274

N

Nacional Socialista, 30, 45, 51, 55, 76, 149, 239
Nacionalismo alemão, 28-29, 32, 37, 40, 43, 193, 205, 227
Nações Unidas, 86, 97, 147, 157
Nahrungsfreiheit (ou seja, a liberdade de importar alimentos), 204
Napoleão *ver* Bonaparte, Napoleão
Napoleão III *ver* Bonaparte, Luís Napoleão (1808-1873),
National Recovery Administration (NRA), 127
Nationalökonomie: Theorie des Handelns und Wirtschaftens [*Economia: Teoria da Ação e da Troca*], de Ludwig von Mises, 90
Nell'Alba e Nella Luce, radiomensagem de Pio XII, 154
New Deal [Novo Acordo], 82, 88, 96, 126, 136, 196, 203
New Free Press, 23
New York University (NYU), 89
Nicolau II (1868-1918), 140, 188
Nietzsche, Friedrich (1844-1900), 183, 288
Nitti, Francesco (1868-1953), 245
Nock, Albert Jay (1870-1945), 253
Normandia, 156
Nova York, 89
Notes and Recollections [*Notas e Lembranças*], de Ludwig von Mises, 13, 32, 237-38, 275-77
Nova Política Econômica da União Soviética, 68

O

Ocidente, 14, 58, 146, 157, 160, 162, 178, 219
Omnipotent Government [*Governo Onipotente*], de Ludwig von Mises, 14, 28-29, 38, 40, 42, 54, 60-61, 63, 240, 285
Oriente, 157
Oxford, 252

P

Pangermanistas *ver* All-deutsche
Pantaleoni, Maffeo (1857-1924), 251, 255, 258-60, 266, 268
Papéis perdidos de Ludwig von Mises, 17
Pareto, Vilfredo (1848-1923), 246-47, 258-63, 267-68, 272, 274
Paris, 134
Partido Alemão (posteriormente Partido Social Democrata), 132
Partido Bolchevique, 150
Partido Católico (PPI), 244
Partido Comunista Russo, 58
Partido Liberal, 262
Partido Nacional-Socialista dos Trabalhadores Alemães, 55, 202
Partido Social Cristão, 30
Partido Social Democrata, 32, 132-33
Partido Socialista Italiano (PSI), 192, 195, 243
Partido Trabalhista Britânico, 124
Passfield, Lady *ver* Webb, Beatrice
Passfield, Lord *ver* Webb, Sidney
Paule, Bruce, 46
Pinochet, Augusto (1915-2006), 273
Pio XI, [Ambrogio Damiano Achille Ratti (1857-1939)], papa, 197
Pio XII, [Eugenio Maria Giuseppe Giovanni Pacelli (1877-1958)], papa, 154
Plano Hindenburg, 178
Plano Marshall, 86, 97
Planos quinquenais de Stalin, 172, 178
Plekhanov, Gueorgui (1856-1918), 140
Politics of Prudence, The [*Política da Prudência, A*], de Russell Kirk, 97
Polônia, 45, 157, 161, 243
Polônia Austríaca, 15
Portugal, 197
Praga, 21
Primeira Guerra Mundial, 21-22, 31, 35, 37, 39, 42-43, 54, 58, 78, 88-89, 97, 127, 146, 154, 178, 186, 188, 193-95, 197, 206, 240, 258, 275
Primeira Internacional Comunista, 155
Prince-Smith, John (1809-1874), 256

Q

Quadragesimo Anno, encíclica de Pio XI, 197
Quintas Colunas, 155, 158

R

Rathenau, Walter (1867-1922), 203
Rawls, John (1921-2002), 235
Read, Leonard E. (1898-1983), 9, 81, 89
Rechtsstaat ver Estado de Direito
Reichstag, 256
Reimann, Günter (1904-2005), 74
República de Weimar, 162
República Italiana, 264
Reserva Federal, 87
Revolução de 1848, 18
Revolução Francesa, 141
Richter, Eugen (1838-1906), 275
Rinascimento, 197

Risorgimento, 194, 197
Road to Serfdom, The [*Caminho da Servidão, O*], de F. A. Hayek, 27, 83, 222
Roberts, Elmer (1863-1937), 102
Robespierre, Maximilien de (1758-1794), 140
Rocca, Massimo (1884-1973), 269
Roma, 197
Romanov (dinastia), 140-41, 172, 187, 193
Romênia, 45, 157
Roosevelt, Franklin Delano (1882-1945), 88, 96, 126, 146
Rosenstein-Rodan, Paul N. (1902-1985), 51
Rothbard, Murray N. (1926-1995), 60-61, 230, 234
Ruggiero, Guido de (1888-1948), 233
Ruskin, John (1819-1900), 184, 202
Russell, Bertrand (1872-1970), 274

S

SA (tropas de assalto *Sturmabteilung* nazistas), 47
São Petersburgo, 140
Say, Jean-Baptiste (1767-1832), 275
Scherner, Jonas, 73
Schumpeter, Joseph (1883-1950), 25, 257-58, 277-80
Schütz, Alfred (1899-1959), 51
Scienza delle finanze, 266
Segunda Guerra Mundial, 13-14, 28, 43, 45, 51-53, 87, 135, 157, 188, 196, 264
Seipel, Ignaz (1876-1932), monsenhor, 237
Sicília, 156
Sismondi, Jean de (1773-1842), 202
Smith, Denis Mack (1920-2017), 245, 252
Socialism: An Economic and Sociological Analysis ver *Gemeinwirtschaft: Untersuchungen über den Sozialismus, Die*, 8, 13-14, 35, 53, 84, 232, 287
Socialismo, 32-33, 36-37, 43, 56-57, 59-60, 67, 72, 82-85, 88, 101-05, 109, 112-13, 115, 119, 124-25, 128-30, 132-39, 141-43, 147-50, 163, 170, 173-74, 177, 183-84, 186, 193, 196-99, 204-05, 210, 213-20, 222, 225, 227-28, 235, 248, 251, 253, 256, 258, 260, 264-65, 277, 286
Socialismo de guilda, 197, 214
Socialismo monárquico, 102
Socialismo radical, 33, 256
Socialismo: Uma Análise Econômica e Sociológica ver *Gemeinwirtschaft: Untersuchungen über den Sozialismus, Die*
Solução final, 30
Sombart, Werner (1863-1941), 203, 206
Sorel, Georges, 136-37, 183, 202, 237
Sozialpolitik [Política Social], 82, 136
Spann, Othmar (1878-1950), 203
Spencer, Herbert (1820-1903), 253, 266
Spengler, Oswald (1880-1936), 227
Squadrismo, 253, 255, 264
Stahl, Friedrich Julius (1802-1861), 202
Stahlhelm, 188
Stalin, Josef (1878-1953), 58, 123, 146, 148-50, 155, 162, 164-72, 206-07, 226
Stalingrado, 156
Stato corporativo, 197
Strasser, Gregor (1892-1934), 123, 174
Suíça, 16, 32, 169, 260, 285
Sulzbach, Walter (1889-1969), 280-82

T

Tchecoslováquia, 157
Temin, Peter (1937-), 67, 76
Tennessee Valley Authority (TVA), 96
Tennessee: Volume Two — The New River: Civil War to TVA, The [*Tennessee: Volume Dois — O Novo Rio: D Guerra Civil à TVA, O*], de Donald Davidson, 96
Terceira Internacional *ver* Comintern
Terceiro Reich, 46
Terror Vermelho, 242
Thomas, Albert (1878-1932), 143
Tocqueville, Alexis de (1805-1859), 271
Tories, 188
Toscana, 248, 250
Treitschke, Heinrich von (1834-1896), 27
Trotsky, Leon (1879-1940), 58, 123, 155, 167-74, 206, 216, 221
Truman, Harry S. (1884-1972), 88, 126
Tucker, Benjamin (1854-1939), 259
Tucker, Jeffrey (1963-), 10
Turim, 250
Turquia, 193

U

Ucrânia, 161, 220
Ulyanov, Alexandre (1866-1887), 187
Ulyanov, Vladimir *ver* Lenin, Vladimir
União das Repúblicas Socialistas Soviéticas (URSS), 127, 143, 150
Universidade de Viena, 14, 23, 31,
University of Chicago, 82

V

Vale do Pó, 247, 253-54
Varsóvia, 243
Veblen, Thorstein (1857-1929), 143
Verstehen, 257
Vichy, 188
Viena, 13-14, 16-18, 20-21, 23-25, 30-34, 39, 43, 46, 49, 52, 156, 169
Virgílio (70-19 a.C.), 276
Voegelin, Eric (1901-1985), 51
Volk, 29

W

Wall Street, 88
Walras, Léon (1834-1910), 258
Webb, Beatrice (1858-1943), Lady Passfeld, 124-25
Webb, Sidney (1859-1947), Lord Passfeld, 102, 124-25
Wilson, Woodrow (1856-1924),
Wohlfahrtsstaat ver Estado do Bem-Estar

Z

Zinoviev, Grigory (1883-1936), 242-43
Zurich Polytechnic [Instituto Federal de Tecnologia de Zurique], 16
Zwangswirtschaft, 104, 113, 214
Zweig, Stefan (1881-1942), 31, 52

Liberdade, Valores e Mercado são os princípios que orientam a LVM Editora na missão de publicar obras de renomados autores brasileiros e estrangeiros nas áreas de Filosofia, História, Ciências Sociais e Economia. Merecem destaque no catálogo da LVM Editora os títulos da Coleção von Mises, que será composta pelas obras completas, em língua portuguesa, do economista austríaco Ludwig von Mises (1881-1973) em edições críticas, acrescidas de apresentações, prefácios e posfácios escritos por especialistas, além de notas do editor.

Sobre Moeda e Inflação reúne diversas palestras de Ludwig von Mises ministradas na década de 1960 na Foundation for Economic Education (FEE). A obra foi organizada por Bettina Bien-Greaves, que taquigrafou e transcreveu as apresentações do economista austríaco. De modo didático, o autor aborda a natureza da cooperação humana e a importância das instituições jurídicas para o sistema econômico, além de refletir sobre inúmeras outras questões envolvendo a temática da moeda e da inflação, com destaque para a análise acerca do Banco Mundial.

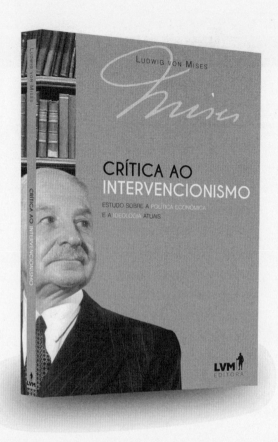

A obra apresenta de modo pioneiro a teoria misesiana do intervencionismo, entendido como um sistema econômico que procura ser uma via intermediária entre o capitalismo e o socialismo. Em *Crítica ao Intervencionismo*, ao longo de seis ensaios, Ludwig von Mises aponta as falhas inerentes à proposta de economia de mercado controlada, analisa os erros tanto do liberalismo social quanto do antimarxismo, por abdicarem da defesa intransigente da liberdade econômica, e discute os problemas do controle dos preços e da nacionalização do crédito.

Esta obra foi composta pela Spress em
Fournier (texto) e Caviar Dreams (título)
e impressa pela Plena Print para a LVM em Fevereiro de 2024